África Antigua y mitología africana

Una guía apasionante sobre imperios, civilizaciones, mitos, fábulas y leyendas

© Copyright 2025

Todos los derechos reservados. Ninguna parte de este libro puede ser reproducida de ninguna forma sin el permiso escrito del autor. Los revisores pueden citar breves pasajes en las reseñas.

Descargo de responsabilidad: Ninguna parte de esta publicación puede ser reproducida o transmitida de ninguna forma o por ningún medio, mecánico o electrónico, incluyendo fotocopias o grabaciones, o por ningún sistema de almacenamiento y recuperación de información, o transmitida por correo electrónico sin permiso escrito del editor.

Si bien se ha hecho todo lo posible por verificar la información proporcionada en esta publicación, ni el autor ni el editor asumen responsabilidad alguna por los errores, omisiones o interpretaciones contrarias al tema aquí tratado.

Este libro es solo para fines de entretenimiento. Las opiniones expresadas son únicamente las del autor y no deben tomarse como instrucciones u órdenes de expertos. El lector es responsable de sus propias acciones.

La adhesión a todas las leyes y regulaciones aplicables, incluyendo las leyes internacionales, federales, estatales y locales que rigen la concesión de licencias profesionales, las prácticas comerciales, la publicidad y todos los demás aspectos de la realización de negocios en los EE. UU., Canadá, Reino Unido o cualquier otra jurisdicción es responsabilidad exclusiva del comprador o del lector.

Ni el autor ni el editor asumen responsabilidad alguna en nombre del comprador o lector de estos materiales. Cualquier desaire percibido de cualquier individuo u organización es puramente involuntario.

Índice

PRIMERA PARTE: ANTIGUOS IMPERIOS AFRICANOS.................................... 1
   INTRODUCCIÓN 3
   SECCIÓN 1: HUMILDES COMIENZOS... 5
   CAPÍTULO 1: LA EDAD DE PIEDRA Y LAS PRIMERAS
   CIVILIZACIONES 7
   CAPÍTULO 2: LA EDAD DE LOS GRANDES METALES: LAS
   EDADES DEL COBRE, DEL BRONCE Y DEL HIERRO 15
   SECCIÓN 2: REINOS Y CIVILIZACIONES 23
   CAPÍTULO 3: KUSH... 25
   CAPÍTULO 4: AXUM.. 33
   CAPÍTULO 5: PUNT: ¿UNA TIERRA LEJANA? 44
   SECCIÓN 3: LOS GRANDES IMPERIOS Y SUS LEGADOS........................... 53
   CAPÍTULO 6: EL ANTIGUO EGIPTO... 55
   CAPÍTULO 7: KERMA.. 83
   CAPÍTULO 8: LA ANTIGUA CARTAGO 88
   CAPÍTULO 9: IMPERIO DE GHANA... 104
   CAPÍTULO 10: LA ESCLAVITUD EN EL ÁFRICA ANTIGUA 111
   CONCLUSIÓN... 117
SEGUNDA PARTE: ANTIGUA CARTAGO 125
   INTRODUCCIÓN 127
   CAPÍTULO 1: LOS FENICIOS.. 129
   CAPÍTULO 2: MITOS SOBRE LA FUNDACIÓN DE CARTAGO 135
   CAPÍTULO 3: LA COLONIZACIÓN Y LA CONSTRUCCIÓN DE

CARTAGO 139
CAPÍTULO 4: EXPANSIÓN, INDEPENDENCIA Y CONDICIÓN
DE IMPERIO 147
CAPÍTULO 5: LAS GUERRAS SICILIANAS 154
CAPÍTULO 6: LA PRIMERA GUERRA PÚNICA 164
CAPÍTULO 7: *HANNIBAL AD PORTAS* («¡ANÍBAL ESTÁ A LAS
PUERTAS!») 174
CAPÍTULO 8: *CARTHAGO DELENDA EST* («CARTAGO DEBE
SER DESTRUIDA») 189
CAPÍTULO 9: GOBIERNO Y EJÉRCITO 195
CAPÍTULO 10: SOCIEDAD, ECONOMÍA Y RELIGIÓN 200
CONCLUSIÓN 207
TERCERA PARTE: MITOLOGÍA AFRICANA............................... 209
INTRODUCCIÓN 211
CAPÍTULO 1: MITOS AFRICANOS DE LA CREACIÓN 214
CAPÍTULO 2: DIOSES Y DIOSAS I... 222
CAPÍTULO 3: DIOSES Y DIOSAS II 230
CAPÍTULO 4: FÁBULAS DE ANIMALES 236
CAPÍTULO 5: CUENTOS DE EMBAUCADORES 242
CAPÍTULO 6: MONSTRUOS Y BESTIAS MÍTICAS 256
CAPÍTULO 7: LOS HÉROES EN EL MITO AFRICANO 262
CAPÍTULO 8: REYES Y REINAS MÍTICOS Y LEGENDARIOS ... 269
CAPÍTULO 9: HISTORIAS CHAMÁNICAS 282
CONCLUSIÓN 287
VEA MÁS LIBROS ESCRITOS POR ENTHRALLING HISTORY... 290
REFERENCIAS 291
FUENTES DE IMÁGENES 301

Primera Parte: Antiguos imperios africanos

Una fascinante guía sobre los principales reinos y civilizaciones de África

Introducción

Bienvenido al cautivador mundo de los antiguos imperios africanos. Prepárese para embarcarse en un extraordinario viaje a través del tiempo para explorar las asombrosas historias de las civilizaciones que una vez prosperaron en el continente africano. Este libro lo transportará al corazón de la antigua África, donde se alzaron y cayeron poderosos imperios.

La contribución de los imperios africanos a la historia y la civilización mundial es significativa, pero permanece en gran medida inexplorada. Este libro intenta cambiar esta situación. Desentrañaremos las enigmáticas historias de algunos de los imperios más ilustres de los anales de la civilización humana, centrándonos principalmente en Egipto, Cartago y Nubia. También investigaremos los legendarios reinos de Kush, Axum y Punt.

Comprender los legados de la historia africana proporciona una visión profunda de las raíces de la civilización humana. Estos imperios sentaron las bases de los avances culturales, tecnológicos y sociales que siguen influyendo en nuestro mundo actual. La diversa gama de imperios que aquí se muestran subraya la increíble diversidad y dinamismo que siempre han formado parte de África.

Este libro resume los complejos hechos y acontecimientos históricos que rodearon a estos antiguos imperios en un lenguaje fácil de entender. Sabemos lo mundanos que pueden ser los libros de historia. Dejan al lector sintiéndose perdido o confuso. Nuestro objetivo es que se sienta comprometido con el pasado y deseoso de aprender más.

Prepárese para dejarse cautivar por la grandeza de las pirámides, la brillantez de los estrategas militares, la mística de los rituales antiguos y la resistencia de las civilizaciones que prosperaron en una tierra donde los ecos de la historia aún resuenan en la actualidad.

Sección 1: Humildes comienzos

Capítulo 1: La Edad de Piedra y las primeras civilizaciones

África es llamada la Cuna de la Humanidad, ya que se cree que la vida humana comenzó allí. La Edad de Piedra fue una época de aprendizaje y desarrollo de las costumbres, habilidades y organizaciones políticas que evolucionaron hasta convertirse en sofisticadas civilizaciones. Tres épocas distintas comprenden lo que denominamos Edad de Piedra y el comienzo de los seres humanos modernos.

La era paleolítica

El Paleolítico es el periodo más antiguo de la historia de la humanidad. Abarca desde hace aproximadamente 2,5 millones de años hasta alrededor de 10.000 a. e. c. en África. Durante esta época, los antepasados humanos vivían como cazadores-recolectores, dependiendo de los recursos naturales de la tierra para sobrevivir. En África, la era paleolítica estuvo marcada por el uso de herramientas de piedra y roca, que eran esenciales para cazar, cortar y otras tareas cruciales para la supervivencia. Estas herramientas se fabricaban principalmente con sílex, pedernal, obsidiana y otras piedras disponibles localmente. Las hachas de mano achelenses, un tipo distintivo de herramienta bifacial caracterizada por su forma de lágrima, se utilizaban comúnmente durante el Paleolítico Inferior (la parte más temprana del Paleolítico). Estas hachas de mano eran herramientas versátiles utilizadas para cortar, picar y descuartizar.

Diferentes vistas de un hacha de mano achelense [1]

El Paleolítico Medio vio la aparición de herramientas más sofisticadas, como la técnica Levallois, que permitía la producción de lascas y hojas especializadas. Estas innovaciones indican un mayor nivel de habilidades cognitivas y técnicas entre las poblaciones paleolíticas.

Los humanos paleolíticos de África eran principalmente cazadores-recolectores nómadas. Dependían de la caza de animales como el antílope, el búfalo y el jabalí, así como de la recolección de plantas comestibles, frutos y nueces. El descubrimiento de huesos fosilizados de animales con marcas de cortes y herramientas de piedra en yacimientos como la garganta de Olduvai, en Tanzania, aporta pruebas fehacientes de las primeras prácticas de caza y carnicería durante el Paleolítico[1].

El dominio del fuego fue un hito importante durante el Paleolítico. La capacidad de controlar y utilizar el fuego proporcionó a la gente calor, protección y los medios para cocinar los alimentos, lo que influyó profundamente en la dieta y la supervivencia. Yacimientos arqueológicos como la cueva de Wonderwerk, en Sudáfrica, han aportado pruebas de los primeros hogares y del uso del fuego, que se remontan a hace más de un millón de años.

<u>Arte rupestre sahariano</u>

A lo largo del Paleolítico, la cultura y la tecnología evolucionaron gradualmente. Esta evolución está marcada por el desarrollo de nuevos tipos de herramientas, una mayor complejidad social y posibles

---

[1] Kessing, F. M. (2024, 9 de enero). Stone Age-African Tools, Artifacts, Culture. Extraído de Britannca.com: https://www.britannica.com/event/Stone-Age/Africa.

variaciones regionales. Aunque menos frecuentes que en periodos posteriores, existen algunas pruebas de expresión artística del Paleolítico en África. Esto incluye arte rupestre, grabados y esculturas.

Uno de los aspectos más intrigantes del Paleolítico africano es el arte rupestre sahariano. Estas antiguas obras de arte proporcionan una ventana a las vidas y creencias de los primeros africanos. Encontradas en diversas regiones del desierto del Sáhara, estas pinturas y grabados rupestres representan escenas de la vida cotidiana, animales y motivos espirituales o rituales. Ofrecen una valiosa visión de las expresiones artísticas y culturales de las antiguas comunidades africanas. La cueva de Blombos, en Sudáfrica, contiene piezas grabadas en ocre que sugieren símbolos primitivos o comportamientos creativos[2].

Arte mural hallado en una cueva de Chad [3]

A medida que el clima y el medioambiente de África fluctuaron durante el Paleolítico, los humanos tuvieron que adaptarse a las condiciones cambiantes. Es probable que esto influyera en la

---

[2] Museum, T. B. (2024, 9 de enero). Rock art and the origins of art in Africa. Retrieved from Khanacademy.org: https://www.khanacademy.org/humanities/ap-art-history/global-prehistory-ap/paleolithic-mesolithic-neolithic-apah/a/apollo-11-stones.

configuración de sus técnicas de fabricación de herramientas y sus estrategias de explotación de los recursos. Durante los periodos de cambio climático, cuando grandes zonas de África se volvieron más secas, las poblaciones paleolíticas se adaptaron, trasladándose a regiones más favorables y ajustando sus estrategias de subsistencia en función a ello[3].

La era mesolítica

El Mesolítico en África, también conocido como Edad de Piedra Media, fue un periodo de transición que siguió al Paleolítico y precedió al Neolítico. Esta era abarcó desde alrededor de 10.000 a 5000 a. e. c. y fue testigo de cambios significativos en las sociedades humanas y sus formas de vida. El Mesolítico marcó el paso de estilos de vida nómadas de cazadores-recolectores a comunidades más asentadas y organizadas, sentando las bases para la posterior aparición de la agricultura y la revolución neolítica. Aunque la caza y la recolección siguieron siendo importantes, las comunidades mesolíticas empezaron a establecer campamentos más permanentes y no vagaban constantemente.

En el Mesolítico, las herramientas de piedra se hicieron más especializadas y refinadas. Aunque algunas de las herramientas siguieron fabricándose con piedra, se experimentó con otros materiales, como el hueso y la madera, lo que condujo al desarrollo de nuevos tipos de herramientas. La creación de microlitos, cuchillas de piedra diminutas y muy eficaces, fue un avance notable. Los microlitos se utilizaron como componentes de herramientas compuestas, como lanzas y flechas, lo que indica un avance en la tecnología de la caza.

El arte en el Mesolítico

Las comunidades mesolíticas africanas dejaron tras de sí pruebas de expresión cultural, aunque menos elaborada que en periodos posteriores. Esto incluía la creación de arte a pequeña escala, como tallas y grabados en huesos, piedra y conchas. La cueva Apolo 11 de Namibia data del periodo mesolítico y contiene algunos de los primeros ejemplos conocidos de arte mobilar en África. Estos artefactos incluyen piezas de piedra grabadas con diseños geométricos y abstractos[4].

---

[3] Instituto Smithsoniano. (2024, 3 de enero). Climate Effects on Human Evolution. Extraído de Humanorigons.si.edu: https://humanorigins.si.edu/research/climate-and-human-evolution/climate-effects-human-evolution.

[4] Cerise Myers, E. C. (2024, 9 de enero). 5.2 Mesolithic Art. Extraído de Libretexts.org: https://human.libretexts.org/Bookshelves/Art/Introduction_to_Art_History_I_%28Myers%29/05%3A_Art_of_the_Stone_Age/5.02%3A_Mesolithic_Art.

Cambios sociales

El Mesolítico en África coincidió con fluctuaciones climáticas, incluida la transición del último máximo glacial a un clima más cálido y estable. Como resultado, las poblaciones humanas tuvieron que adaptarse a las cambiantes condiciones medioambientales. Las poblaciones comenzaron a ajustarse a los entornos regionales y a la disponibilidad de recursos. En este periodo se produjo una diversificación de los tipos de alimentos consumidos, incluida una mayor dependencia de los recursos marinos en las regiones costeras. Las comunidades mesolíticas costeras de zonas como el litoral sudafricano se dedicaron a la recolección de mariscos y a la pesca, utilizando tanto recursos marinos como terrestres para su sustento.

El periodo Mesolítico fue testigo de innovaciones en la organización social y la tecnología. Aunque no eran tan complejas como las sociedades del Neolítico, había pruebas de una mayor cooperación social y del desarrollo de herramientas más sofisticadas. La aparición de la tecnología pesquera, incluidos los arpones y las redes de pesca, sugiere un nivel de coordinación y especialización en las comunidades mesolíticas a medida que se adaptaban a los recursos acuáticos[5].

África fue testigo de muchas migraciones durante el Mesolítico. Los principales grupos lingüísticos, como las nigerocongolesas, empezaron a hacerse notar a medida que el Sáhara se volvía más seco. Más tarde, los bantúes se extendieron por África central, oriental y meridional, desplazando a pueblos indígenas como los pigmeos.

Las sociedades se formaron gracias al desarrollo de las relaciones tribales. Era típica la división del trabajo basada en el género, en la que los hombres se encargaban de la caza y la pesca, y las mujeres de la alimentación a base de plantas[6]. Se celebraban ceremonias de transición de niño a adulto con ritos de iniciación establecidos. Estas ceremonias y pruebas transmitían los hábitos de trabajo, las tradiciones orales y los conocimientos sagrados de una generación a la siguiente[7].

---

[5] Kessing, F. M. (2024, 9 de enero). Stone Age-African Tools, Artifacts, Culture. Extraído de Britannca.com: https://www.britannica.com/event/Stone-Age/Africa.

[6] Hay que señalar que la división del trabajo no estaba grabada en piedra. Los momentos de necesidad podían requerir que las mujeres ayudaran en la caza o que los hombres recogieran plantas. Los distintos grupos tribales también habrían practicado tradiciones diferentes. Sin embargo, a grandes rasgos, los hombres solían cazar mientras que las mujeres recolectaban plantas y otros materiales.

[7] S., A. (2015, 21 de diciembre). Mesolithic Social Life and Art. Extraído de Shorthistory.org:

El Mesolítico en África representa una fase crucial en la historia de la humanidad, tendiendo un puente entre el estilo de vida cazador-recolector del Paleolítico y la revolución agrícola del Neolítico. Fue una época de experimentación, adaptación y desarrollo gradual de tecnologías y estructuras sociales que allanaron el camino a profundos cambios.

La era neolítica

El Neolítico, a menudo denominado Edad de Piedra Tardía, fue un periodo de transformación en África que siguió al Mesolítico. El Neolítico marcó un cambio significativo en las sociedades humanas, caracterizado por la adopción generalizada de la agricultura, la domesticación de animales, así como comunidades más asentadas y basadas en la agricultura. El Neolítico en África abarcó desde alrededor del 5000 al 2000 a. e. c., dependiendo de la región.

Producción alimentaria

El rasgo más definitorio del Neolítico fue el desarrollo de la agricultura. Las sociedades africanas empezaron a cultivar cosechas y a criar animales, lo que les proporcionó un suministro de alimentos más fiable y abundante. En el valle del Nilo, en Egipto, el cultivo del trigo y la cebada se practicaba ya en el año 5000 a. e. c., lo que transformó la región en un granero y permitió el crecimiento de la población.

En consonancia con el paso a la agricultura, el Neolítico fue testigo de la domesticación de los animales para diversos fines, como proporcionar carne, leche, lana y fuerza laboral. Esto marcó un paso crucial en la historia de la humanidad, que condujo a economías más complejas y diversificadas. En el norte de África destacó la domesticación del ganado vacuno y ovino. En la región sahariana surgieron las sociedades pastorales, que dependían del pastoreo de animales domesticados para su sustento.

Asentamientos

Las comunidades neolíticas establecieron asentamientos más permanentes, en transición desde el estilo de vida seminómada de sus antepasados mesolíticos. Estas comunidades construyeron a menudo estructuras más sustanciales y se dedicaron a una planificación urbana rudimentaria. El yacimiento arqueológico de Nabta Playa, en el desierto de Nubia, revela pruebas de complejas estructuras de piedra similares a Stonehenge, que potencialmente sirvieron como marcadores de

https://www.shorthistory.org/prehistory/mesolithic-social-life-and-art/.

acontecimientos astronómicos. Estas estructuras sugieren un nivel de organización social y planificación arquitectónica[8].

A medida que las poblaciones africanas se asentaban en comunidades permanentes y trabajaban para generar excedentes alimentarios, las sociedades neolíticas tuvieron la oportunidad de dedicarse a la artesanía especializada, así como a desarrollar herramientas y tecnologías más sofisticadas. El uso de la cerámica se generalizó durante este periodo. Los africanos neolíticos crearon vasijas de cerámica para almacenar, cocinar y con fines ceremoniales. La alfarería permitió procesar y almacenar alimentos de forma más eficiente[9].

Jerarquía social y sociedad

A medida que las poblaciones crecían y las comunidades se asentaban, surgieron jerarquías sociales y estructuras organizativas. Las funciones de liderazgo y las divisiones del trabajo se hicieron más definidas. Las pequeñas aldeas o los asentamientos de clanes acabaron evolucionando hasta convertirse en ciudades-estado. La agricultura fue el principal motor de las complejas estructuras sociales del Neolítico.

En el desierto occidental de Egipto se han encontrado ejemplos de importantes asentamientos neolíticos. Sheikh el-Obeiyid cuenta con veinticinco cabañas circulares y ovaladas. Otro hallazgo arqueológico significativo es el yacimiento 270 del oasis de Dakhla. Los arqueólogos descubrieron doscientas cabañas de piedra circulares y rectangulares, agrupadas en conjuntos que podrían haber sido grupos sociales. Estas sugieren evidencias de planificación comunitaria. Los grandes edificios comunales (algunos de hasta doce metros de largo) podrían haber servido como centros de autoridad o para rituales[10].

El Neolítico en África sentó las bases de sociedades más complejas y duraderas en el continente. El paso de la caza y la recolección a la agricultura y la ganadería fue un salto revolucionario que propició el

---

[8] Smith, P. (2015, 16 de septiembre). Nabta Playa: The Oldest Man-Made Structure in the World. Extraído de Historic Cornwell: https://www.historic-cornwall.org.uk/nabta-playa-the-oldest-man-made-structure-in-the-world/.

[9] Huysecom, E. (2024, 9 de enero). Arguments for an Early Neolithic in Sub-Saharan Africa. Extraído de Ounjougou.org: https://www.ounjougou.org/en/projects/mali/archaeology/arguments-for-an-early-neolithic-in-sub-saharan-africa/.

[10] Revista del Antiguo Egipto. (2023, 6 de febrero). Neolithic Settlements of the Western Desert: Proto-villages of Stone Age Egypt. Extraído de the-past.com: https://the-past.com/feature/neolithic-settlements-of-the-western-desert-proto-villages-of-stone-age-egypt/.

crecimiento demográfico, las innovaciones tecnológicas y el surgimiento de las primeras civilizaciones.

En resumen

Los periodos paleolítico, mesolítico y neolítico son los cimientos de las primeras civilizaciones africanas. Cuando observamos la Edad de Piedra, desde su uso de herramientas de piedra que gradualmente se convirtieron en herramientas más complejas hasta el arte rupestre sahariano que comunica las vidas y aspiraciones de los primeros pobladores, pasando por la transición de las sociedades nómadas de cazadores-recolectores a las comunidades agrícolas asentadas, podemos ver los primeros pasos de la evolución de las culturas posteriores.

Estos acontecimientos fundamentales sentaron las bases para el surgimiento de las primeras grandes civilizaciones africanas, preparando el terreno para una historia rica y perdurable.

Capítulo 2: La edad de los grandes metales: Las Edades del Cobre, del Bronce y del Hierro

En este capítulo, profundizaremos en tres grandes épocas que configuraron el pasado antiguo de África: la Edad del Cobre, la Edad del Bronce y la Edad del Hierro. Cada época representa un importante salto adelante en el panorama cultural, económico y tecnológico del continente. Para proporcionar una comprensión global, exploraremos los desarrollos e innovaciones clave de cada periodo y ofreceremos una cronología para ilustrar la progresión de los acontecimientos.

La Edad del Cobre en África (c. 4000 a. e. c.-c. 2500 a. e. c.)

Uno de los avances más significativos de la Edad del Cobre fue el descubrimiento y la utilización del cobre para diversos fines. Las primeras sociedades africanas aprendieron a extraer el mineral de cobre de las minas y a desarrollar técnicas de fundición para separar el cobre de su mineral. Esto marcó el inicio de la metalurgia en África.

Aunque la cronología exacta y los detalles específicos de la primera metalurgia del cobre en África varían según la región, está claro que hacia el año 4000 a. e. c., varias sociedades africanas ya experimentaban con el trabajo del cobre, marcando el inicio de la Edad del Cobre en el continente.

Las pruebas de la primitiva metalurgia del cobre proceden de yacimientos como Buhen, en Egipto, y varios lugares de la región de

Agadez, en Níger. Estos yacimientos contienen artefactos de cobre y restos de actividades de extracción y fundición de cobre. El cobre utilizado durante este periodo era a menudo relativamente puro, conocido como cobre nativo, que podía encontrarse en forma de pepitas en determinadas formaciones geológicas.

Avances tecnológicos

La metalurgia del cobre propició varios avances tecnológicos significativos que tuvieron repercusiones de gran alcance. Por ejemplo, los primeros metalúrgicos africanos desarrollaron métodos para calentar el mineral de cobre con el fin de separar el metal de las impurezas, sentando las bases para procesos metalúrgicos más sofisticados en épocas posteriores.

Las sociedades de la Edad del Cobre también empezaron a utilizar el cobre para crear una amplia gama de herramientas y armas. La maleabilidad del cobre permitió fabricar herramientas más duraderas y prácticas que las de piedra, hueso o madera. Las herramientas de cobre incluían cuchillos, hachas, cinceles y puntas de lanza, que mejoraron significativamente las prácticas agrícolas, la construcción y la caza.

A medida que avanzaba la metalurgia del cobre, surgieron artesanos especializados que sabían trabajar el cobre. Estos artesanos desempeñaron un papel fundamental en la producción de intrincados artefactos de cobre, como joyas y ornamentos. Esta especialización contribuyó a desarrollar una clase artesana diferenciada dentro de las sociedades africanas.

Comunidades asentadas

Las herramientas de cobre permitieron unas prácticas agrícolas más eficientes, lo que se tradujo en un aumento de la producción de alimentos y del crecimiento de la población. Este cambio marcó el inicio de estructuras sociales más complejas y estilos de vida sedentarios.

Los objetos de cobre se utilizaban en rituales y ceremonias. El cobre se utilizaba para esculturas en África, como demuestra una estatua de tamaño natural del faraón Pepi I, que gobernó en la sexta dinastía (c. 2325-2150 a. e. c.).

Cabeza de la estatua a tamaño natural de Pepi I [a]

En general, la Edad del Cobre en el África antigua fue una fase fundamental en la historia del continente, marcada por la aparición de la metalurgia, la innovación tecnológica, el crecimiento económico a través del comercio y la interacción, y los inicios de las sociedades asentadas. Estos desarrollos sentaron las bases para los futuros avances en la metalurgia y la evolución de las civilizaciones africanas.

Cronología de los acontecimientos clave de la Edad del Cobre

- 4000 a. e. c.: La evidencia más antigua del trabajo del cobre.
- 3500 a. e. c.: Expansión del uso del cobre en diferentes regiones.
- 2500 a. e. c.: Transición a la Edad de Bronce.

La Edad de Bronce en África (c. 2500 a. e. c.-c. 1000 a. e. c.)

La Edad de Bronce en la antigua África, que abarca aproximadamente desde el 2500 hasta el 1000 a. e. c., vio cómo las sociedades africanas hacían la transición de utilizar principalmente cobre a utilizar la aleación conocida como bronce, compuesta de cobre y estaño.

Las sociedades africanas descubrieron el arte de alear cobre con estaño, lo que dio lugar a la creación del bronce. Esta aleación, caracterizada por su resistencia y durabilidad, representó un avance significativo en la tecnología metalúrgica.

La adopción de herramientas de bronce revolucionó la agricultura durante la Edad de Bronce. Los arados y azadones de bronce mejoraron el cultivo del suelo, haciendo más eficiente la agricultura. El aumento de la productividad agrícola dio lugar a excedentes, al crecimiento de la población y al desarrollo de sociedades más grandes e intrincadas. La introducción del bronce para el armamento mejoró significativamente las capacidades de defensa e influyó en las estrategias militares. Las espadas, lanzas y armaduras de bronce se convirtieron en equipamiento estándar, alterando la dinámica de los conflictos y el poder en la región.

Importancia del comercio

El estaño es un ingrediente necesario para fabricar bronce y, aunque existen yacimientos de estaño en África central y meridional, no hay pruebas concluyentes de que existiera un comercio intraafricano de estaño durante la Edad de Bronce. Egipto tenía reservas de estaño en el desierto oriental, pero es posible que solo se explotaran después del año 2000 a. e. c. Mesopotamia tenía yacimientos de estaño y podría haber enviado el metal tan al oeste como Creta. Los lingotes de óxido, placas de metal que facilitaban el transporte del cobre o el estaño, podrían haberse exportado a Egipto a cambio de mercancías como cáscaras de huevo de avestruz. A través de Egipto, África pasó a formar parte de la red comercial del Mediterráneo oriental, y el comercio estimuló la expansión de los centros urbanos[11].

Sociedad y arte

La Edad de Bronce fue testigo de la aparición de sociedades más complejas en todo el continente africano. Estos núcleos urbanos sirvieron como puntos focales para una miríada de avances. La arquitectura monumental, como el complejo del templo de Karnak, demostró el poder y la opulencia de los reinos. El bronce trascendió su papel utilitario y desempeñó un papel vital en la expresión artística y la innovación arquitectónica[12].

---

[11] Robert Maddin, T. S. (1977). Tin in the Ancient Near East: Old Questions and New Finds. Extraído de Penn Museum: https://www.penn.museum/sites/expedition/tin-in-the-ancient-near-east/.

[12] College Sidekick.com. (2024, 13 de enero). The Bronze Age. Extraído de Collegesidekick.com:

Egipto tuvo sus años de gloria durante la Edad de Bronce. Los centros urbanos, como Tebas, exhibieron el poderío de esta nación y se creó arte a gran escala. Las tumbas nos permiten vislumbrar la grandeza de los faraones. Los dioses egipcios fueron una importante inspiración artística, aunque el arte egipcio también representaba a menudo a faraones y animales. Un artefacto esencial de la Edad de Bronce egipcia es la Paleta de Narmer con sus figuras semidesnudas.

El florecimiento cultural y artístico durante la Edad de Bronce sigue inspirando e influyendo en la historia y el patrimonio cultural de África. Constituye un testimonio de la adaptabilidad y el ingenio de las antiguas sociedades africanas a la hora de forjar el curso de su historia y su civilización.

Cronología de los acontecimientos clave de la Edad de Bronce
- 2500 a. e. c.: Aparición de la metalurgia del bronce.
- 1800 a. e. c.: Florecimiento de las redes comerciales de bronce.
- 1000 a. e. c.: Transición a la Edad de Hierro.

La Edad de Hierro en África (c. 1000 a. e. c.-500 e. c.)

Durante la Edad de Hierro, las sociedades africanas experimentaron una profunda transformación al pasar del uso del cobre y el bronce al del hierro. Antes se pensaba que el hierro se originó en Egipto, pero nuevas pruebas sugieren que la tecnología del trabajo del hierro se desarrolló de forma independiente y fue anterior a Egipto, en lo que hoy es Chad, la República Centroafricana y Sudán del Sur y se extendió hacia el oeste a lo largo del río Níger hasta la cultura Nok de África Occidental. Las migraciones bantúes ayudaron a difundir la tecnología[13].

Uno de los rasgos definitorios de la Edad de Hierro en África fue el dominio de la metalurgia del hierro. El mineral de hierro, abundante en África occidental y meridional, se convirtió en la fuente principal para la fabricación artesanal de herramientas, armas y otros artículos de primera necesidad.

---

https://www.collegesidekick.com/study-guides/boundless-arthistory/the-bronze-age.

[13] Openstax.org. (2024, 13 de enero). 9.2 The Emergence of Farming and the Bantu Migrations. Extraído de Openstax.org: https://openstax.org/books/world-history-volume-1/pages/9-2-the-emergence-of-farming-and-the-bantu-migrations.

Agricultura

La disponibilidad de herramientas de hierro revolucionó la agricultura en toda África. Los arados y azadones de hierro sustituyeron a sus predecesores, menos duraderos, permitiendo a los agricultores labrar la tierra con mayor eficacia que antes. Podían cultivar extensiones de tierra más importantes, lo que aumentó el rendimiento de las cosechas. Esta revolución agrícola tuvo un profundo impacto en la producción de alimentos, lo que dio lugar a excedentes, al crecimiento de la población y a la aparición de sociedades más complejas.

Avances militares

La durabilidad y eficacia del hierro en el armamento transformó la naturaleza de la guerra en África. Las espadas, lanzas y escudos de hierro se convirtieron en el equipamiento estándar de los ejércitos, lo que dio lugar a estrategias y tácticas militares más avanzadas. La capacidad de producir armas de hierro en cantidades más importantes y con mayor calidad influyó en la dinámica de poder de la época, determinando a menudo el auge y la caída de reinos e imperios.

Auge de los centros urbanos y del comercio

La Edad de Hierro fue testigo del crecimiento de los centros urbanos y de la formación de sociedades complejas. Estos núcleos urbanos sirvieron como puntos focales para el comercio, la administración y el intercambio cultural. Su desarrollo se caracterizó por estructuras arquitectónicas avanzadas, como murallas, palacios y centros ceremoniales. Esta transformación condujo al establecimiento de jerarquías políticas y estructuras estatales, dando lugar al surgimiento de influyentes reinos e imperios africanos.

El aumento de la producción de herramientas de hierro, así como los excedentes agrícolas, facilitaron el crecimiento de extensas redes comerciales. Las mercancías africanas, incluidas las herramientas de hierro, los metales preciosos y los productos agrícolas, se comercializaban dentro del continente y con las regiones vecinas. África Occidental se benefició significativamente del dominio de la metalurgia del hierro. El hierro dio origen al reino de Ife y a otros importantes reinos nigerianos[14].

---

[14] Ross, E. G. (2002, octubre). The Age of Iron in West Africa. Extraído de Metmuseum.org: https://www.metmuseum.org/toah/hd/iron/hd_iron.htm.

El arte durante la Edad de Hierro

El trabajo del hierro fue más allá de las herramientas útiles; desempeñó un papel importante en la expresión creativa y la innovación arquitectónica. Artefactos, esculturas y elementos decorativos de hierro adornaban los espacios religiosos y ceremoniales, reflejando la diversidad de tradiciones artísticas y creencias de las distintas sociedades africanas.

El hierro se utilizaba en África Occidental para la joyería, el arte y los instrumentos musicales. Tenía un significado espiritual en muchas culturas africanas. Estas creaciones artísticas mostraban la riqueza de la expresión cultural y servían como testimonio de la creatividad y la artesanía de la época.

Los artefactos de hierro se utilizaban a menudo en ceremonias y rituales religiosos, ya que se creía que poseían propiedades místicas. Se pueden encontrar pruebas del uso ritual de hornos de hierro en Tanzania y Ruanda[15].

El legado de la Edad de Hierro sigue influyendo en la historia y el patrimonio cultural de África. Allanó el camino para posteriores periodos de innovación y progreso en el continente.

Cronología de los acontecimientos clave de la Edad de Hierro

- 1000 a. e. c.: Aparición del trabajo del hierro.
- 500 a. e. c.: Surgimiento de destacados reinos africanos.
- 500 e. c.: Transición a la historia medieval africana.

En resumen

Las Edades del Cobre, del Bronce y del Hierro en África representan un extraordinario viaje de innovación, expresión cultural y transformación social. Estas épocas no solo marcan hitos tecnológicos, sino que también ponen de relieve la resistencia y adaptabilidad de las civilizaciones africanas. Comprender la cronología y los acontecimientos clave de cada época nos permite apreciar mejor estas antiguas sociedades africanas.

---

[15] Academic Accelerator. (2024, 13 de enero). Archaeological Evidence for the Origins and Spread of Iron Production in Africa. Extraído de Academic-accelerator.com: https://academic-accelerator.com/encyclopedia/iron-metallurgy-in-africa.

Sección 2: Reinos y civilizaciones

Capítulo 3: Kush

El río Nilo ha sido el hogar de los pueblos durante milenios. El enigmático reino de Kush estaba situado a orillas del río. Esta antigua civilización, conocida por su rica historia y su importante influencia, es un interesante objeto de estudio para historiadores, arqueólogos y eruditos. Su relación con Egipto fluyó y refluyó, provocando interesantes desarrollos que, en un momento dado, llevaron a que el conquistador se convirtiera en el conquistado.

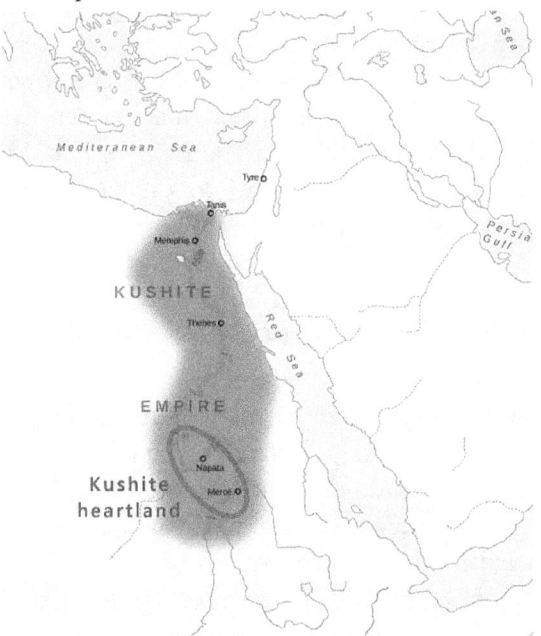

El reino de Kush alrededor del 700 a. e. c. *

La ubicación de Kush

Kush fue una antigua civilización africana que existió desde aproximadamente 1070 a. e. c. hasta 350 e. c. Su economía diversificada desempeñó un papel importante en las redes comerciales de la región, lo que la hizo económicamente crucial para Egipto y otras civilizaciones vecinas.

También conocida como Nubia, Kush floreció durante milenios, abarcando el actual Sudán y el sur de Egipto. La información sobre esta civilización procede de una combinación de descubrimientos arqueológicos, inscripciones y referencias en los registros de civilizaciones antiguas vecinas.

Las excavaciones realizadas en el valle del Nilo han desenterrado una gran cantidad de pruebas materiales, como arquitectura, cerámica, joyas y enterramientos. Por ejemplo, la antigua ciudad de Kerma era un centro fundamental de Kush, y los extensos hallazgos arqueológicos que se han realizado en ella han proporcionado valiosísimos datos sobre la cultura y la historia kushitas. La referencia más antigua que se conoce de Kush en los antiguos textos egipcios data de alrededor del año 2300 a. e. c. Los egipcios se referían a Kush como «Kas» o «Kas-ti», y estas referencias hablaban de la tierra al sur de Egipto y de las interacciones entre ambas regiones.

La economía de Kush

Kush no era un remanso empobrecido. Al igual que su vecino del norte, Egipto, era una región próspera que extraía gran parte de su riqueza del Nilo. La agricultura era la columna vertebral de la economía kushita. El fértil valle del río Nilo proporcionaba un entorno excelente para la agricultura. Los kushitas cultivaban cosechas como trigo, cebada, sorgo y diversos vegetales. También se dedicaban al pastoreo, criando ganado vacuno, cabras y ovejas. Las inundaciones anuales del Nilo aseguraban un suelo fértil para sus actividades agrícolas.

El Nilo suministraba algo más que el agua necesaria para los cultivos. Era un factor importante en la economía comercial de los kushitas. Kush estaba estratégicamente situada a lo largo del Nilo, lo que la convertía en un centro comercial crucial. El reino de Kush servía de puente entre Egipto, al norte, y el África subsahariana, al sur. La posición geográfica de Kush en la encrucijada de las rutas comerciales entre Egipto y el interior de África lo convirtió en un centro comercial de gran importancia. Algunas de las mercancías que contribuyeron a su valor comercial fueron el oro, el marfil y los productos exóticos.

Kush era conocido por sus yacimientos de oro, especialmente en el desierto de Nubia y en las colinas del mar Rojo. El reino de Kush fue una importante fuente de oro para Egipto y otras civilizaciones mediterráneas. Los faraones egipcios estaban especialmente interesados en mantener buenas relaciones con Kush para poder disfrutar de un suministro constante de este metal precioso.

El reino de Kush controlaba el comercio de marfil, una valiosa mercancía muy codiciada por las regiones vecinas. Kush también facilitaba el intercambio de diversas mercancías exóticas, como maderas raras, piedras preciosas y artículos de lujo, lo que aumentaba aún más su importancia comercial[16].

Kush controlaba el curso superior del río Nilo, lo que le permitía regular y gravar el comercio que pasaba por su territorio. Su control sobre el Nilo también le permitía imponer peajes y aranceles a las mercancías que pasaban por el río.

Sociedad kushita

Como muchas sociedades antiguas, Kush tenía una estructura social jerárquica. En la cima de la jerarquía se encontraba la clase dirigente, que incluía a los monarcas (reyes y reinas) y a la nobleza. Por debajo de ellos se encontraban los sacerdotes, los administradores y los líderes militares. El pueblo llano constituía la mayor parte de la población, incluidos agricultores, artesanos y obreros. Dado que los kushitas participaban en el comercio de esclavos, es probable que su sociedad también contara con personas esclavizadas.

La religión desempeñó un papel importante en la sociedad kushita. No existía una religión kushita formal y el pueblo practicaba una mezcla de creencias religiosas indígenas africanas y tradiciones religiosas de inspiración egipcia. El énfasis de su religión era que la persona fuera una con el mundo natural y viviera en armonía. Adoraban a un panteón de deidades y a menudo incorporaban dioses y diosas egipcios a sus prácticas religiosas. Sebiumeker, señor de la fertilidad y la procreación, era un dios principal. Los templos y monumentos religiosos, como el templo del León en Naqa, eran centros importantes.

---

[16] Kemezis, K. (2009, 22 de noviembre). Ancient Kush (2nd Millennium B.C. - 4th Century A.D.). Extraído de Blackpast.org: https://www.blackpast.org/global-african-history/ancient-kush-2nd-millennium-b-c-4th-century-d/.

La sociedad kushita hablaba el cushítico, que probablemente formaba parte de la familia lingüística nilosahariana. Sin embargo, la élite y la clase culta utilizaban un sistema de escritura muy influenciado por los jeroglíficos egipcios[17].

Arte y arquitectura

Al estar situada estratégicamente en la encrucijada de las rutas comerciales africanas y mediterráneas, la sociedad kushita tuvo amplias interacciones con las civilizaciones vecinas, como Egipto, el mundo mediterráneo y otras sociedades africanas. Estas interacciones influyeron en su cultura y su arte.

La sociedad kushita poseía un rico patrimonio artístico y cultural. Desarrollaron un estilo artístico, a menudo caracterizado por pinturas murales narrativas, cerámica fina de cáscara de huevo y estatuas de bronce de deidades y monarcas. El reino de Kush es famoso por sus características pirámides de lados empinados, que se utilizaban como tumbas para la realeza y la nobleza. Existen ejemplos notables en Meroë y Jebel Barkal[18].

Los lazos económicos entre Egipto y Kush también condujeron al intercambio cultural. El arte, la tecnología y las creencias religiosas egipcias influyeron en la cultura kushita y viceversa: el intercambio de ideas y prácticas enriqueció a ambas civilizaciones.

Gobernanza

La estructura política de Kush evolucionó a lo largo de los años. La región pasó gradualmente de ser una serie de ciudades-estado independientes a un poderoso reino. Kush surgió sobre las cenizas de una civilización anterior, Kerma, y sería la base de su estado sucesor, Meroë. Cada uno de ellos tenía sus propios gobernantes y una autoridad centralizada, y fueron fases distintas del desarrollo de Kush como reino y como civilización.

---

[17] Marc. (2022, 14 de octubre). The Kush Kingdom: A Major Power in the Ancient World. Extraído de Ilovelanguages.com: https://www.ilovelanguages.com/the-kush-kingdom-a-major-power-in-the-ancient-world/.

[18] Kemezis, K. (2009, 22 de noviembre). Ancient Kush (2nd Millennium B.C. - 4th Century A.D.). Extraído de Blackpast.org: https://www.blackpast.org/global-african-history/ancient-kush-2nd-millennium-b-c-4th-century-d/.

Kush c. 1070-300 a. e. c.

Tras el declive del reino de Kerma (que tiene su propio capítulo más adelante en este libro), surgió el reino de Kush en la región de Napata, cerca de la actual Karima, en Sudán. El reino kushita adoptó elementos de la cultura y la religión egipcias, incluido el culto a las divinidades egipcias. Los gobernantes de Napata construyeron pirámides similares a las de Egipto, simbolizando su estatus e influencia. La más famosa de ellas es la pirámide de Taharqa. Con el tiempo, Kush tuvo que hacer frente a los desafíos políticos de asirios y persas, y fue sucedido por el reino meroítico.

Reino meroítico (300 a. e. c.-350 e. c.)

El reino meroítico fue el periodo más duradero de la civilización kushita. Tuvo su centro en la ciudad de Meroë, situada cerca de la moderna ciudad de Shendi, en Sudán.

Uno de los rasgos más distintivos del reino meroítico fue su propia escritura, conocida como escritura meroítica, que solo se ha descifrado parcialmente. La escritura cursiva meroítica se utilizaba para llevar registros, y los jeroglíficos meroíticos se empleaban para inscripciones en monumentos y documentos. El reino meroítico era conocido por su avanzada industria del trabajo del hierro, que producía herramientas y armas de hierro de gran calidad.

El reino meroítico decayó, posiblemente debido a una combinación de factores, incluyendo invasiones y rebeliones internas. El reino de Axum acabó sustituyéndolo en el siglo IV e. c.

La conexión egipcia

La situación geográfica de Kush lo convirtió en un socio estratégico para Egipto. Los dos reinos entablaron a menudo relaciones diplomáticas, alianzas y acuerdos comerciales. Egipto dependía de Kush para obtener valiosos recursos y materiales, como oro e incienso, que eran esenciales para fines religiosos y económicos. A cambio, Kush se beneficiaba del apoyo militar y político de Egipto, que le ayudaba a mantener su independencia y seguridad.

La conquista de Kerma por los egipcios fue un revés, pero no significó que los kushitas se desvanecieran en la historia. Volvieron a ocupar un lugar destacado varios siglos después. El auge del reino de Kush hacia 1070 a. e. c. se asocia a menudo con el declive del Imperio Nuevo de Egipto y la desintegración del control egipcio sobre sus territorios meridionales.

El Imperio Nuevo de Egipto comenzó a experimentar luchas internas y amenazas externas. Los faraones se debilitaron y Egipto quedó dividido por luchas de poder y gobernantes rivales. La dinastía XX de Egipto (c. 1186-1069 a. e. c.) estuvo marcada por la inestabilidad política y el declive de la autoridad centralizada, lo que creó un vacío de poder que permitió a las fuerzas externas ganar influencia.

Egipto se enfrentó a las invasiones de varias potencias extranjeras durante este periodo. Las invasiones de los libios y de los pueblos del mar perturbaron el dominio egipcio y debilitaron la autoridad central. Los libios consiguieron establecerse en el delta del Nilo. Egipto estaba demasiado ocupado luchando contra los atacantes del norte como para preocuparse por lo que ocurría en el sur. Kush siguió controlando importantes rutas comerciales que conectaban Egipto con el interior de África, lo que permitió a los kushitas obtener riquezas y recursos y reforzar aún más su posición en la región.

<u>Una vez conquistados, ahora los conquistadores</u>

Los gobernantes kushitas extendieron su influencia al Alto Egipto, haciéndose con el control de ciudades y regiones clave. Su presencia y autoridad en el Alto Egipto desafió a los restos del dominio egipcio y estableció aún más el dominio kushita en la zona.

El reino de Kush lanzó una serie de campañas militares en Egipto. Estas campañas estaban dirigidas por gobernantes kushitas que pretendían afirmar su autoridad sobre los territorios egipcios. Los gobernantes kushitas formaron alianzas con líderes egipcios locales que estaban descontentos con la fragmentación política existente. Estos líderes locales veían a los gobernantes kushitas como potenciales unificadores que podrían restaurar la estabilidad y la autoridad central en Egipto.

La conquista de Egipto fue finalizada por Piye (también conocido como Pianjy) alrededor del 727 a. e. c., y estableció la dinastía XXV de Egipto. Los gobernantes kushitas consolidaron con éxito su poder en Egipto, extendiendo su autoridad tan al norte como el delta del Nilo. Crearon una administración centralizada y promovieron la estabilidad política en las regiones que controlaban[19].

---

[19] K. Krois. Hirst. (2019, 12 de mayo). The Kingdom of Kush: Sub-Saharan African Rulers of the Nile. Extraído de Thoughtco.com: https://www.thoughtco.com/the-kingdom-of-kush-171464.

La dinastía XXV

El control de Egipto por parte de los kushitas se hizo más accesible gracias a los siglos pasados de asimilación. Los faraones kushitas veneraban a los dioses egipcios y construyeron templos para ellos, lo que les ayudó a ganarse la aceptación de la población egipcia y legitimó su dominio. Los gobernantes kushitas también iniciaron varios proyectos culturales y de construcción durante su dominio en Egipto. Construyeron pirámides, templos y monumentos, contribuyendo al patrimonio arquitectónico de la región. Los nuevos gobernantes de Egipto llevaban la doble corona de los faraones anteriores.

Estatuas de algunos faraones de finales de la dinastía XXV [5]

La dinastía XXV solo sobrevivió durante un breve periodo. El control kushita de Egipto duró varias décadas, con diversos grados de éxito. Sin embargo, su dominio acabó enfrentándose a los desafíos de los asirios, que invadieron Egipto a finales del siglo VIII a. e. c. Los asirios consiguieron derrotar a los gobernantes kushitas y acabaron efectivamente con el control de la dinastía XXV sobre Egipto. Los kushitas se retiraron a su tierra natal en Kush y Egipto cayó bajo el control de potencias extranjeras.

Kush siguió siendo una potencia regional, pero se debilitó tras la ocupación romana de Egipto. Kush se derrumbó en el siglo IV e. c.

<u>En resumen</u>

El control de Egipto por parte de la dinastía XXV representó un capítulo único en la historia de ambas regiones, demostrando la fluidez del poder en el África antigua y la influencia de los reinos vecinos. Los kushitas dejaron una huella significativa en la historia y la cultura egipcias durante su dominio, y su legado perdura en el registro arqueológico e histórico.

Capítulo 4: Axum

El reino de Axum, enclavado en las regiones septentrionales de las actuales Etiopía y Eritrea, es un capítulo fascinante de los anales de la historia africana. Floreciente desde alrededor del siglo I a. e. c. hasta el siglo VII e. c., Axum es conocida por su polifacética y rica civilización, que incluyó la introducción del cristianismo en la región y las posteriores obras de arte y arquitectura.

Centro comercial

La economía de Axum era una potencia impulsada principalmente por el comercio y la agricultura, que desempeñaron un papel fundamental en el auge y la prosperidad del reino. La situación estratégica de Axum en la encrucijada de importantes rutas comerciales, la convirtió en un centro ideal para el comercio. Su posición a lo largo de la costa del mar Rojo y su control sobre los principales puertos, como el de Adulis, le permitieron dominar el comercio marítimo de la región. Al oeste, el reino tenía acceso al río Nilo, lo que permitía conexiones comerciales interiores con el interior de África.

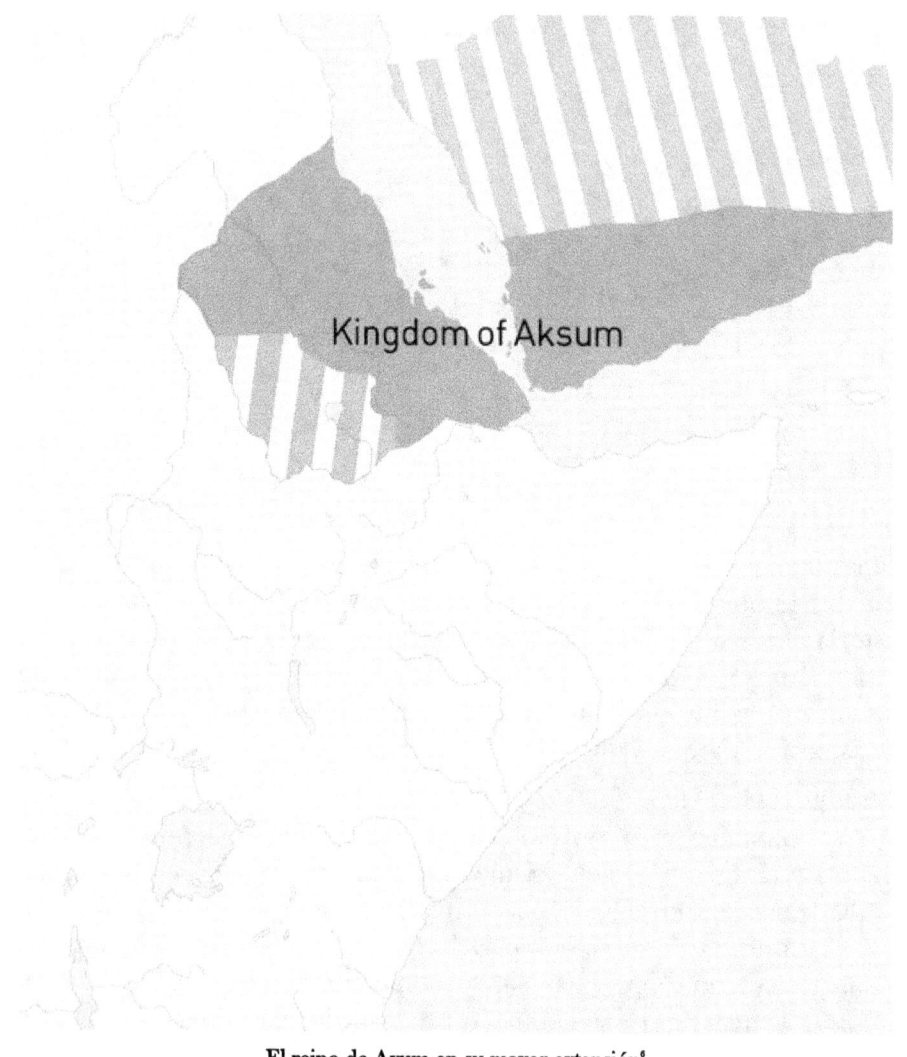

El reino de Axum en su mayor extensión[6]

El mar Rojo era un corredor vital que conectaba África con la península arábiga, el subcontinente indio y el mundo mediterráneo. Esta ventaja geográfica convirtió a Axum en un bullicioso centro comercial donde convergían mercancías procedentes de tierras lejanas.

Axum se dedicó al comercio con diversas regiones, forjando lazos económicos con el Imperio romano, Persia, la India y la península arábiga. Las exportaciones del reino incluían marfil, oro, especias, obsidiana y animales exóticos. Entre sus exportaciones más preciadas estaba el incienso, una fragante resina de goma muy buscada en el mundo antiguo. A cambio, Axum importaba artículos de lujo como textiles, cerámica, cristalería y metales preciosos. Estas relaciones comerciales enriquecieron al reino y le permitieron acumular riqueza y prestigio en la escena mundial.

Axum tenía su propio sistema monetario, con monedas de oro, plata y bronce. Estas monedas, conocidas como monedas aksumitas, servían como medio de intercambio dentro del reino y facilitaban el comercio internacional. La existencia de monedas aksumitas en diversas partes del mundo antiguo es un testimonio de las amplias redes comerciales del reino.

Monedas del rey Ezana [7]

Proeza agrícola

La agricultura era vital para garantizar la seguridad alimentaria y la estabilidad económica del reino. Las tierras altas y las mesetas de Axum estaban bendecidas con suelos fértiles y patrones de precipitaciones favorables que propiciaban la agricultura. La productividad agrícola de la región sustentaba diversos cultivos, como el mijo, la cebada, el trigo y el teff.

Los aksumitas eran hábiles practicantes de la agricultura en terrazas. Esta técnica consistía en construir plataformas agrícolas escalonadas en terrenos accidentados. La agricultura en terrazas maximizaba la producción agrícola y mitigaba la erosión del suelo, garantizando la sostenibilidad a largo plazo[20].

---

[20] Eries.org. (2024, 13 de enero). Kingdom of Aksum. Extraído de Eriesd.org: https://www.eriesd.org/cms/lib/PA01001942/Centricity/Domain/1041/6.2%20The%20Kingdom%20of%20Aksum-1.pdf.

Logros en infraestructuras

El éxito económico de Axum no dependía únicamente de una geografía favorable y de las prácticas agrícolas. Los avances tecnológicos y las infraestructuras del reino también fueron cruciales.

Los aksumitas fueron pioneros en la construcción de presas y embalses para gestionar los recursos hídricos. Estas estructuras eran fundamentales para el riego, el suministro de agua para los cultivos y la regulación de las inundaciones estacionales. Las proezas de ingeniería de los aksumitas en el aprovechamiento y la distribución de los recursos hídricos pusieron de relieve su capacidad para adaptarse a los retos que planteaba su entorno.

Axum es famosa por su impresionante arquitectura de piedra, con obeliscos, estelas y estructuras monumentales que dan testimonio de las avanzadas habilidades de cantería e ingeniería del reino. Los imponentes obeliscos y estelas cumplían diversas funciones, desde marcar tumbas hasta conmemorar a los gobernantes y sus logros. Estos monumentos también mostraban la destreza artística del reino. Algunos ejemplos de los impresionantes obeliscos y estelas de Axum son el obelisco de Axum, la estela del rey Ezana y la Gran Estela de Axum.

El obelisco de Axum [8]

Estructura social

Comprender la sociedad aksumita es esencial para entender la dinámica del reino durante su apogeo. La sociedad aksumita estaba jerarquizada y se caracterizaba por distintas clases sociales. En la cúspide se situaba la élite gobernante, compuesta por el rey y la nobleza. Por debajo de ellos se encontraban los hombres libres y los campesinos que trabajaban la tierra, asegurando la productividad agrícola del reino. La esclavitud también formaba parte de la sociedad aksumita, con personas esclavizadas adquiridas principalmente a través de la guerra y el comercio.

Axum estaba gobernada por una monarquía, con el rey como autoridad central. Se creía que el linaje del rey aksumita se remontaba a la legendaria reina de Saba y al rey Salomón, lo que dotaba a la monarquía de un fuerte sentido de legitimidad. La estructura política del reino estaba centralizada, con provincias y gobernantes locales sometidos a la autoridad del rey.

El ejército aksumita era una fuerza formidable, vital para salvaguardar las rutas comerciales y proteger el reino. El ejército del reino incluía infantería, caballería y arqueros, y era famoso por el uso de elefantes de guerra, que proporcionaban una ventaja significativa en la batalla.

Religión de Axum

La religión ocupó un lugar central en la cultura y la sociedad aksumitas, y el reino realizó importantes contribuciones a la historia temprana del cristianismo. Los aksumitas practicaban una forma distintiva de cristianismo conocida como cristianismo etíope ortodoxo tewahedo. El término «Tewahedo» se traduce como «hecho uno». Refleja el compromiso de la iglesia con las doctrinas cristianas ortodoxas y su énfasis en la unidad dentro de la fe. Esta forma de cristianismo se sigue practicando en Etiopía en la actualidad.

Esta fe fue fundamental en la conformación de la identidad y la cultura aksumitas. En el siglo IV e. c., el cristianismo fue adoptado oficialmente como religión del Estado, convirtiendo a Axum en uno de los primeros reinos cristianos del mundo.

El cristianismo ortodoxo tewahedo de Etiopía presenta prácticas litúrgicas, rituales y tradiciones distintivas que lo diferencian de otras confesiones cristianas. La iglesia concede una importancia significativa al Antiguo Testamento y hace hincapié en siete sacramentos similares a los observados por la Iglesia católica romana[21]. Entre ellos se incluyen los siguientes:

- Bautismo
- Confirmación
- Santa Comunión
- Ordenación
- Santo matrimonio
- Misterio de la penitencia
- Unción de los enfermos

La Iglesia ortodoxa etíope mantiene una estructura jerárquica del clero, que incluye sacerdotes, diáconos y obispos. En la cúspide de esta jerarquía se encuentra el patriarca etíope, conocido como «abuna». El abuna es la máxima autoridad eclesiástica de la Iglesia ortodoxa etíope y desempeña un papel crucial en la orientación de la vida espiritual de los fieles.

Las iglesias y los monasterios son elementos centrales de la vida religiosa. Algunas de las iglesias aksumitas más notables son iglesias excavadas en la roca, como las emblemáticas iglesias excavadas en la roca de Lalibela. El monacato también desempeña un papel vital en la ortodoxia etíope, con monjes y comunidades monásticas que preservan las tradiciones religiosas y los manuscritos.

---

[21] EOTC. (2024, 13 de enero). Beliefs and Teachings of Ethiopian Orthodox Tewahedo Church. Extraído de keraneyo-medhanealem.com https://www.keraneyo-medhanealem.com/beliefs-and-origins-7-sacraments-of.

Una de las iglesias excavadas en la roca en Lalibela [9]

La Iglesia ortodoxa etíope sigue prosperando y ejerce una poderosa influencia en la era moderna. La fe sigue siendo parte integrante de la vida religiosa, cultural y social de Etiopía y Eritrea. Ha contribuido a preservar antiguas tradiciones cristianas, manuscritos religiosos y un vibrante patrimonio eclesiástico.

La historia de la antigua Axum

La historia de la antigua Axum abarcó varios siglos, durante los cuales el reino fue testigo de una sucesión de monarcas y experimentó importantes transformaciones. Antes del establecimiento oficial del reino de Axum, la región tuvo una historia preaksumita marcada por figuras legendarias y primeros gobernantes. Este periodo, que data aproximadamente del siglo IV a. e. c. al siglo I e. c., contribuyó a las costumbres, pautas de gobierno y tradiciones que sentaron las bases de lo que más tarde se convertiría en Axum.

A medida que Axum emergía como una importante potencia regional durante el siglo I e. c., el linaje de sus gobernantes comenzó a ganar prominencia histórica. Un rey poderoso en la historia de Axum fue Ezana[22].

Ezana y la conversión

El siglo IV e. c. es un momento decisivo en la historia de Axum, ya que fue el siglo en que se adoptó oficialmente el cristianismo como religión del Estado. La temprana adopción del cristianismo en Axum tiene un inmenso significado histórico. Es anterior a la cristianización de otras regiones prominentes del mundo, incluido el Imperio romano, lo que desafía las narrativas eurocéntricas y subraya el papel central de África en la historia temprana del cristianismo.

Este periodo fue testigo del reinado del rey Ezana, un monarca cuyo legado está íntimamente ligado a la transformación religiosa del reino. El reinado de Ezana, que se extendió del 333 al 356 e. c., supuso un punto de inflexión para Axum. Su contribución más significativa fue su conversión al cristianismo, un acontecimiento documentado en inscripciones, incluida la célebre Estela de Ezana. Se trata de un obelisco monumental con inscripciones en ge'ez, la antigua escritura etíope.

---

[22] Cartwright, M. (2019, 21 de marzo). Kingdom of Axum. Extraído de Worldhistory.org: https://www.worldhistory.org/Kingdom_of_Axum/.

Estela de Ezana [10]

La edad de oro del reino

Los siglos que siguieron a la conversión de Axum al cristianismo marcaron una época dorada para el reino. Alcanzó su cenit de poder, llevó a cabo campañas de expansión territorial y creó logros culturales perdurables.

El rey Kaleb (r. 514-542) destaca como uno de los gobernantes más influyentes de esta época. Bajo su liderazgo, Axum expandió sus territorios hacia la península arábiga. Su reinado estuvo marcado por campañas militares y logros diplomáticos que consolidaron el estatus de Axum como potencia regional.

Declive y caída de Axum

El siglo VII e. c. marcó el inicio del declive de Axum. Entre los factores que contribuyeron a este declive se encuentran el auge del islam, que interrumpió las rutas comerciales tradicionales de Axum, y los conflictos internos del reino. A medida que el otrora poderoso reino se enfrentaba a crecientes desafíos, comenzó a retroceder de su posición prominente en la región.

Los factores medioambientales también desempeñaron un papel fundamental en el declive de Axum. Una de las principales preocupaciones fue la degradación del medioambiente, incluida la deforestación y la erosión del suelo. La capacidad del reino para mantener a su población y sostener su economía se vio gravemente mermada.

La prosperidad de Axum estaba íntimamente ligada a su papel como importante imperio comercial. Sin embargo, la alteración de las rutas comerciales mundiales, en particular la reorientación del comercio lejos del mar Rojo, supuso una importante amenaza para la estabilidad económica de Axum. Surgieron nuevas rutas marítimas que circunvalaban Axum, lo que provocó una disminución de la actividad comercial regional. Como resultado, Axum empezó a perder su prominencia como centro comercial, lo que afectó a su vitalidad económica.

El declive económico de Axum fue una cuestión polifacética. La reducción de la producción agrícola y la caída de los ingresos comerciales dejaron a Axum en una situación financiera precaria. El reino luchaba por mantener sus infraestructuras, apoyar a su ejército y financiar sus instituciones administrativas. A medida que disminuían los recursos de Axum, menguaba su capacidad para emprender proyectos arquitectónicos a gran escala, lo que reflejaba el declive de su poder y su prestigio[23].

Afirmar que el islam perjudicó a Axum simplifica en exceso una narración histórica llena de matices. La relación entre el reino aksumita y el islam primitivo en el Cuerno de África es un aspecto complejo de la historia. Es crucial considerar el contexto cronológico, la dinámica de la transformación religiosa, los factores económicos y la competencia.

---

[23] Iniguez, N. (2020, 28 de febrero). The Rise, Decline, and Collapse of the Aksum Empire. Extraído de Storymaps.arcgis.com:
https://storymaps.arcgis.com/stories/9b7b377398724be99a0d94dfa9f55550.

Aunque hubo periodos de coexistencia pacífica y cooperación, también hubo conflictos y tensiones entre el reino aksumita y las primeras comunidades musulmanas. Estos conflictos surgieron a menudo debido a disputas territoriales, competencia por las rutas comerciales y diferencias religiosas. Algunos historiadores han señalado enfrentamientos a lo largo de la costa del mar Rojo como resultado de estos factores.

La inestabilidad política, incluidos los conflictos internos y las disputas por la sucesión, asolaron Axum durante sus últimos años. La falta de un liderazgo fuerte y cohesionado dificultó que el reino abordara sus diversos retos con eficacia. La ausencia de una gobernanza eficaz exacerbó las vulnerabilidades del reino, dejándolo mal preparado para afrontar las amenazas externas y las luchas internas. Aunque la cronología exacta de los acontecimientos sigue siendo objeto de investigación histórica, está claro que Axum se enfrentó a retos formidables que pusieron a prueba su resistencia.

<u>En resumen</u>

La historia del reino de Axum es un notable relato tejido con los reinados de los monarcas y los hitos que alcanzaron. Desde sus orígenes preaksumitas y el surgimiento del poder regional hasta su conversión al cristianismo y la edad de oro de la expansión y los logros culturales, la historia de Axum es un testimonio del dinamismo de las civilizaciones africanas.

Capítulo 5: Punt: ¿Una tierra lejana?

La tierra de Punt, a menudo denominada la «tierra del dios», ocupa un lugar único en los anales de la historia antigua. Esta enigmática tierra, conocida por su producción y comercio de valiosas mercancías como oro, ébano, mirra y animales exóticos, ha cautivado la imaginación de eruditos, egiptólogos, historiadores y muchos otros durante siglos. Sin embargo, si Punt fue un lugar real o simplemente un mito similar a El Dorado ha sido objeto de continuo debate e intriga.

Vamos a investigar los argumentos a favor y en contra de la existencia de Punt, centrándonos en pruebas como hallazgos arqueológicos, registros históricos, así como historias y leyendas.

Descubrimientos arqueológicos

Las pruebas arqueológicas constituyen una piedra angular en el argumento a favor de la existencia de Punt. Los jeroglíficos y las inscripciones del antiguo Egipto mencionan con frecuencia a Punt, a su gente y sus atuendos y rasgos distintivos. Estas referencias subrayan el papel de Punt en la cultura egipcia y su perdurable presencia en los registros históricos. Diversos descubrimientos proporcionan pruebas tangibles de la existencia de Punt y de sus interacciones históricas con las civilizaciones antiguas.

- La Piedra de Palermo es una inscripción que proporciona pistas que sugieren que existió un lugar llamado Punt. La Piedra de Palermo data del periodo del Reino Antiguo de Egipto (c. 2500

a. e. c.). Documenta una expedición enviada por el faraón Sahura. La flota expedicionaria trajo de vuelta un gran cargamento de mirra, malaquita, electro y madera (posiblemente ébano). La Piedra de Palermo es la primera prueba documentada de que Punt existió. Desgraciadamente, no indica dónde se encuentra Punt.

La Piedra de Palermo [11]

- El templo mortuorio de la reina Hatshepsut en Deir el-Bahari, construido durante el siglo XV a. e. c., contiene intrincados relieves e inscripciones que ofrecen un vívido relato de la expedición a Punt durante su reinado. Estas inscripciones detallan la exótica flora y fauna encontrada durante el viaje, proporcionando pruebas tangibles de la biodiversidad de Punt. Se representan las mercancías obtenidas en Punt, como la mirra, el ébano y los árboles de incienso, lo que refuerza la realidad del comercio entre Egipto y Punt. Sin embargo, no hay ninguna indicación en los muros del templo que indique dónde se encuentra Punt en un mapa.
- El complejo de templos de Medinet Habu, que data del siglo XII a. e. c. y fue construido durante el reinado del faraón Ramsés III, es otra fuente arqueológica importante. Las inscripciones y relieves de este yacimiento corroboran la existencia de Punt y las relaciones comerciales entre ambas regiones. Un rollo de papiro describe los barcos de transporte que traían mercancías de Punt. Sin embargo, no se menciona la ubicación exacta de esta tierra.
- Punt ha dejado tentadoras pruebas lingüísticas que añaden profundidad al debate en torno a su existencia histórica. Aunque las pruebas lingüísticas por sí solas no demuestren definitivamente la existencia de la tierra de Punt, sirven como pieza fundamental del rompecabezas para comprender la posible realidad de la tierra.

Los jeroglíficos proporcionan algunas de las mejores pruebas lingüísticas. Punt ocupa un lugar destacado en diversos textos e inscripciones egipcios, sobre todo durante el reinado de la reina Hatshepsut. Estas inscripciones no solo mencionan Punt, sino que también describen las costumbres de sus habitantes y los valiosos recursos que se obtenían de la tierra. Los textos jeroglíficos incluyen a menudo símbolos distintivos que significan la ubicación de Punt. Aunque no proporcionan coordenadas geográficas precisas, son marcadores lingüísticos que vinculan a Punt con el rico tapiz de registros egipcios. La lengua somalí presenta similitudes con el antiguo vocabulario egipcio, lo que sugiere una relación entre el Cuerno de África y la tierra de los faraones[24].

---

[24] Equipo, E. (2018, 21 de octubre). El Reino de Punt: Cuando el antiguo Egipto envidiaba a

Las palabras de la Biblia

Las referencias bíblicas a Punt contribuyen indirectamente al argumento de su existencia. El Antiguo Testamento menciona Ofir como una tierra asociada con el comercio de oro y otros productos preciosos, lo que concuerda con las descripciones históricas de Punt. El Antiguo Testamento incluye los siguientes versículos que mencionan a Ofir:

Génesis 10:29:

«Y Ofir, Havila y Jobab; todos estos fueron hijos de Joctán».

1 Reyes 9:28:

«Llegaron a Ofir y tomaron de allí oro, cuatrocientos veinte talentos, y lo trajeron al rey Salomón».

1 Reyes 10:11:

«También las naves de Hiram, que habían traído oro de Ofir, trajeron de allí gran cantidad de madera de sándalo y piedras preciosas».

1 Crónicas 29:4:

«Hasta tres mil talentos de oro, del oro de Ofir, y siete mil talentos de plata refinada, para recubrir con ellos las paredes de las casas».

Job 22:24:

«Tendrás más oro que tierra. Y como piedras de arroyos oro de Ofir».

1 Reyes 9:26-28 ofrece un contexto geográfico antiguo sobre la posible ubicación de Ofir. Podría haber sido una tierra fronteriza con el mar Rojo.

«Hizo también el rey Salomón naves en Ezión-geber, que está junto a Elot en la ribera del mar Rojo, en la tierra de Edom. Y envió Hiram en ellas a sus siervos, marineros y diestros en el mar, con los siervos de Salomón, los cuales fueron a Ofir y tomaron de allí oro, cuatrocientos veinte talentos, y lo trajeron al rey Salomón»[25].

Si Ofir y Punt son lo mismo o si formaban parte de una red comercial más amplia sigue siendo objeto de investigación y debate. A medida que avancen los descubrimientos arqueológicos y los estudios lingüísticos, es posible que descubramos pruebas más definitivas sobre la relación histórica entre estas enigmáticas tierras. La prominencia histórica del mar Rojo como ruta comercial ha llevado a algunos investigadores a proponer

---

Somalia. Extraído de Thinkafrica.net: https://thinkafrica.net/land-of-punt/.

[25] https://www.biblegateway.com/versions/New-International-Version-NIV-Bible/.

que Ofir y Punt podrían haber formado parte de una red comercial más amplia que se extendía por estas regiones.

La expedición de la reina

La historia del antiguo Egipto está repleta de faraones notables y acontecimientos monumentales. Sin embargo, pocos son tan intrigantes y enigmáticos como la reina Hatshepsut y su expedición a Punt y la posterior supresión de su legado por su sucesor, Tutmosis III. La reina Hatshepsut, una de las pocas faraonas egipcias, ascendió al trono durante la dinastía XVIII, aproximadamente hacia 1479 a. e. c.

El reinado de la reina Hatshepsut se caracterizó por un vivo deseo de asegurar la prosperidad y la estabilidad de Egipto. Reconoció que el acceso a recursos valiosos y el fortalecimiento de las relaciones comerciales con otras tierras eran esenciales. Una de sus iniciativas más notables fue la expedición a Punt.

Las motivaciones de esta expedición eran dos. En primer lugar, Punt era famosa por sus valiosos recursos, como la mirra, el incienso, el ébano y los animales exóticos. Estas mercancías tenían un inmenso valor en el mundo antiguo por su valor económico, su uso en rituales religiosos y como símbolos de poder y prestigio. En segundo lugar, la reina Hatshepsut pretendía reforzar los lazos diplomáticos y comerciales de Egipto con la tierra de Punt, aumentando así la influencia económica y política de su reino en la región.

La expedición de la reina Hatshepsut a Punt quedó documentada con un detalle artístico que ha sobrevivido miles de años. Su templo mortuorio de Deir el-Bahari, situado en la orilla occidental del río Nilo, está adornado con vívidos e intrincados relieves e inscripciones que representan facetas de la expedición a Punt.

La meticulosidad de estos registros es un testimonio de la importancia que la reina Hatshepsut concedía a la documentación de sus logros y de la trascendencia de su misión comercial a Punt.

Las inscripciones proporcionan un tesoro de información sobre el viaje, incluyendo la exótica flora y fauna encontradas, las singulares costumbres y atuendos de los habitantes de Punt, así como los bienes obtenidos durante la expedición.

Los productos adquiridos en Punt durante la expedición tenían un inmenso valor en el antiguo Egipto. La mirra y el incienso, obtenidos de la resina de los árboles nativos de Punt, eran esenciales en los rituales religiosos y muy apreciados por su fragancia y su significado simbólico. El ébano, otro recurso notable, se utilizaba para fabricar lujosos muebles y objetos decorativos, lo que aumentaba aún más el prestigio del faraón y la riqueza material del reino.

La adquisición de animales exóticos durante la expedición a Punt también contribuyó a la diversidad zoológica de Egipto. Escenas de los relieves de Deir el-Bahari muestran el transporte de babuinos, guepardos, jirafas y otros animales a Egipto. Estas adiciones al *menagerie* real egipcio fueron un testimonio del éxito de la reina Hatshepsut en Punt y una muestra de su poder.

Las inscripciones y relieves de Deir el-Bahari representan escenas de intercambio, entrega de regalos e interacciones amistosas entre los egipcios y el pueblo de Punt. Estas representaciones ponen de relieve el carácter diplomático de la misión y el deseo de fomentar relaciones positivas.

La expedición a Punt permitió a Egipto asegurarse valiosos recursos y establecerse como actor dominante en las redes comerciales del mar Rojo[26].

La supresión del legado de la reina Hatshepsut

A la muerte de la reina Hatshepsut, su hijastro Tutmosis III asumió el trono. Aunque el reinado de Hatshepsut fue innovador, su condición de mujer faraón planteó complejas cuestiones de legitimidad. Tutmosis III inició una campaña para borrar su legado del registro histórico.

Quizá el ejemplo más emblemático de los esfuerzos de Tutmosis III por suprimir el legado de la reina Hatshepsut pueda verse en su templo mortuorio de Deir el-Bahari. Los muros de este templo, que habían sido adornados con vívidos relieves e inscripciones conmemorativas de su reinado y de la expedición a Punt, presentan claros signos de desfiguración deliberada. La imagen de la reina Hatshepsut fue cincelada. Su nombre fue borrado y sus logros fueron ocultados.

A pesar de los esfuerzos de Tutmosis III, el legado de la reina Hatshepsut no fue totalmente borrado. En los tiempos modernos, egiptólogos y arqueólogos han reconstruido exitosamente su historia y sus logros gracias a una meticulosa investigación y al desciframiento de antiguas inscripciones. La expedición a Punt es uno de los logros más destacados de la reina, que el cincel de un albañil no pudo borrar.

---

[26] Tyson, P. (2009, 1 de diciembre). Where is Punt? Extraído de PBS.org: https://www.pbs.org/wgbh/nova/article/egypt-punt/.

El mito

El continuo debate sobre la ubicación exacta de Punt ha contribuido a perpetuar su aura mítica. Esta aura nació en parte de su inmensa riqueza y de la naturaleza exótica de los bienes que proporcionaba.

En la mentalidad del antiguo Egipto, Punt simbolizaba una fuente lejana e idealizada de riqueza y lujo. La representación de Punt como una tierra extranjera y exótica, como se ve en las inscripciones y relieves egipcios, solidificó aún más su estatus mítico. A menudo se representaba a los habitantes de Punt con vestimentas y rasgos físicos únicos, lo que realzaba la imagen de un reino de otro mundo. El oro, una de las mercancías más codiciadas de Punt, ocupaba un lugar especial en el mundo antiguo, pues significaba poder, prestigio y favor divino. La asociación de Punt con el oro contribuyó a su estatus mítico.

La presencia de influencias lingüísticas y culturales entre los pueblos de las regiones del mar Rojo y África Oriental, así como el relato bíblico añade complejidad al debate. Explorar los relatos indígenas menos conocidos y las tradiciones orales de estas regiones puede aportar información sobre sus conexiones históricas con Ofir (Punt).

Una pista convincente

La arqueología es un estudio continuo del pasado, y con frecuencia saca a la luz pruebas que han permanecido enterradas durante miles de años. Estos hechos descubiertos pueden dar lugar a asombrosos descubrimientos que identifiquen eslabones perdidos. Puede que estemos más cerca de identificar la ubicación de Punt gracias a los restos de una banda de monos.

Nathaniel Dominy es un antropólogo del Dartmouth College que estudia los isótopos de estroncio y oxígeno extraídos de babuinos momificados de la época del Imperio Nuevo de Egipto (c. 1550-1069 a. e. c.). Su investigación lo llevó a descubrir que algunos de los restos animales no eran egipcios, sino que procedían de la región del Cuerno de África. Se trata de un descubrimiento importante porque los registros muestran que los egipcios obtenían babuinos de Punt.

Gisela Kopp, bióloga evolutiva de la Universidad de Constanza, encontró pruebas en otro babuino momificado que indican que el punto de origen del animal podría haber estado en la costa del mar Rojo. Ambos investigadores creen que los babuinos se originaron en la zona del puerto marítimo de Adulis, que se encuentra en la actual Eritrea[27].

¿Qué significa esto? Una posibilidad es que Adulis fuera el punto de contacto entre Egipto y Punt. Las mercancías procedentes del interior podrían haber sido objeto de comercio en los muelles del puerto. También es posible que no existiera el reino de Punt. En cambio, podría haber existido una ciudad-estado que mantuviera amplias relaciones comerciales con Egipto.

Lo significativo de esta investigación es que ayuda a precisar dónde pudo estar Punt. Los babuinos eran venerados en la antigua religión egipcia, y poder adquirirlos habría sido importante para ellos. La obtención de estos animales pudo haber conducido a un mayor comercio, incluyendo las mercancías exóticas que las expediciones egipcias llevaban a casa[28].

<u>En resumen</u>

Las pruebas a favor y en contra de la existencia de Punt presentan un panorama complejo. Los descubrimientos arqueológicos, que incluyen relieves de templos, inscripciones y restos botánicos, proporcionan pruebas tangibles de la existencia histórica de Punt y de su papel en las redes comerciales. Las referencias lingüísticas y culturales refuerzan la realidad de la presencia de Punt en el mundo antiguo. Las investigaciones arqueológicas en curso en las regiones del mar Rojo y el Cuerno de África siguen descubriendo nuevas pruebas que pueden arrojar luz sobre las relaciones comerciales históricas y la ubicación de las antiguas civilizaciones, incluida la de Punt y, posiblemente, la de Ofir.

Punt representa una mezcla de realidad histórica y elementos míticos que han ido creciendo a su alrededor con el tiempo, lo que lo convierte en un tema de fascinación y exploración perdurables en la historia de África. ¿Fue un lugar real en el mapa o Punt es simplemente una leyenda de un país fabulosamente rico? Basándonos en hechos e historias, la mejor respuesta es que Punt es un poco de ambas cosas.

---

[27] Mummified Baboons Point to the Direction of the Fabled Land of Punt. (2023, 11 de noviembre). Extraído de Ars Technical: https://arstechnica.com/science/2023/11/mummified-baboons-point-to-the-direction-of-the-fabled-land-of-punt/.

[28] Fitzgerald, S. (2023, 21 de noviembre). Mummified Baboons in Egypt Point to a Long Lost Land. Extraído de Atlas Obscura: https://www.atlasobscura.com/articles/mummified-baboons-punt.

Sección 3: Los grandes imperios y sus legados

Capítulo 6: El antiguo Egipto

Un libro sobre el África antigua tiene que incluir a Egipto. Fue la principal cultura del continente durante siglos y aún hoy nos fascina. La gente conoce bastante sobre la historia política y militar de la tierra de los faraones y, por supuesto, hablaremos de ello. Sin embargo, también exploraremos algunos logros menos conocidos que fueron igual de significativos.

La historia de Egipto se divide en cuatro épocas principales: el Reino Antiguo, el Reino Medio, el Imperio Nuevo y la época ptolemaica. Discutiremos cada una de ellas en secuencia.

El Reino Antiguo (c. 2686-2181 a. e. c.)

El Reino Antiguo representa un periodo notable en la historia de la humanidad, especialmente por sus logros científicos. Esta época, a menudo llamada la edad de las pirámides, estuvo marcada por importantes avances en diversos campos.

Ciencia

- Astronomía y Matemáticas:

    Los egipcios del Reino Antiguo desarrollaron un calendario basado en sus observaciones de la estrella Sirio y la crecida anual del Nilo. Este calendario lunar era crucial para la planificación agrícola. Su comprensión de la geometría era esencial para la agrimensura, especialmente tras las inundaciones del Nilo, y para la planificación arquitectónica de las pirámides. Las observaciones astronómicas también desempeñaron un papel importante en las prácticas religiosas. El movimiento de las estrellas y los acontecimientos celestes se interpretaban a menudo como mensajes divinos[29].

- Ingeniería y Arquitectura:

Los logros científicos más destacados del Reino Antiguo son sin duda la construcción de las pirámides, especialmente la Gran Pirámide de Guiza. Estas estructuras no son solo maravillas arquitectónicas, sino también un testimonio de la avanzada comprensión de los egipcios de los principios de la ingeniería. Las pirámides demuestran un conocimiento avanzado de la ingeniería y las matemáticas[30].

Los que creen en la existencia de seres extraterrestres están convencidos de que las pirámides fueron construidas por alienígenas. Por supuesto, no existen pruebas plausibles que respalden esta suposición. Los egipcios aprendieron gradualmente por ensayo y error cómo construir estas edificaciones (por ejemplo, la pirámide escalonada de Zoser, que se construyó antes). Las pirámides también demuestran que África no era un continente primitivo. Sus habitantes eran capaces de logros asombrosos.

Las pirámides de Guiza [12]

---

[29] Wendorg, M. (2023, 23 de abril). Ancient Egyptian Technology and Inventions. Extraído de Interesting Enginerring.com: https://interestingengineering.com/lists/ancient-egyptian-technology-and-inventions.

[30] Mark, J. J. (2016, 9 de noviembre). Ancient Egyptian Science & Technology. Extraído de World History Encyclopedia: https://www.worldhistory.org/article/967/ancient-egyptian-science--technology/.

- Prácticas médicas:

  Los egipcios tenían conocimientos básicos de anatomía, farmacología y posiblemente incluso de prácticas quirúrgicas. El papiro de Edwin Smith fue escrito durante el Reino Medio, pero esta obra se considera una copia de textos muy anteriores. Existen pruebas de importantes conocimientos médicos durante el Reino Antiguo.

  La medicina egipcia del Reino Antiguo incluía diversas hierbas y otras sustancias naturales para tratar dolencias. También se conocían los procedimientos quirúrgicos, como demuestran los instrumentos quirúrgicos hallados en yacimientos arqueológicos. Las instituciones conocidas como «Casas de la Vida» tenían fines médicos y existieron en la dinastía I.

Economía

Los avances en la agricultura fueron cruciales para mantener una economía próspera. Los egipcios desarrollaron sofisticados sistemas de irrigación para controlar las crecidas del Nilo, lo que permitió una producción agrícola constante. Además de los canales de irrigación para gestionar el flujo de las aguas del Nilo, los egipcios inventaron una rueda hidráulica, el *shadoof*, para transferir agua a un canal.

También se produjo una expansión en la variedad de cultivos, incluyendo la introducción de nuevos cereales y frutas, lo que contribuyó a un suministro de alimentos más estable y variado.

La economía agrícola de Egipto le permitió convertirse en una poderosa fuerza económica en el mundo antiguo. El Reino Antiguo vio el establecimiento de extensas redes comerciales, tanto dentro de Egipto como con regiones vecinas como Nubia, el Levante y el Mediterráneo. Estas redes comerciales ayudaron a la adquisición de bienes de lujo y materiales de construcción no disponibles localmente. La capacidad de navegar por el Nilo y los mares abrió Egipto a un mundo de comercio, intercambio cultural y expediciones militares[31].

---

[31] Historyskills.com. (2024, 19 de enero). How Egypt Became the Greatest Superpower of the Ancient World. Extraído de Hisoryskills.com: https://www.historyskills.com/classroom/ancient-history/egypt-ancient-superpower/.

Política y sociedad

El Reino Antiguo creó un estado fuerte y centralizado gobernado por el faraón. El concepto del faraón como un dios-rey se solidificó durante esta época. Esta noción reforzó la estructura política, ya que la autoridad absoluta del faraón era vista como divinamente ordenada. Este periodo vio el desarrollo de una burocracia eficiente que era esencial para la gestión de proyectos a gran escala, la recaudación de impuestos y la administración.

El Reino Antiguo tenía una jerarquía social con el faraón en la cima, seguido de nobles, sacerdotes, artesanos y agricultores. El escalón inferior de la sociedad lo ocupaban los esclavos. Esta jerarquía era esencial para el funcionamiento de la sociedad. Si alguien se salía del papel social que le correspondía, los egipcios creían que traería desarmonía a Egipto y provocaría el caos[32].

En esta época se produjeron importantes avances en el arte, la literatura y las prácticas religiosas egipcias. La construcción de pirámides y grandes tumbas decoradas con intrincado arte y jeroglíficos refleja la riqueza cultural del periodo. La escritura fue, sin duda, la innovación educativa más significativa del Reino Antiguo. El sistema de escritura egipcio incluía dos mil símbolos jeroglíficos y un alfabeto[33].

Faraones más importantes

Varios faraones desempeñaron papeles fundamentales en la configuración de la historia egipcia durante el Reino Antiguo. Sus reinados estuvieron marcados por importantes logros, sobre todo en arquitectura, administración y prácticas religiosas. He aquí algunos de los faraones más destacados de este periodo:

- Zoser (c. 2630-2611 a. e. c.)

Zoser, el segundo faraón de la dinastía III, es conocido sobre todo por su pirámide escalonada de Saqqara. Esta pirámide, diseñada por su visir Imhotep, está considerada como una de las primeras construcciones de piedra tallada a gran escala. Supuso un avance significativo respecto a las tumbas tradicionales de mastaba y sentó el precedente para la construcción posterior de pirámides.

---

[32] Mark, J. J. (2017, 21 de septiembre). Social Structure in Ancient Egypt. Extraído de History World Encyclopedia: https://www.worldhistory.org/article/1123/social-structure-in-ancient-egypt/.

[33] Lifepersona.com. (2024, 19 de enero). The 9 Most Important Contributions of Egypt to Humanity. Extraído de Lifepersona.com: https://www.lifepersona.com/the-9-most-important-contributions-of-egypt-to-humanity.

Pirámide escalonada de Zoser [18]

- Seneferu (c. 2575-2551 a. e. c.)

Seneferu, el fundador de la dinastía IV, fue un constructor de pirámides increíblemente prolífico. Se le atribuye la construcción de tres grandes pirámides: la pirámide de Meidum, la pirámide Acodada y la pirámide Roja. Estas estructuras representan etapas importantes en la evolución de la construcción de pirámides, culminando en la pirámide Roja, el primer intento exitoso de Egipto de construir una verdadera pirámide de lados lisos.

- Keops (c. 2589-2566 a. e. c.)

El sucesor de Seneferu, Keops, es más conocido por la Gran Pirámide de Guiza, una de las Siete Maravillas del Mundo Antiguo. Esta colosal estructura ejemplifica la habilidad arquitectónica y la capacidad organizativa del Reino Antiguo y sigue siendo un testimonio de la destreza de los egipcios en ingeniería.

- Kefrén (Jafra) (c. 2558-2532 a. e. c.)

Kefrén, hijo de Keops, construyó la segunda pirámide más grande de Guiza. También se le atribuye la construcción de la Esfinge, una monumental estatua de piedra caliza con cuerpo de león y cabeza de faraón, que probablemente pretendía ser una semejanza del propio Kefrén.

- Micerino (c. 2532-2503 a. e. c.)

Micerino, otro hijo de Keops, es conocido por haber construido la tercera y más pequeña de las pirámides de Guiza. Aunque más pequeña, esta pirámide destaca por su complejo templo mortuorio y su exquisita artesanía.

- Pepi II (c. 2278-2184 a. e. c.)

Se cree que Pepi II, que ascendió al trono siendo un niño, reinó durante noventa y cuatro años, el más largo de todos los faraones egipcios. Su reinado acabó provocando problemas internos en el gobierno y las guerras civiles que marcaron el final del Reino Antiguo.

Estos faraones desempeñaron un papel decisivo en el establecimiento de muchas de las características definitorias de la antigua civilización egipcia. Las pirámides, en particular, se erigen como símbolos perdurables de la grandeza del Reino Antiguo y de la búsqueda de la inmortalidad por parte de los faraones.

El Reino Medio (c. 2030-1650 a. e. c.)

Hubo agitación en Egipto después de que el Reino Antiguo llegara a su fin. Sin embargo, Egipto fue capaz de recuperarse de las luchas internas y entrar en un periodo que fue uno de sus más grandes: el Reino Medio.

Aunque el Reino Medio ha sido a menudo pasado por alto por los logros de los Reinos Antiguo y Nuevo, fue un capítulo fundamental en la narrativa del antiguo Egipto.

Matemáticas

Debemos recordar que el Reino Medio se construyó sobre los avances que tuvieron lugar en el Reino Antiguo, por lo que muchas innovaciones fueron progresiones lógicas de lo que había antes. Existe documentación de la dinastía XII que muestra un interés por el uso de las fracciones. Los documentos en papiro, como el papiro matemático de Moscú y el rollo de cuero matemático egipcio, datan del Reino Medio. Los ensayos de problemas matemáticos, incluidas las soluciones, también proceden de esta época egipcia. Estos sugieren un enfoque práctico de las matemáticas en contraposición a uno teórico. Las fracciones eran esenciales para la construcción de templos y pirámides, y se utilizaban en la compleja tarea de gestionar los graneros y los recursos de la nación.

Un problema matemático en el papiro matemático de Moscú [14]

Arquitectura y construcción naval

El Reino Medio de Egipto fue una época de estabilidad política y florecimiento cultural, que se refleja vívidamente en las innovaciones arquitectónicas y marítimas de la época.

Se seguían construyendo pirámides, aunque el material de construcción pasó gradualmente de la piedra maciza al ladrillo de barro con un revestimiento de piedra caliza. Las pirámides dejaron de ser la cámara funeraria preferida a finales de la dinastía XII. En su lugar se utilizaron tumbas excavadas en la roca en el Valle de los Reyes y el valle de las reinas. Lo interesante es el uso de una planificación urbana rudimentaria en la construcción de aldeas de trabajadores cerca de los lugares de construcción de los enterramientos.

La arquitectura se refinó durante la dinastía XII. El complejo del templo de Karnak, especialmente la Capilla Blanca, ejemplificó los nuevos estilos de construcción[34].

---

[34] Brewminate.com. (2019, 17 de abril). The Art and Architecture of Middle Kingdom Egypt c. 2055-1650 BCE. Extraído de brewminate.com: https://brewminate.com/the-art-and-architecture-of-middle-kingdom-egypt-c-2055-1650-bce/.

Pilares de la Gran Sala Hipóstila de Karnak [15]

La construcción de grandes navíos aptos para la navegación abrió nuevas posibilidades para el comercio, las campañas militares y las expediciones mineras. Estos barcos permitieron a los egipcios extender su influencia y conseguir recursos de tierras lejanas, lo que fue crucial para la economía del reino y su posición en el mundo antiguo.

Referencias como la «Historia del marinero náufrago» sugieren la construcción de grandes barcos diseñados para largas travesías, lo que indica un conocimiento avanzado de la construcción naval. Es probable que el diseño y la función de estos barcos se adaptaran a fines específicos, lo que refleja un sofisticado conocimiento de la ingeniería marítima y las diversas necesidades de la sociedad egipcia durante este periodo.

Aunque los detalles específicos sobre los materiales y las técnicas son escasos, la tradición de los egipcios en la construcción naval y su acceso a maderas de calidad sugieren un alto nivel de artesanía. El uso de cedro del Líbano, conocido por su durabilidad y resistencia, habría sido fundamental para construir naves robustas y aptas para la navegación.

<u>Sociedad</u>

El Reino Medio marcó una transición hacia un gobierno más centralizado y eficiente en comparación con el Reino Antiguo. Se desarrolló una robusta burocracia, crucial para gestionar los recursos del país, ejecutar proyectos de construcción a gran escala y mantener el orden administrativo.

Además, esta época destaca por las reformas legales. Las leyes estaban más organizadas y codificadas que en los periodos anteriores, lo que ayudó a mantener el orden social y la justicia. Estas reformas fueron esenciales para estabilizar una sociedad que había experimentado importantes agitaciones.

Durante el Reino Medio se produjo un aumento del protagonismo y la influencia de la clase media, que incluía a artesanos, escribas y funcionarios. Este periodo se caracteriza a menudo por un cierto grado de movilidad social, que contrastaba con la estructura más rígidamente jerárquica del Reino Antiguo.

Arte y cultura

El Reino Medio es célebre por sus logros literarios y artísticos. La literatura de este periodo, incluidas obras como la «Historia de Sinuhé» y las «Instrucciones de Amenemhat», es famosa por su sofisticación y profundidad. Estas obras no solo proporcionan una visión de la cultura y los valores sociales de la época, sino que también reflejan los esfuerzos intelectuales y artísticos del Reino Medio.

La artesanía y la industria también experimentaron un notable crecimiento durante esta época. El periodo fue conocido por su exquisita joyería, cerámica y estatuas. Estos avances fueron estéticos y tecnológicos, reflejando una comprensión más profunda de los materiales y las técnicas. Las habilidades y prácticas desarrolladas durante este periodo sentaron las bases para los logros artísticos del posterior Imperio Nuevo.

Una de las características más llamativas del arte del Reino Medio fue el cambio hacia el realismo. A diferencia de las formas idealizadas del Reino Antiguo, el arte de esta época representaba figuras con rasgos más individualistas y realistas. Este cambio es evidente en la representación de los faraones, donde su solemnidad y sus características individuales son más pronunciadas, como se ve en las esculturas de Sesostris III. Las estatuas de bloque, una nueva forma de escultura, surgieron durante este periodo. Estas estatuas representaban normalmente a una figura en cuclillas con las rodillas recogidas hasta el pecho y a menudo llevaban inscritos textos autobiográficos o himnos, lo que añadía una dimensión personal al arte.

Estatua de Sesostris III situada en el Museo Británico [16]

El arte funerario incluía objetos como los *shabtis* y los escarabeos. Los *shabtis* eran pequeñas figurillas destinadas a servir al difunto en la otra vida, mientras que los escarabeos eran amuletos que se creía que protegían contra los peligros en el más allá.

En el Reino Medio también se produjo un aumento de la representación y el mecenazgo del arte por parte de las mujeres. Esto se ejemplifica en la escultura de una noble de la dinastía XII, que indica un estatus respetado para las mujeres en la sociedad y su participación activa en el ámbito cultural[35].

---

[35] Pressbooks.bccampus.ca. (2024, 19 de enero). Middle Kingdom Art. Retrieved from Art and Visual Culture: Prehistory to Renaissance:
https://pressbooks.bccampus.ca/cavestocathedrals/chapter/middle-kingdom/..

El arte del Reino Medio, con su giro hacia el realismo, la inclusión de diversas clases sociales y la incorporación de elementos personales y simbólicos, ofrece una visión inestimable de las vidas y creencias de los antiguos egipcios durante este periodo de transformación. El legado del arte del Reino Medio, por tanto, reside no solo en sus logros estéticos, sino también en su reflejo de una sociedad en medio de profundos cambios.

Economía y política

El Reino Medio fue un periodo de considerable expansión económica y prosperidad. En esta época se produjo un aumento significativo del comercio, tanto interno como con tierras extranjeras. Se establecieron y ampliaron las rutas comerciales con las regiones vecinas y posiblemente incluso con tierras lejanas como la región del Egeo y Mesopotamia. Mercancías exóticas como el oro, el cobre, el lapislázuli y la madera de cedro, esenciales para la construcción de templos y tumbas, eran artículos de comercio habitual.

Las rutas comerciales se extendieron a regiones lejanas, permitiendo el intercambio de mercancías como especias, perfumes, oro y joyas. Este comercio tuvo lugar a través de rutas terrestres y marítimas, ampliando así el alcance comercial de Egipto. Los mercados de las ciudades y aldeas se convirtieron en bulliciosos centros de comercio, facilitando el intercambio de mercancías y contribuyendo a la diversificación de la economía. El comercio también introdujo servicios bancarios y de préstamo de dinero, a menudo relacionados con mercancías como el grano o la sal.

La base de la economía del Reino Medio era su sector agrícola. Bendecidos con las fértiles tierras del valle del Nilo, los egipcios cultivaban cosechas como el trigo, la cebada y diversas hortalizas. Las inundaciones anuales del Nilo aseguraban tierras ricas y cultivables, que sostenían a una población creciente y permitían un excedente de producción[36].

La construcción de grandes templos y monumentos sirvió a fines religiosos y culturales, estimulando la economía mediante la utilización de grandes fuerzas de trabajo y recursos. Estos proyectos proporcionaron empleo a un gran número de trabajadores. El énfasis en la preparación

---

[36] Cassar, C. (2023, 25 de agosto). Exploring the Egyptian Middle Kingdom-A Historical Overview. Extraído de Anthropologureview.org: https://anthropologyreview.org/history/ancient-egypt/exploring-the-egyptian-middle-kingdom-a-historical-overview/?expand_article=1.

para la otra vida, manifestado en elaboradas prácticas funerarias y construcciones de tumbas, contribuyó aún más a las actividades económicas, especialmente en las industrias de bienes y servicios funerarios[37].

Expansión militar

El Reino Medio comenzó con la reunificación de Egipto bajo Mentuhotep II. Fue un faraón guerrero que volvió a consolidar la fragmentada nación e inició una serie de campañas militares, sobre todo en la región noroccidental del Sinaí y en Nubia.

La guerra desempeñó un papel importante en las aspiraciones económicas de Egipto. Faraones como Amenemhat III lanzaron exitosas campañas contra los territorios vecinos, aumentando la riqueza y el poder de Egipto. El control de Egipto sobre un territorio más extenso permitió una mayor estabilidad económica y la acumulación de riqueza. El establecimiento de fortalezas militares, como la de la región de Elefantina, fue crucial para mantener el control sobre estos territorios adquiridos.[38]

Los poderosos faraones

El Reino Medio anunció una fase de consolidación política, renacimiento cultural y prosperidad económica. Los reinados de varios faraones permitieron que esto sucediera.

- Mentuhotep II (c. 2061-2010 a. e. c.)

  El Reino Medio comenzó durante el reinado de Mentuhotep II. Como acabamos de mencionar, fue el faraón que reunificó Egipto. Tras un prolongado periodo de desunión y caos, Mentuhotep II derrotó a la rival dinastía X de Hieracómpolis, poniendo fin al Primer Periodo Intermedio. Esta reunificación restableció la estabilidad política y sentó las bases para un renacimiento cultural y económico.

  Mentuhotep II fue un mecenas de las artes y la arquitectura. Su complejo funerario de Deir el-Bahari, cerca de Tebas, es un

---

[37] Cassar, C. (2023, 25 de agosto). Exploring the Egyptian Middle Kingdom-A Historical Overview. Extraído de Anthropologureview.org: https://anthropologyreview.org/history/ancient-egypt/exploring-the-egyptian-middle-kingdom-a-historical-overview/?expand_article=1.

[38] Historyskills.com. (2024, 19 de enero). What Was the Middle Kingdom of Ancient Egypt? Extraído de Historyskills.com: https://www.historyskills.com/classroom/ancient-history/anc-middle-kingdom-reading/.

testimonio de las innovaciones arquitectónicas realizadas bajo su reinado. Este complejo, anterior al famoso templo de Hatshepsut, muestra un estilo arquitectónico único que mezclaba elementos de las tumbas mastaba tradicionales con los de las estructuras piramidales, sentando un precedente para los futuros templos de Egipto.

- Amenemhat I (c. 1991-1962 a. e. c.)

El inicio de la dinastía XII bajo Amenemhat I marcó el comienzo de lo que a menudo se considera la edad de oro del Reino Medio. Una de las primeras acciones de Amenemhat como faraón fue trasladar la capital de Tebas a una nueva ciudad, Ity-tauy, que se cree que estaba situada cerca del lugar de enterramiento del faraón en Fayum. Este traslado estratégico facilitó un mejor control sobre el reino y simbolizó una nueva era en la historia egipcia.

El reinado de Amenemhat I se caracterizó por importantes reformas administrativas y económicas. Inició proyectos para aumentar la productividad agrícola, especialmente en la región de Fayum, que se convirtió en un eje agrícola central bajo su mandato. Además, sus campañas militares para asegurar las fronteras nororientales de Egipto fueron cruciales para salvaguardar a la nación de posibles invasiones asiáticas, garantizando así la estabilidad y la seguridad de su reinado.

- Sesostris I (c. 1971-1926 a. e. c.)

Sesostris I, también conocido como Senusert I, fue corregente con su padre Amenemhat I y reinó aproximadamente de 1971 a 1926 a. e. c. Expandió la influencia egipcia en Nubia y Oriente Próximo mediante una serie de exitosas campañas militares. Estas campañas aseguraron las fronteras de Egipto y proporcionaron acceso a rutas comerciales y recursos críticos, reforzando aún más la economía del reino.

Sesostris I fue un gran mecenas de las artes. Su reinado vio un importante florecimiento de la expresión artística, con énfasis en la construcción de templos y santuarios. Las artes, en particular la escultura y el trabajo en relieve, experimentaron notables avances durante su reinado, caracterizados por un sentido del realismo y una atención al detalle no vistos en épocas anteriores. Este renacimiento cultural bajo Sesostris I contribuyó significativamente al legado del Reino Medio como periodo de mayor actividad artística y cultural.

- Amenemhat III (c. 1860-1814 a. e. c.)

El reinado de Amenemhat III se considera a menudo el cenit del Reino Medio en términos de prosperidad económica y logros arquitectónicos. Su reinado destaca sobre todo por los amplios proyectos de construcción que encargó, especialmente en el oasis de Fayum. Aquí emprendió un ambicioso proyecto de irrigación que amplió significativamente la producción agrícola de la región, transformándola en una de las zonas más fértiles de Egipto.

Su legado arquitectónico está marcado por la construcción del Laberinto, un enorme e intrincado complejo de templos cerca de la pirámide de Hawara. Este edificio era famoso en el mundo antiguo por su tamaño y complejidad, ya que constaba de miles de salas y cámaras que asombraban a los visitantes. Amenemhat III también construyó dos importantes pirámides en Hawara y Dahshur, que destacan por su innovador diseño y técnicas de construcción.

La pirámide Negra de Dahshur [17]

El reinado de Amenemhat III también se caracterizó por la estabilidad y la prosperidad, que fomentaron los avances en la literatura, las artes y el arte de gobernar. Sus políticas económicas y sus proyectos de construcción proporcionaron empleo y estimularon la economía, mientras que su mecenazgo de las artes propició el florecimiento de la vida cultural.

En resumen

El Reino Medio fue un periodo de importantes logros en diversos ámbitos. Estos logros no solo revitalizaron la civilización egipcia, sino que también sentaron las bases para el posterior Imperio Nuevo. La invasión de un grupo de Oriente Próximo conocido como los hicsos puso fin a este notable periodo.

El Imperio Nuevo (c. 1570-1069 a. e. c.)

El Imperio Nuevo, que duró desde aproximadamente el siglo XVI a. e. c. hasta el siglo XI a. e. c., representa de los capítulos más ilustres de la historia del antiguo Egipto. Este periodo, que abarca las dinastías XVIII, XIX y XX, se considera a menudo como el apogeo del poder y la riqueza cultural de Egipto.

Política

Egipto había estado ocupado por forasteros, los hicsos, que finalmente fueron expulsados de Egipto por Amosis I. El regreso del trono del faraón a Egipto sentó las bases del Imperio Nuevo.

Uno de los aspectos más significativos del Imperio Nuevo fue su vasta expansión territorial, que lo convirtió en el imperio egipcio más poderoso. Esta época vio cómo Egipto alcanzaba su mayor extensión, llegando sus fronteras hasta el río Éufrates y Nubia bajo el reinado de Tutmosis III. Esta expansión no fue un mero ejercicio de poder, sino también un mecanismo estratégico de defensa contra posibles invasiones, como ocurrió durante el Segundo Periodo Intermedio.

Egipto en el siglo XV a. e. c.[18]

Tutmosis III, a menudo apodado el «Napoleón de Egipto», consolidó el dominio de Egipto en Oriente Próximo. Bajo su reinado, Egipto afirmó su autoridad sobre Siria, reorganizó la burocracia militar y alcanzó niveles de poder e influencia sin precedentes. Esta expansión y consolidación militar bajo Tutmosis III sentó las bases del dominio regional sostenido de Egipto. Sus anales, registrados en las paredes del templo de Karnak, son una fuente primaria de información sobre estas hazañas militares[39].

---

[39] Peter F. Dorman, M. S. (2024, 19 de enero). Thutmose III. Extraído de Britannica.com: https://www.britannica.com/biography/Thutmose-III/Adornment-of-Egypt.

Una gran cantidad de hallazgos arqueológicos y textos históricos proporcionan pruebas de las aspiraciones imperiales de Egipto. Por ejemplo, los templos de esta época, como los de Karnak y Lúxor, están adornados con inscripciones y relieves que proporcionan valiosa información. Tal es el caso de la batalla de Qadesh, que aparece representada en los relieves de los templos de Ramsés II, ofreciendo información sobre sus campañas militares.

El Valle de los Reyes y el Valle de las Reinas también ofrecen una gran cantidad de información para que los historiadores investiguen. Las tumbas de faraones y altos funcionarios contienen inscripciones, pinturas y artefactos que arrojan luz sobre las relaciones exteriores y el poderío militar de Egipto.

Los rollos de papiro no eran solo registros de la gloria militar. Las relaciones diplomáticas eran necesarias para la estabilidad del imperio. El reinado de Amenofis III, por ejemplo, se caracterizó por el uso que hizo de las alianzas matrimoniales para mantener la paz y extender su influencia. Documentos como las cartas de Amarna, que son una colección de correspondencia diplomática, revelan el panorama político y diplomático del Imperio Nuevo y sus relaciones con las potencias vecinas[40].

Arquitectura y arte

El Imperio Nuevo es famoso por sus maravillas arquitectónicas y sus logros artísticos. Este periodo fue testigo de la construcción de estructuras monumentales como los templos de Karnak y Lúxor, el Valle de los Reyes y el templo mortuorio de Hatshepsut en Deir el-Bahari. Estas proezas arquitectónicas mostraron las avanzadas habilidades artísticas y de ingeniería de los egipcios y reflejaron sus valores religiosos y culturales.

Los complejos de templos monumentales y las elaboradas tumbas caracterizan la arquitectura del Imperio Nuevo. Obeliscos altísimos y estatuas colosales son testimonios de la destreza de los egipcios en ingeniería. Los faraones del Imperio Nuevo eligieron el Valle de los Reyes como lugar de descanso final, un cambio que reflejaba tanto la importancia religiosa como la preocupación por la seguridad de las tumbas. El valle estaba en la orilla oeste del Nilo, donde se ponía el sol, por lo que tenía una relación simbólica con la muerte. El aislamiento del

---

[40] Scoville, P. (2015, 6 de noviembre). Amarna Letters. Extraído de Worldhistory.org: https://www.worldhistory.org/Amarna_Letters/.

valle también ofrecía mayor seguridad frente a los ladrones de tumbas.

Los templos de Karnak y Lúxor son los mejores ejemplos de la arquitectura del Imperio Nuevo. Estos complejos, con sus columnas colosales, sus amplias salas hipóstilas y sus intrincados relieves, no solo eran lugares de culto, sino también centros de actividad económica. La ampliación del complejo del templo de Karnak, especialmente bajo Amenofis III y Ramsés II, muestra la ambición arquitectónica y la devoción religiosa del periodo. El templo de Hatshepsut en Deir el-Bahari ejemplifica el ingenio arquitectónico del Imperio Nuevo. Con su diseño en terrazas y su armoniosa integración en los acantilados circundantes, el templo de Hatshepsut sigue siendo una obra maestra de la arquitectura antigua[41].

El templo de Hatshepsut [19]

La arquitectura del Imperio Nuevo estaba impregnada de un profundo significado simbólico y religioso. Los templos se alineaban a menudo con cuerpos celestes, lo que reflejaba la avanzada comprensión de la astronomía por parte de los egipcios y su integración en sus conceptos religiosos y arquitectónicos.

Los grandes proyectos de construcción del Imperio Nuevo no fueron meras muestras de poder religioso y real, sino también importantes

---

[41] Pbs.org. (2024, 19 de enero). Art & Architecture. Extraído de Pbs.org: https://www.pbs.org/empires/egypt/newkingdom/architecture.html.

motores de la economía. Proporcionaron empleo a muchos trabajadores, artesanos y administradores y estimularon diversos sectores, como la agricultura, la producción artesanal y el transporte. Políticamente, estas empresas arquitectónicas reforzaron el estatus divino de los faraones y legitimaron su gobierno[42].

Bajo Akenatón, el arte del Imperio Nuevo experimentó un cambio significativo, adoptando lo que se conoce como estilo Amarna. Este periodo vio un movimiento hacia representaciones más naturalistas y menos formales, especialmente en las representaciones de la familia real.

En el Imperio Nuevo también proliferaron las estatuas y esculturas, desde representaciones colosales de faraones hasta estatuas más pequeñas e íntimas de divinidades e individuos. Estas esculturas muestran a menudo un alto nivel de artesanía y realismo. Artículos como la joyería, la cerámica y el mobiliario hallados en tumbas y yacimientos arqueológicos son cruciales para comprender las prácticas artísticas cotidianas y las preferencias estéticas del Imperio Nuevo. El hábil arte que se observa en la joyería y las artes decorativas refleja una sofisticada comprensión de los materiales y las técnicas[43].

Economía

El Imperio Nuevo fue testigo de una prosperidad económica alimentada por la riqueza acumulada gracias a las conquistas militares, las extensas redes comerciales y los eficaces sistemas administrativos. Los egipcios se dedicaron al comercio con sus vecinos, intercambiando oro, papiro, lino y grano por artículos de lujo como incienso, marfil y animales exóticos. Esta prosperidad económica facilitó la construcción de grandes templos y tumbas.

El control sobre las rutas comerciales y los recursos desempeñó un papel importante en la expansión del Imperio Nuevo. La riqueza acumulada con estas empresas financió campañas militares y proyectos de construcción. El comercio con regiones como Punt, representado en el templo funerario de Hatshepsut, es un testimonio del alcance económico de Egipto. El intercambio de bienes, ideas y arte durante este

---

[42] Brewminate.com. (2019, 19 de abril). The Art and Architecture of New Kingdom Egypt c. 1570-1069.BCE. Extraído de brewmintate.com: https://brewminate.com/the-art-and-architecture-of-new-kingdom-egypt-c-1570-1069-bce/.

[43] Pressbooks.bccampus.ca. (2024, 19 de enero). New Kingdom Art. Extraído de pressbooks.bccampus.ca: https://pressbooks.bccampus.ca/cavestocathedrals/chapter/new-kingdom/.

periodo indica un nivel significativo de interacción cultural con otras civilizaciones, como los nubios, los hititas y los pueblos asiáticos.

<u>Agitación religiosa</u>

El Imperio Nuevo fue también una época de importantes transformaciones religiosas. La más notable fue la revolución religiosa bajo Akenatón, que estableció el monoteísmo centrado en el culto a Atón, el disco solar. Trasladó la capital a Ajetatón (la actual Amarna) y promovió a Atón como deidad suprema, disminuyendo el sistema de creencias politeísta tradicional. Aunque este cambio fue efímero, tuvo un profundo impacto en la religión egipcia.

El paso al monoteísmo, o más exactamente al monolatrismo (la adoración de un dios sin negar la existencia de otros), no tenía precedentes en la historia egipcia. La reforma religiosa de Akenatón supuso la elevación de Atón y la disminución sistemática de otros dioses, sobre todo Amón.

Las reformas religiosas de Akenatón tuvieron importantes implicaciones sociopolíticas. Al disminuir el papel de otras divinidades, Akenatón trató de reducir el poder y la riqueza del sacerdocio. Esta medida puede interpretarse como un intento de centralizar la autoridad religiosa y política bajo el faraón.

Tras la muerte de Akenatón, se produjo una rápida restauración de las prácticas religiosas politeístas tradicionales. Su sucesor, Tutankamón (el famoso rey Tut), desempeñó un papel fundamental en esta restauración religiosa. La capital fue trasladada de nuevo a Tebas y se hicieron esfuerzos para borrar los cambios, incluyendo la destrucción o desfiguración de los monumentos de Akenatón. Este rápido retroceso pone de relieve la naturaleza profundamente arraigada de las creencias y prácticas religiosas tradicionales en la sociedad del antiguo Egipto.

El reinado de Akenatón fue testigo de profundos cambios en los estilos artísticos. Las normas artísticas tradicionales, rígidas y formales, dieron paso a formas más naturalistas y relajadas, sobre todo en la representación de la familia real. Este nuevo estilo artístico, caracterizado por rostros y cuerpos alargados, era un reflejo de los cambios religiosos y culturales más amplios de la época[44].

---

[44] Taronas, L. (2024, 19 de enero). Akhenaten: The Mysteries of Religious Revolution. Extraído de Arce.org: https://arce.org/resource/akhenaten-mysteries-religious-revolution/.

Los faraones impactantes

Algunos de los gobernantes más legendarios de Egipto pasaron por el Imperio Nuevo. Amosis I, considerado el fundador de la dinastía XVIII, expulsó a los invasores hicsos y unificó Egipto. Sus sucesores, entre ellos Amenofis I, Tutmosis I y Amenofis III, continuaron fortificando y expandiendo el imperio.

Una característica definitoria de esta época fue el notable reinado de la reina Hatshepsut, una de las monarcas femeninas más influyentes y exitosas de la historia. Hatshepsut, conocida por su eficaz administración y sus ambiciosos proyectos de construcción, contribuyó significativamente a la prosperidad y la grandeza arquitectónica de Egipto.

- Amosis I (c. 1549-1524 a. e. c.)

  Fundador de la dinastía XVIII, Amosis I fue el arquitecto del Imperio Nuevo. Su importancia radica en sus exitosas campañas contra los hicsos, los gobernantes extranjeros que habían ocupado el norte de Egipto. Al expulsarlos, Amosis unificó Egipto. Sus logros militares sentaron las bases de la prosperidad y el poder que Egipto disfrutaría en los siglos venideros.

- Hatshepsut (c. 1479-1458 a. e. c.)

  Hatshepsut, una de las pocas faraonas de la historia del antiguo Egipto, fue una figura de profunda importancia. Su reinado fue de paz y crecimiento económico. Hatshepsut es más conocida por sus ambiciosos proyectos de construcción, entre los que destaca el templo de Deir el-Bahari. Su exitosa expedición comercial a Punt trajo riqueza y mercancías y animales exóticos a Egipto, mejorando su estatus cultural y económico.

- Tutmosis III (c. 1479-1425 a. e. c.)

  Tutmosis III, hijastro de Hatshepsut, se convirtió en uno de los mayores faraones del Imperio Nuevo. Sus campañas militares ampliaron las fronteras de Egipto hasta su máxima extensión, extendiendo la influencia egipcia a Asia y Nubia. Su reinado no se limitó a la conquista; también contribuyó significativamente a las artes y la arquitectura en Egipto, encargando numerosos templos y monumentos.

- Amenofis III (c. 1386-1349 a. e. c.)

  El reinado de Amenofis III estuvo marcado por la paz, la prosperidad y el florecimiento artístico. Conocido por sus dotes diplomáticas, mantuvo la posición de Egipto a través de matrimonios y alianzas estratégicas más que por su poderío militar. Sus contribuciones arquitectónicas son monumentales, incluyendo importantes adiciones al complejo del templo de Karnak y la construcción de los colosos de Memnón. Su reinado se considera a menudo como el apogeo de la sofisticación artística y cultural egipcia.

Los colosos de Memnón en 2015 [20]

- Akenatón (Amenofis IV) (c. 1353-1336 a. e. c.)

  Akenatón, originalmente Amenofis IV, es recordado por su revolución religiosa. Sustituyó la religión politeísta tradicional de Egipto por el culto a un único dios, Atón, y trasladó la capital a Ajetatón. Su reinado trajo consigo un estilo artístico distintivo que enfatizaba el realismo. Aunque sus reformas religiosas fueron controvertidas y en gran medida revocadas tras su muerte, representaron un alejamiento significativo de la cultura y la religión egipcias tradicionales.

- El rey Tutankamón (c. 1333-1323 a. e. c.)

  El reinado del niño rey de Egipto vio la restauración de las antiguas prácticas religiosas. Aparte de eso, no hay nada realmente digno de mención sobre su reinado aparte de su misteriosa muerte a una edad temprana. El descubrimiento de su tumba fue un gran acontecimiento arqueológico porque no había sido tocada por los ladrones. Antes de este descubrimiento, solo podíamos imaginar lo asombrosas que eran las tumbas de los gobernantes antes de que fueran robadas.

- Ramsés II (c. 1279-1213 a. e. c.)

  Ramsés II, también conocido como Ramsés el Grande, fue uno de los faraones que más tiempo reinó del Imperio Nuevo. Su reinado estuvo marcado por la brillantez arquitectónica, las campañas militares y una familia numerosa que aseguró una sucesión de gobernantes de su linaje. Se lo conoce sobre todo por la batalla de Qadesh contra los hititas, que condujo a la firma del primer tratado de paz del que se tiene constancia en la historia. Sus proyectos de construcción, incluida la edificación de los magníficos templos de Abu Simbel y el Ramesseum, su templo funerario, figuran entre los más impresionantes de la historia egipcia.

Estos faraones del Imperio Nuevo dejaron una huella indeleble en la historia egipcia. Cada gobernante, a su manera, contribuyó a la prosperidad y riqueza cultural del imperio. Sus legados han resistido la prueba del tiempo, desde conquistas militares y reformas religiosas hasta maravillas arquitectónicas y logros artísticos. Bajo su liderazgo, el Imperio Nuevo fue testigo del apogeo de la civilización egipcia.

<u>El fin del Imperio Nuevo</u>

A pesar de su grandeza, el Imperio Nuevo acabó sucumbiendo a las luchas internas y a las presiones externas, lo que condujo a su declive. La lucha de poder entre los faraones y los sumos sacerdotes de Amón, unida al ascenso de los gobernantes regionales, debilitó la autoridad central. El final del Imperio Nuevo marcó el comienzo de un periodo de fragmentación y dominación extranjera.

No obstante, el legado del Imperio Nuevo es perdurable. Los logros arquitectónicos y artísticos de este periodo siguen cautivando al mundo. Además, la influencia del Imperio Nuevo se extendió más allá de sus fronteras, impactando en las culturas vecinas y en civilizaciones posteriores.

La era ptolemaica (323-30 a. e. c.)

El declive de Egipto tras el final del Imperio Nuevo incluyó la conquista por parte de los extranjeros, incluidos los kushitas (que fundaron la dinastía XXV), los asirios y los persas. Se produjo un cambio significativo en el siglo IV a. e. c. cuando Alejandro Magno se apoderó de Egipto e inauguró la era ptolemaica.

La época ptolemaica destaca como un periodo notable de la historia antigua. Fue una época marcada por profundos logros culturales, económicos, políticos y religiosos, que configuraron de forma significativa la narrativa histórica de Egipto. Políticamente, la época ptolemaica se caracterizó por una relativa estabilidad y un gobierno eficaz. Los Ptolomeos, al adoptar el título de faraón, se integraron hábilmente en la sociedad egipcia. Al participar en las prácticas religiosas egipcias y respetar las costumbres tradicionales, se ganaron la aceptación y la legitimidad del pueblo egipcio. Este enfoque de la gobernanza ayudó a mantener la estabilidad interna y fomentó un sentimiento de unidad dentro del reino[45].

Un aspecto notable de la época ptolemaica fue la síntesis de las culturas griega y egipcia. Esta fusión es evidente en diversas formas de expresión artística, como la escultura, donde los peinados y rasgos griegos se combinaban con atributos tradicionales egipcios. Esta mezcla cultural no fue solo un esfuerzo creativo, sino también un movimiento estratégico para crear una sociedad armoniosa, amalgamando las tradiciones de los gobernantes griegos con las de la población egipcia.

Los gobernantes ptolemaicos eran expertos en ampliar su territorio y su influencia. Ptolomeo II hizo crecer el tamaño de Egipto. Estas expansiones no fueron conquistas militares y astutas maniobras diplomáticas, como el establecimiento de puestos comerciales a lo largo del mar Rojo y la celebración de matrimonios para forjar alianzas. Tales políticas contribuyeron a solidificar la posición de Egipto en la región y a aumentar su influencia en el mundo mediterráneo[46].

---

[45] New World Encyclopedia. (2024, 19 de enero). Ptolemaic Dynasty. Extraído de New World Encyclopedia: https://www.newworldencyclopedia.org/entry/Ptolemaic_dynasty.

[46] Wasson, D. L. (2016, 29 de septiembre). Ptolemaic Dynasty. Recuperado de Worldhistory.org: https://www.worldhistory.org/Ptolemaic_Dynasty/.

La Biblioteca de Alejandría

La Biblioteca de Alejandría fue el principal logro de la era ptolemaica. Esta institución no era solo un depósito de libros, sino también el epicentro del aprendizaje y la actividad intelectual del mundo antiguo. Formaba parte de un complejo erudito conocido como el *Mouseion* que la dinastía ptolemaica construyó para hacer avanzar el conocimiento y el estudio de las ideas. Eruditos de diversas disciplinas se reunían aquí, contribuyendo a un intercambio de ideas y conocimientos sin precedentes. La amplia colección de manuscritos de la biblioteca la convirtió en un faro de erudición y educación[47].

La biblioteca fue construida por Ptolomeo II Filadelfo, que compró los primeros libros de la biblioteca. Los faraones sucesores siguieron comprando manuscritos, pero idearon una forma novedosa de ampliar la colección de la biblioteca. Los libros se tomaban de los barcos que entraban en el puerto de Alejandría y se copiaban, pasando entonces los originales a ser propiedad de la biblioteca[48].

La colección de la Biblioteca de Alejandría era asombrosa en volumen y diversidad. Se calcula que contenía más de medio millón de pergaminos, que abarcaban una gran variedad de temas, desde la poesía épica y el drama hasta la ciencia y la religión.

Los eruditos residían en Alejandría, disfrutando de un mecenazgo real que les permitía centrarse exclusivamente en sus estudios y enseñanzas. Entre ellos se encontraban Euclides, Herófilo y Arquímedes, cuyas obras influyeron profundamente en las generaciones posteriores.

La Biblioteca de Alejandría sigue siendo objeto de fascinación y estudio, simbolizando el cenit de la erudición antigua y la trágica pérdida del patrimonio cultural e intelectual. En los tiempos modernos, el renacimiento de la Biblioteca de Alejandría pretende recuperar el espíritu de su antigua homónima. Inaugurada en 2002, esta moderna biblioteca y centro cultural de Alejandría pretende reavivar el legado de aprendizaje y diálogo de la antigua biblioteca. Esta institución se erige en testimonio del perdurable encanto de la Biblioteca de Alejandría y de su duradero impacto en el imaginario colectivo de la humanidad.

---

[47] Haughton, B. (2011, 1 de febrero). What Happened to the Great Library at Alexandria? Extraído de Worldhistory.org: : https://www.worldhistory.org/article/207/what-happened-to-the-great-library-at-alexandria/.

[48] Mark, J. J. (2023, 25 de julio). Library of Alexandria. Extraído de Worldhistory.org: https://www.worldhistory.org/Library_of_Alexandria/.

Economía

La agricultura experimentó avances sustanciales bajo el dominio ptolemaico. Los gobernantes pusieron en práctica eficaces estrategias de recuperación de tierras y de regadío, aumentando significativamente la superficie cultivable. La introducción de nuevos cultivos, como el olivo y las uvas superiores productoras de vino, diversificó y enriqueció aún más el sector agrícola. Estas innovaciones no solo impulsaron la economía, sino que también mejoraron la calidad de vida de la población egipcia[49].

La época ptolemaica marcó una importante transición en la economía egipcia con la introducción de un sistema de acuñación de moneda. Este cambio de una economía de trueque a una monetizada facilitó los intercambios y el comercio nacional e internacional. La dinastía ptolemaica estableció Egipto como un corredor comercial fundamental, que unía el Mediterráneo con África y el océano Índico. Esto reforzó la posición de Egipto como potencia económica en el mundo antiguo[50].

El puerto y los faros

El puerto de Alejandría fue el epicentro de la prosperidad del Egipto ptolemaico. Como centro comercial más activo del Mediterráneo, el puerto de Alejandría fue decisivo para facilitar el crecimiento y la prosperidad de Alejandría, convirtiéndola en la ciudad más grande del mundo antiguo en aquella época. El diseño y la gestión del puerto fueron fundamentales para su éxito como centro comercial. Los arquitectos griegos planificaron meticulosamente la ciudad siguiendo un patrón cuadriculado, con amplias calles principales y enmarcada por las significativas Puertas del Sol y de la Luna[51].

Entre las maravillas arquitectónicas de Alejandría, el Faro de Alejandría, que estaba localizada en la isla de Faro, se erigió como testimonio de las avanzadas capacidades arquitectónicas y de ingeniería de la ciudad. Construida durante los reinados de Ptolomeo I y Ptolomeo II, esta estructura monumental fue una de las Siete Maravillas del Mundo

---

[49] Ancientegptianfacts.com. (2024, 19 de enero). Facts About Ancient Egyptians. Extraído de Ancientegptianfacts.com: https://ancientegyptianfacts.com/ptolemaic-period-egypt.html.

[50] King, A. (2018, 25 de julio). The Economy of Ptolemaic Egypt. Extraído de Worldhistory.org: https://www.worldhistory.org/article/1256/the-economy-of-ptolemaic-egypt/.

[51] Bevan, E. (2024, 19 de enero). Chapter IV: The People, the Cities, the Court. Extraído de Penelope.uchicago.edu:
https://penelope.uchicago.edu/Thayer/E/Gazetteer/Places/Africa/Egypt/_Texts/BEVHOP/4B*.html.

Antiguo. Con más de cien metros de altura, el Faro no solo era un edificio impresionante, sino también un faro de seguridad y orientación para los marineros que navegaban por las traicioneras aguas del Mediterráneo.

Su función principal era guiar a los barcos con seguridad hasta el puerto de Alejandría. Los historiadores creen que un fuego, probablemente alimentado por petróleo debido a la escasez de madera, se mantenía encendido en lo alto de la torre para asegurar la visibilidad por la noche. Esta característica fue innovadora para su época, y el Faro pronto se convirtió en un modelo para los faros de todo el mundo antiguo. El diseño del faro incluía posiblemente un espejo de bronce pulido, que reflejaba la llama a mayor distancia y funcionaba como reflector de la luz solar durante el día[52].

Faraones destacados del Egipto ptolemaico

- Ptolomeo I Soter (323-282 a. e. c.)

  Ptolomeo I Soter, general de Alejandro Magno, asumió el control de Egipto tras la desaparición de Alejandro en el año 323 a. e. c. y fundó la dinastía ptolemaica. Su reinado sentó las bases de la cultura helenística en Egipto. El logro más notable de Ptolomeo I fue el desarrollo urbano de Alejandría, que se convertiría en un floreciente centro de comercio y cultura helenística. Bajo su reinado, Alejandría emergió como un faro del aprendizaje y la cultura, atrayendo a eruditos y artistas de todo el mundo mediterráneo.

- Ptolomeo II Filadelfo (285-246 a. e. c.)

  Ptolomeo II Filadelfo, hijo de Ptolomeo I, es famoso por sus aportaciones culturales y económicas. Amplió considerablemente la Biblioteca de Alejandría, convirtiéndola en un símbolo de la excelencia académica y en un depósito de vastos conocimientos. Bajo su reinado, Alejandría fue testigo de un crecimiento cultural sin precedentes, convirtiéndose en el epítome de la sofisticación helenística. Ptolomeo II también se centró en fortalecer la economía de Egipto. Estableció amplias redes comerciales y mejoró las prácticas agrícolas, asegurando la prosperidad y la estabilidad del reino.

---

[52] Cartwright, M. (2018, 24 de julio). Lighthouse of Alexandria. Extraído de Worldhistory.org: https://www.worldhistory.org/Lighthouse_of_Alexandria/.

- Ptolomeo III Evergetes (246-222 a. e. c.)

  Ptolomeo III Evergetes heredó un reino estable y próspero. Se lo recuerda por su destreza militar y su política expansionista. Su reinado estuvo marcado por el éxito de la tercera guerra siria, que amplió las fronteras territoriales de Egipto. Las campañas militares de Ptolomeo III no solo tenían que ver con la adquisición de tierras; también sirvieron para asegurar las rutas comerciales y los recursos, reforzando la posición económica y estratégica de Egipto en la región. Su gobierno fue también un periodo de florecimiento cultural y económico, continuando el legado de sus predecesores en el apoyo a las artes, las ciencias y el desarrollo económico. |

- Cleopatra VII Filopátor (51-30 a. e. c.)

  Cleopatra VII, posiblemente la más famosa de los gobernantes ptolemaicos, fue una figura célebre por su inteligencia, astucia política y carisma. Su reinado estuvo marcado por acontecimientos turbulentos y alianzas estratégicas con figuras romanas clave como Julio César y Marco Antonio. El principal objetivo de Cleopatra era preservar la independencia de Egipto en medio del ascenso de Roma. Emprendió grandes esfuerzos para revitalizar la economía de Egipto y restaurar su antigua gloria. Sin embargo, su reinado culminó en tragedia con su derrota en la batalla de Accio y su posterior suicidio, lo que provocó la caída de la dinastía ptolemaica y la anexión de Egipto por Roma.

  El legado de Cleopatra es complejo; se la recuerda por sus intentos de revivir la fortuna de Egipto y por su papel en la caída final de la dinastía.

La era ptolemaica terminó con la muerte de Cleopatra y la absorción de Egipto por la República romana. Egipto seguiría siendo una potencia económica en el Mediterráneo, pero sería una nación sometida. Los días de gloria de Egipto habían terminado, al menos por el momento.

La dinastía ptolemaica fue una época de intrigas, poder, fusión cultural y cambios dramáticos en el panorama político del mundo antiguo. Egipto navegó por una época que conoció escenarios políticos complejos y un crecimiento económico al tiempo que alimentaba un entorno cultural sin parangón para su época. El antiguo Egipto es una saga asombrosa en la historia de la humanidad.

Capítulo 7: Kerma

El reino de Kerma fue el primer estado centralizado conocido del valle del Nilo al sur de Egipto. Estaba situado en el emplazamiento de la moderna ciudad de Kerma, en el norte de Sudán. La sociedad de Kerma se caracterizaba por una cultura sofisticada con una cerámica distintiva, arquitectura y un sistema de gobierno. Kerma era el intermediario entre Egipto y el interior de África. El reino de Kerma acabó sucumbiendo a la expansión del Imperio Nuevo de Egipto bajo Tutmosis I, y fue incorporado al imperio egipcio.

Estructura política interesante

Un problema que tienen los eruditos con la civilización de Kerma es que Kerma no tenía alfabeto escrito, por lo que sabemos de este reino procede de fuentes egipcias. Esto, por supuesto, significa que la historia registrada de Kerma está sesgada a favor de los egipcios. Sí sabemos que después de que Kerma absorbiera el reino de la isla de Sai, el nuevo estado rivalizaba con Egipto en tamaño. El reino de Kerma se extendía hacia el norte hasta la primera catarata del río Nilo. También sabemos que Kerma no era un surtido primitivo de tribus, sino que tenía una estructura social y de gobierno que igualaba a Egipto.

Las mujeres tenían un papel en el gobierno de Kerma y podían ser cogobernantes con sus maridos o reinar solas como reinas soberanas. Las provincias del reino de Kerma desempeñaban un papel crucial en su maquinaria administrativa. Cada provincia estaba dirigida por un gobernador conocido como *pesto*, que garantizaba el buen funcionamiento de sus respectivas provincias. Tenían un cuadro de subordinados a sus órdenes, lo que indica que Kerma contaba con un sistema burocrático estructurado.

Estos monarcas no solo eran líderes políticos, sino que también tenían un significado religioso, ya que rendían culto predominantemente a Amón, una deidad compartida con las tradiciones religiosas egipcias. Esta práctica religiosa centralizada subrayaba la gobernabilidad y la identidad cultural del reino.

La fuerza militar de Kerma era un testimonio de su eficaz gobierno. Conocida como «la Tierra del arco», los soldados de Kerma eran famosos por sus habilidades con el arco. Además, los guerreros kermitas utilizaban lanzas, picas y espadas *khopesh*. Su poderío militar protegía al reino de las amenazas externas y desempeñaba un papel en su política expansionista[53].

La organización social en Kerma, tal y como evidencian sus prácticas funerarias, revela una sociedad en la que la riqueza y el estatus se extendían más allá de la clase dirigente. Los cementerios presentan elaboradas tumbas para la élite gobernante, prósperos comerciantes y otros individuos acaudalados, lo que sugiere una matizada estratificación social dentro del reino.

Excavaciones en Kerma [21]

---

[53] Team, E. (2018, 3 de noviembre). The Kingdom of Kerma (2500-1500 BC). Extraído de Thinkafrica.net: https://thinkafrica.net/the-kingdom-of-kerma-2500-1500-bc/.

La economía de Kerma

La situación estratégica del reino en las rutas comerciales desde África central hasta el Mediterráneo permitió que su economía prosperara. Los gobernantes de Kerma aprovecharon su lucrativa posición imponiendo impuestos y peajes a las caravanas comerciales que pasaban por su territorio, lo que contribuyó significativamente a la riqueza del reino.

La economía de Kerma se vio reforzada por sus ricos recursos naturales, como el oro, el ganado, los productos lácteos, el ébano, el marfil y otros materiales valiosos. La explotación de estos recursos bajo un sistema de gobierno centralizado facilitó la prosperidad económica, un elemento clave para mantener el poder y la influencia del reino. Kerma destacó en industrias como la metalurgia y la alfarería.

Antiguo cuenco de Kerma[23]

Un trato con el diablo

La relación de Kerma con el antiguo Egipto fue polifacética, abarcando elementos tanto cooperativos como antagónicos. Durante el Periodo Kerma Medio (c. 1990-1725 a. e. c.), que coincidió con el Reino Medio de Egipto, hubo actividad militar egipcia en la Baja Nubia que sugiere que Kerma era percibida como una amenaza significativa para los intereses egipcios. En esta época se construyeron importantes fortificaciones egipcias en el valle medio del Nilo, destinadas a proteger la frontera del Alto Egipto contra las incursiones de Kerma y a asegurar valiosas rutas comerciales. Los recursos que poseía Kerma eran muy codiciados por Egipto, lo que alimentó aún más la rivalidad.

Kerma prosperó ordinariamente cuando Egipto estaba en declive. La toma del Bajo Egipto por los hicsos dio a Kerma la oportunidad de obtener una considerable ventaja regional. La alianza entre Kerma y los hicsos durante el conflicto entre egipcios e hicsos es un ejemplo fascinante de las antiguas maniobras geopolíticas que influyeron en las relaciones entre estados[54].

Los hicsos eran un grupo de pueblos asiáticos que se establecieron en el Bajo Egipto. El Segundo Periodo Intermedio de Egipto fue una época de fragmentación política, y los hicsos aprovecharon la vulnerabilidad de Egipto haciéndose con el control del noreste del delta del Nilo y formando una importante fuerza militar y política en la región.

Las anteriores acciones militares egipcias probablemente influyeron en la decisión de Kerma de aliarse con los hicsos en la región. Kerma podría haber considerado una alianza con los hicsos como un movimiento estratégico para contrarrestar el poder egipcio y proteger sus intereses económicos. Un periodo de debilidad interna egipcia fue una oportunidad para que Kerma ampliara su poder. Esta alianza permitió a Kerma extender sus fronteras hacia Egipto y atacar el sur de Egipto.

Atrapado entre los hicsos y los kermas, Egipto estaba indefenso. Sin embargo, esta situación no duró mucho[55].

La invasión de Kerma y el saqueo de los tesoros egipcios fue una humillación que Egipto no olvidaría. Los faraones egipcios de la dinastía XVII (c. 1580-1550 a. e. c.) emprendieron campañas militares contra los hicsos, que contaban con el apoyo de mercenarios kermitas. Amosis I, el fundador de la XVIII dinastía egipcia, derrotó a los hicsos, poniendo fin a su periodo de poder. Kerma se convirtió entonces en el blanco de la venganza egipcia.

---

[54] DeMola, P. (2013, 14 de marzo). Interrelations of Kerma and Pharaonic Egypt. Extraído de World History Encyclopedia: https://www.worldhistory.org/article/487/interrelations-of-kerma-and-pharaonic-egypt/.

[55] Team, E. (2018, 3 de noviembre). The Kingdom of Kerma (2500-1500 BC). Extraído de Thinkafrica.net: https://thinkafrica.net/the-kingdom-of-kerma-2500-1500-bc/.

Después de que los egipcios expulsaran a los hicsos, lanzaron campañas punitivas contra Kerma, sobre todo durante el reinado del faraón Tutmosis I. Los principales objetivos de la invasión egipcia eran neutralizar la amenaza que representaba Kerma, reafirmar el control egipcio sobre Nubia y acceder directamente a los ricos recursos auríferos de la región. La campaña militar de Tutmosis I contra Kerma fue un esfuerzo calculado para eliminar un peligro creciente y recuperar territorios y recursos perdidos.

Tutmosis I presionó hacia el sur, hacia Nubia. El ejército egipcio, conocido por sus carros y arqueros, avanzó hacia la capital de Kerma, superando sus defensas. Estas campañas culminaron con una decisiva victoria egipcia en 1504 a. e. c. y la posterior anexión del reino de Kerma al imperio egipcio.

Egiptización de Kerma

La conquista de Kerma tuvo importantes consecuencias culturales y políticas. La anexión condujo a la egiptización de la región, y la identidad cultural única de Kerma se vio cada vez más influida por la cultura egipcia. Esto incluyó la adopción de prácticas religiosas, formas artísticas y sistemas administrativos egipcios. A pesar de esta integración cultural, hubo continuos casos de rebelión y resistencia en la región, pero estos no cambiaron el destino del reino nubio. Kerma se convirtió en una provincia importante del imperio egipcio desde el punto de vista económico, político y espiritual[56].

En resumen

El reino de Kerma destaca como un ejemplo notable de gobierno eficaz y administración provincial sofisticada en el mundo antiguo. Su estructura política centralizada, su eficaz gobernanza local, su prosperidad económica, su fortaleza militar y su avanzada planificación urbana pusieron de relieve colectivamente una civilización compleja y progresista para su época.

---

[56] DeMola, P. (2013, 14 de marzo). Interrelations of Kerma and Pharaonic Egypt. Extraído de World History Encyclopedia: https://www.worldhistory.org/article/487/interrelations-of-kerma-and-pharaonic-egypt/.

Capítulo 8: La antigua Cartago

A menudo pensamos en los imperios como vastas extensiones de tierra explotadas por sus recursos naturales que se extraen a la fuerza o se cortan del suelo. Esta imagen incluye grandes guarniciones ocupacionales. Sin embargo, algunos imperios antiguos no consistían en provincias expansivas; en cambio, contaban con extensos puestos avanzados costeros. Esas naciones imperiales dependían del comercio y no siempre se extendían profundamente hacia el interior.

Cartago era un antiguo imperio cuyas posesiones se basaban en las oportunidades comerciales. Era una potencia marítima que hacía hincapié en el comercio por encima de otras preocupaciones imperiales. Tenía un control casi total sobre las rutas marítimas del Mediterráneo occidental.

Raíces en Oriente Medio

La Eneida de Virgilio cuenta cómo la reina Dido fundó Cartago. Supuestamente, dispuso finas tiras de piel de buey en semicírculo alrededor de una colina con el mar formando un lado. Es una leyenda encantadora, pero esta historia de la fundación de la ciudad es pura ficción. La verdadera historia de Cartago comenzó en lo que hoy es el Líbano; los protagonistas fueron los fenicios.

Los fenicios establecieron varias colonias a lo largo del Mediterráneo para facilitar su extensa red comercial. Cartago, situada en la costa del actual Túnez, fue una de estas colonias. El nombre fenicio de la ciudad, Qart Hadasht, que significa «ciudad nueva», reflejaba su condición de nueva empresa de estos emprendedores marinos. Los historiadores y arqueólogos modernos han examinado tanto los registros cartagineses como los externos y se han decantado en gran medida por el 814 a. e. c. como la fecha más probable para la fundación de Cartago. Esto se basa en una convergencia de documentos históricos y datos arqueológicos a pesar de las fechas de fundación anteriores sugeridas por algunas fuentes antiguas.

La situación estratégica de Cartago fue crucial para su éxito. Situada en la costa tunecina, controlaba el paso entre Sicilia y la costa norteafricana, lo que la convertía en un lugar ideal para un próspero puerto y centro comercial. Esta posición ventajosa permitió a Cartago dominar las rutas comerciales marítimas a través del Mediterráneo occidental[57].

Inicialmente colonia de Tiro, Cartago afirmó gradualmente su independencia, especialmente después de que Tiro cayera en manos de los babilonios en el 573 a. e. c. Cartago comenzó a establecer sus colonias y a expandir su territorio en África, marcando el inicio de su transformación en un poderoso imperio[58].

<u>Lazos con la madre patria</u>

Cartago conservó una fuerte identidad fenicia (púnica) a pesar de su independencia política. La lengua púnica, un dialecto del fenicio, se hablaba en Cartago y siguió utilizándose durante siglos tras la caída de la ciudad. Esta conservación de la lengua y de las prácticas culturales ilustra la perdurable influencia de la cultura fenicia en Cartago.

<u>Gobierno</u>

Inicialmente, Cartago funcionó probablemente bajo un sistema monárquico similar al de otras ciudades-estado fenicias. Los reyes, aunque fundamentales, no ejercían un poder absoluto y trabajaban junto a un consejo de asesores conocido como los *adirim*, compuesto por miembros ricos e influyentes de la sociedad. Este consejo desempeñaba un papel crucial en los asuntos importantes del estado, como la religión, la administración y los asuntos militares. El senado cartaginés (conocido como *drm*) era un cuerpo de ciudadanos influyentes que ejercían el cargo de forma vitalicia,

---

[57] Hunt, P. (2024, 22 de enero). Carthage. Extraído de Britannica.com: https://www.britannica.com/place/Carthage-ancient-city-Tunisia.

[58] Dickinson College Commentaries. (2024, 22 de enero). Carthage: Early History. Extraído de dcc.dickoinson.edu: https://dcc.dickinson.edu/nepos-hannibal/carthage-early-history.

Alrededor del 480 a. e. c. se produjo un cambio significativo en el gobierno cartaginés tras la muerte del rey Amílcar I. Este periodo marcó el debilitamiento gradual de la monarquía y el surgimiento de una república oligárquica, caracterizada por un complejo sistema administrativo, controles y equilibrios y responsabilidad pública.

Los *sufetes*

En la cúspide del gobierno cartaginés había dos *sufetes*, parecidos a los presidentes o primeros ministros actuales. Eran elegidos anualmente por las familias más ricas e influyentes de la ciudad. A diferencia de las monarquías absolutas de la época, los *sufetes* tenían mandatos limitados y ejercían poderes judiciales y ejecutivos. Sus funciones consistían en convocar el consejo supremo, someter los asuntos a la asamblea popular y supervisar los juicios. Este sistema indicaba una sociedad plutocrática en la que la riqueza desempeñaba un papel crucial en la participación política.

Gerousia y los magistrados de cinco

Aristóteles comentó la constitución de Cartago y prestó especial atención a la *Gerousia*, un consejo de ancianos. Compuesto por veintiocho miembros elegidos de por vida, este consejo asesoraba a magistrados y generales, supervisaba la administración de justicia y actuaba como tribunal de apelación. Sus miembros, seleccionados entre familias distinguidas, solían tener más de sesenta años, lo que reflejaba un sistema que veneraba la experiencia y la sabiduría.

Los magistrados de cinco, otro órgano esencial en la política cartaginesa, eran responsables de la justicia y las finanzas. Elegidos para mandatos de un año, desempeñaban un papel importante en el gobierno de la ciudad, sobre todo en la selección del Consejo Supremo de los Cien. Con el tiempo, su influencia disminuyó, pero su papel en los primeros tiempos subraya la complejidad de la gobernanza cartaginesa.

Aristóteles creía que la constitución de Cartago era más oligárquica que aristocrática, ya que el poder significativo se concentraba en manos de unos pocos ricos. Esta oligarquía se mantenía mediante un sistema que enriquecía a sectores de la población, estabilizando así el Estado. Los gobernantes, a menudo individuos ricos, eran elegidos no solo por sus méritos, sino también por su estatus financiero, lo que reflejaba una sociedad en la que el poder económico se traducía en influencia política.[59]

---

[59] EDU, W. H. (2023, 10 de mayo). Aristotle's Analysis of the Carthaginian Constitution. Extraído

Una característica distintiva del gobierno cartaginés era su junta judicial de 104 miembros, que examinaba las acciones de los generales militares y otros oficiales. Este órgano, compuesto por senadores vitalicios, se encargaba de evaluar la actuación de los comandantes militares y de hacerlos responsables de los resultados de sus campañas. Un general que perdía podía esperar duras consecuencias. Podían imponerse multas sustanciales y, en casos extremos, la crucifixión. El abanico de castigos para las campañas fallidas subraya las estrictas normas que defendía Cartago. El suicidio era un medio de evitar la ejecución.

La estructura administrativa del Imperio cartaginés estaba marcada por un cierto grado de autonomía de los gobernadores regionales, sobre todo en la gobernanza local, al tiempo que se mantenía un control centralizado en los asuntos militares y exteriores. Este equilibrio entre autonomía local y supervisión central era crucial para gestionar los extensos territorios de Cartago, que abarcaban partes del norte de África, la península ibérica y varias islas mediterráneas. Aunque disfrutaban de cierta medida de autogobierno, estas regiones estaban obligadas a pagar tributo y prestar apoyo militar a Cartago[60].

Sociedad

Cartago contaba con una asamblea popular conocida como el *'m* (*ham*), que se encargaba de votar los asuntos propuestos por los *sufetes* y el senado y de elegir a los funcionarios, incluidos los *sufetes*, el sacerdote principal, el tesorero y los comandantes militares.

La ciudadanía cartaginesa estaba dominada por los hombres. Las mujeres, los esclavos y los extranjeros no podían participar en el gobierno. La vida social y política en Cartago estaba determinada principalmente por la condición de ciudadano, artesano, extranjero o esclavo. Los artesanos, los trabajadores menos calificados, las mujeres y los esclavos formaban una parte importante de la población de la ciudad y contribuían a su prosperidad económica[61].

El panorama religioso de Cartago, enraizado en el politeísmo fenicio, influyó significativamente en su vida cultural y política. Los artesanos y

---

de Worldhistory.edu: https://worldhistoryedu.com/aristotles-analysis-of-the-carthaginian-constitution/.

[60] Cartwright, M. (2016, 16 de junio). Carthaginian Society. Recuperado de Worldhistory.org: https://www.worldhistory.org/article/908/carthaginian-society/.

[61] Cartwright, M. (2016, 16 de junio). Carthaginian Society. Recuperado de Worldhistory.org: https://www.worldhistory.org/article/908/carthaginian-society/.

comerciantes del imperio comerciaban con una amplia gama de mercancías, como especias, tejidos y esclavos, lo que demuestra la diversidad económica de Cartago y su papel fundamental en las antiguas redes comerciales[62].

La economía

Económicamente, Cartago era una potencia. La economía de Cartago estaba impulsada principalmente por su extensa red comercial, que abarcaba desde el Mediterráneo occidental hasta las costas del norte de África y más allá. La situación estratégica de la ciudad-estado cerca del estrecho paso marítimo entre Sicilia y el norte de África, la situaba en la encrucijada de rutas marítimas vitales, facilitando el flujo de mercancías en el Mediterráneo. Los puertos de Cartago bullían de barcos cargados con una gran variedad de mercancías, lo que ponía de relieve el papel central de la ciudad en el comercio mediterráneo.

Una ilustración moderna de cómo era Cartago antaño[28]

El espíritu de exploración era evidente en la sociedad cartaginesa, como ejemplificaron navegantes como Hanno e Himilcón. Sus viajes extendieron la influencia de Cartago y abrieron nuevas rutas comerciales. La exploración de Hanno a lo largo de la costa africana y las aventuras de Himilcón a lo largo de las costas noroccidentales de Europa no solo

---

[62] LibreTextos. (2024, 22 de enero). 4.2 Ancient Carthage. Extraído de Libretexts.org: https://human.libretexts.org/Courses/Lumen_Learning/Book%3A_Early_World_Civilizations_(Lumen)/Ch._03_Early_Civilizations_of_Africa_and_the_Andes/04.2%3A_Ancient_Carthage.

tenían que ver con el descubrimiento, sino también con el establecimiento de nuevas conexiones comerciales y colonias[63].

Cartago era famosa por su comercio diversificado, comerciando con metales preciosos como el oro, la plata, el estaño y el cobre, junto a productos cotidianos como pieles de animales, lana y marfil. Un aspecto significativo y más oscuro de su comercio era el de los esclavos. La ciudad también era conocida por su artesanía, produciendo y exportando arte, textiles, armas y toda una serie de productos manufacturados. La armada cartaginesa, una poderosa fuerza en el Mediterráneo, protegía estos intereses comerciales y mantenía agresivamente el control sobre las rutas marítimas críticas[64].

Militares cartagineses

El Imperio cartaginés, conocido por su formidable presencia en el antiguo mundo mediterráneo, presenta una imagen de poderío militar y gobierno sofisticado. Tras las importantes pérdidas sufridas en las guerras sicilianas durante los siglos V y IV a. e. c., Cartago recurrió a una estrategia militar extraordinaria: el uso extensivo de fuerzas mercenarias.

Este giro fue necesario por la necesidad de reponer sus mermadas filas. Los reclutadores cartagineses recorrieron el Mediterráneo, atrayendo soldados de diversas regiones, como la Galia, Iberia, Libia y Grecia.

Una característica distintiva del ejército cartaginés era el uso de elefantes y carros de guerra. Estos elefantes, a menudo blindados, se desplegaban para desorganizar las formaciones enemigas. A pesar de su formidable presencia en el campo de batalla, su eficacia se veía atenuada por su imprevisibilidad y las estrategias de adaptación del enemigo. Los carros, utilizados hasta el siglo III a. e. c., eran operativos principalmente en el norte de África y el sur de España, lo que pone de manifiesto la adaptación de Cartago de sus tácticas militares a los diferentes terrenos.

Una mezcla de formaciones de infantería pesada parecidas a la falange griega y de caballería ágil y escaramuzadores caracterizaba las estrategias militares cartaginesas. Sin embargo, la eficacia de estas fuerzas dependía

---

[63] Staff, E. (2021, 31 de octubre). Carthaginian Trade: Trade Routes of Ancient Carthage. Extraído de Carthagemagazine.com: https://carthagemagazine.com/carthaginian-trade-routes-of-ancient-carthage/.

[64] Cartwright, M. (2016, 17 de junio). Carthaginian Trade. Recuperado de Worldhistory.org: https://www.worldhistory.org/article/911/carthaginian-trade/.

en gran medida de la capacidad del comandante para movilizar un contingente tan variado en una fuerza unificada y formidable[65].

Las guerras púnicas
Primera guerra púnica (264-241 a. e. c.)

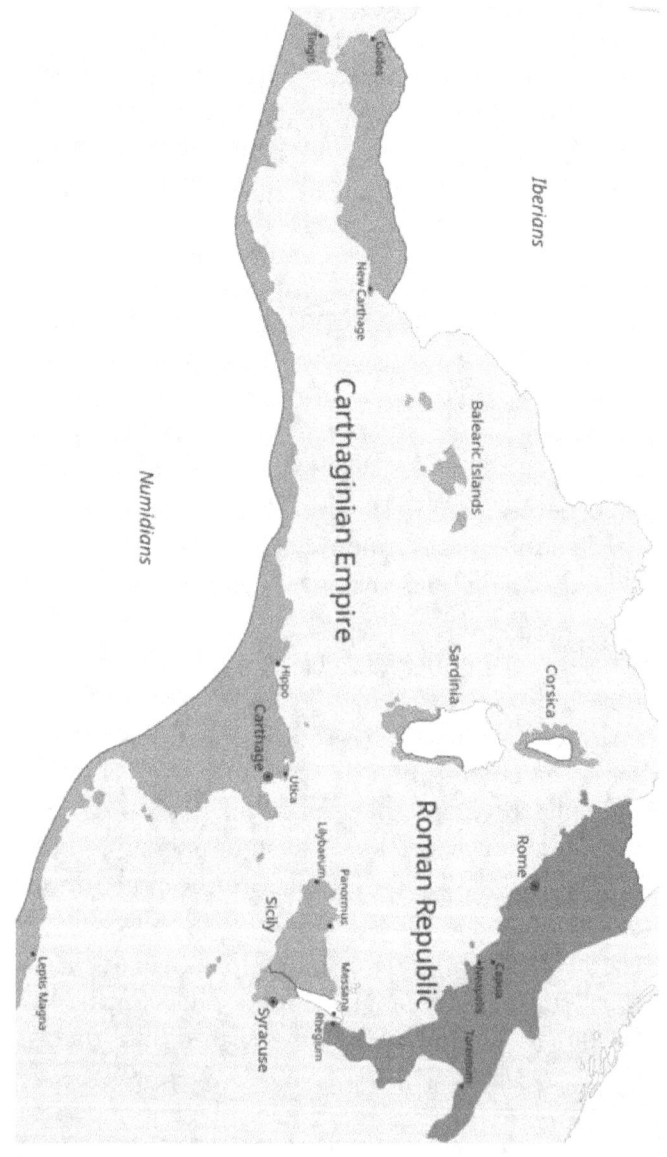

El Mediterráneo occidental justo antes del inicio de la primera guerra púnica.[64]

---

[65] Cartwright, M. (2916, 8 de enero). Carthaginian Army. Extraído de Worldhistory.org: https://www.worldhistory.org/Carthaginian_Army/.

Cartago fue la potencia indiscutible del Mediterráneo occidental durante siglos, pero hacia el año 300 a. e. c., ese estatus estaba empezando a cambiar. La República romana había pasado de ser un pequeño grupo de asentamientos a convertirse en la principal potencia de la península itálica. Y se estaba expandiendo. No pasaría mucho tiempo antes de que Cartago y Roma se enfrentaran.

La primera guerra púnica, un importante y prolongado conflicto librado entre Roma y Cartago, ofrece un fascinante estudio de la interacción de la innovación militar, los recursos económicos y la diplomacia estratégica. Combatida principalmente por el control de Sicilia, la guerra remodeló la dinámica de poder en el Mediterráneo y sentó las bases para la futura expansión romana.

Los orígenes del conflicto

La génesis de la primera guerra púnica se remonta a la complicada situación geopolítica de Sicilia. La isla era un crisol de culturas y diversas potencias. Los griegos, los cartagineses y las tribus nativas sicilianas luchaban a menudo por la supremacía. La situación estratégica de Sicilia en el centro del Mediterráneo la convertía en una valiosa base naval y un activo comercial. La causa inmediata de la guerra fue un conflicto relacionado con Mesana, una ciudad de Sicilia.

Los mamertinos, mercenarios de origen italiano, se habían hecho con el control de la ciudad y se enfrentaban a la oposición del rey Hierón II de Siracusa. Su petición de ayuda se convirtió en una crisis diplomática cuando tanto Roma como Cartago respondieron, preparando así el escenario para un conflicto más amplio[66].

Los enfrentamientos navales definieron la guerra. Roma pasó de ser una potencia terrestre a tener una de las armadas más poderosas del mundo antiguo. Cartago tenía una larga tradición marinera y, por tanto, contaba con una poderosa armada. Al principio, Roma no pudo hacer frente a su enemigo marítimo. Sin embargo, los romanos demostraron una adaptabilidad y un ingenio excepcionales y se embarcaron en un rápido fortalecimiento naval.

Introdujeron el *corvus*, un puente de abordaje que les permitía aprovechar sus superiores tácticas de infantería en el mar. Esta innovación fue fundamental en su primera victoria naval significativa en la

---

[66] Editors, H. (2013, 12 de junio). Punic Wars. Extraído de Hisory.com: https://www.history.com/topics/ancient-rome/punic-wars#first-punic-war-264-241-b-c.

batalla de Milas en 260 a. e. c. y más tarde en la gran batalla de batalla de Ecnomo en 256 a. e. c.. Aunque no acabaron decisivamente con el dominio naval cartaginés, estas victorias demostraron la tenacidad y el ingenio romanos.

Roma no fue la única innovadora militar. Cartago reclutó al capitán espartano Jantipo para reorganizar su ejército. Adoptando el modelo macedonio de armas combinadas, Jantipo reestructuró el ejército para maximizar la eficacia de sus diversos elementos, incluyendo su caballería, elefantes y una falange ciudadana.

Los romanos al mando de Marco Atilio invadieron el norte de África en el 256 a. e. c. Los romanos gozaron inicialmente de éxito, pero Jantipo acabó derrotándolos. Sus reformas militares dieron como resultado una gran victoria en la batalla del río Bagradas en el 255 a. e. c., donde las fuerzas cartaginesas reformadas derrotaron decisivamente a los romanos[67].

A pesar de este revés, la determinación de Roma no flaqueó. Los romanos continuaron reconstruyendo su flota, incluso después de sufrir tremendas pérdidas a causa de las tormentas y las batallas. El Senado romano movilizó recursos financieros y efectivos, a menudo mediante contribuciones privadas, y demostró un firme compromiso con los objetivos estratégicos de Roma.

Por el contrario, Cartago se enfrentó a varios retos estratégicos y de recursos. La incapacidad de los cartagineses para capitalizar eficazmente su supremacía naval inicial fue un factor crítico. La guerra presionó significativamente las finanzas y los recursos militares cartagineses, lo que los llevó a buscar ayuda, como la de Ptolomeo II de Egipto, sin éxito. La dinámica política interna de Cartago y los retos de mantener el control sobre sus territorios africanos y sicilianos complicaron aún más sus esfuerzos bélicos.

Comandantes notables como Amílcar Barca, por Cartago, y Cayo Lutacio Cátulo, por Roma, desempeñaron papeles significativos en diversas fases de la guerra. Las tácticas de guerrilla de Amílcar en Sicilia fueron notables por su eficacia en una situación en la que Cartago no podía permitirse un gran ejército permanente[68].

---

[67] Lynch, P. (201, 5 de mayo). A Brutal and Bloody Affair: 6 Key Battles That Decided the First Punic War. Extraído de Historycollection.com: https://historycollection.com/roman-military-might-6-key-battles-decided-first-punic-war/.

[68] Cartwright, M. (2016, 26 de mayo). First Punic War. Extraído de Worldhistory.org: https://www.worldhistory.org/First_Punic_War/.

La guerra concluyó con la decisiva batalla de las islas Egadas en 241 a. e. c., en la que la flota romana logró una importante victoria sobre los cartagineses. El posterior Tratado de Lutacio supuso un punto de inflexión en el equilibrio de poder mediterráneo. Cartago evacuó Sicilia, entregó prisioneros y accedió a pagar una importante indemnización, marcando el fin de su dominio en la región. Sicilia se convirtió en la primera provincia de ultramar de Roma, señalando el ascenso de Roma como gran potencia y sentando las bases para una mayor expansión y futuros conflictos.

Segunda guerra púnica (218-201 a. e. c.)

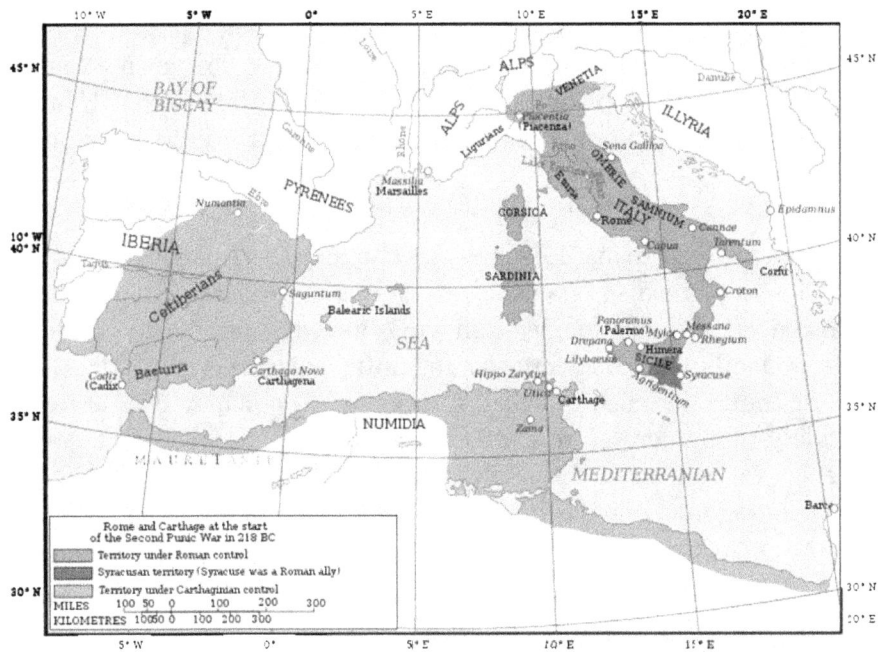

El Mediterráneo occidental en 218 a. e. c.[25]

Una leyenda describe cómo Amílcar Barca hizo jurar a sus hijos venganza contra Roma por la humillante derrota de Cartago en la primera guerra púnica. Tanto si el padre exigió esto a sus hijos como si no, uno de ellos, Aníbal, estuvo a punto de hacer realidad el deseo de su padre en la segunda guerra púnica.

Tras la primera guerra púnica, Roma y Cartago expandieron rápidamente su influencia, sobre todo en el Mediterráneo occidental. Debido a las rutas comerciales, las ciudades y las fuentes de minerales, esta región se convirtió en el nuevo escenario del conflicto entre las dos superpotencias. El resultado de la guerra decidiría la potencia dominante en el Mediterráneo.

La chispa inicial

La guerra fue la culminación de las tensiones y ambiciones estratégicas entre Roma y Cartago. Habiendo sido derrotada y lastrada económicamente por la primera guerra púnica, Cartago buscaba reconstruir su poder. Su atención se centró en España, una región abundante en recursos, que sería crucial para pagar la pesada indemnización a Roma y restaurar la riqueza cartaginesa.

Los Bárcidas, y en particular Aníbal, desempeñaron un papel fundamental en esta expansión. Las motivaciones personales de Aníbal, alimentadas por un deseo de venganza contra Roma, dirigieron a Cartago hacia un camino de confrontación. Aníbal veía el conflicto con Roma no solo como una estrategia política, sino como una cruzada personal y nacionalista.

Roma estaba expandiendo su influencia en el Mediterráneo, especialmente en España. Los intereses romanos en España eran dobles: quería los ricos recursos metálicos de la región y quería contrarrestar la expansión cartaginesa. La decisión de Roma de enfrentarse a Cartago estuvo muy influida por su temor a una posible alianza entre Cartago y los celtas del norte de Italia. Tal alianza suponía una amenaza directa para la seguridad y los intereses romanos. El Senado romano veía la creciente influencia cartaginesa en España y la posible alianza con los celtas como una amenaza inminente a la que había que hacer frente[69].

La causa inmediata de la segunda guerra púnica fue el asedio y captura de Sagunto por parte de Aníbal, una ciudad-estado del este de España aliada de Roma. La importancia estratégica y económica de Sagunto para los planes de Roma en España hizo que su caída fuera intolerable para el Senado romano. Los romanos exigieron a Cartago que entregara a Aníbal por su transgresión. Cartago se negó, lo que condujo a una declaración oficial de guerra[70].

---

[69] DailyHistory.org. (2024, 22 de enero). What Were the Causes of the Second Punic War? Extraído de Dailyhistory.org:
https://www.dailyhistory.org/What_were_the_causes_of_the_Second_Punic_War.

[70] Jones, M. (2024, 3 de enero). The Second Punic War (218-201 BC): Hannibal Marches Against Rome. Extraído de Historyooperative.org https://historycooperative.org/second-punic-war-hannibals-war-in-italy/.

Un genio militar

Aníbal fue un general cuyo nombre es sinónimo de brillantez militar. Su estrategia era expansiva y ambiciosa. Trató de formar una coalición global contra Roma reuniendo a las fuerzas que temían el creciente dominio de Roma. Al invadir Italia, Aníbal pretendía romper el aura de invencibilidad romana y atraer aliados, incluyendo ciudades-estado griegas y rivales italianos de Roma. Sin embargo, este plan dependía de un factor crítico: conseguir y mantener el control de Italia, que resultó ser el mayor desafío para Aníbal.

Aníbal decidió audazmente no invadir Italia tomando una ruta costera a lo largo del Mediterráneo. En su lugar, hizo marchar a su ejército a través de los Alpes. Su exitosa marcha a través de los pasos alpinos cogió a los romanos por sorpresa. El comandante cartaginés obtuvo importantes victorias sobre ejércitos más numerosos en Ticino, Treba y el lago Trasimeno.

La brillantez táctica de Aníbal era indiscutible, como quedó ejemplificado en la batalla de Cannas. Aquí orquestó una de las victorias militares más notables de la historia, diezmando un vasto ejército romano e infligiendo unas cincuenta mil bajas romanas. A pesar de ello, decidió no marchar directamente sobre Roma después de Cannas. Esta decisión ha sido debatida entre los historiadores durante siglos. Esta elección, considerada como un importante paso en falso, permitió a Roma reagruparse y, en última instancia, cambiar las tornas de la guerra[71].

A pesar de sus primeras victorias, Aníbal se enfrentó a desafíos insuperables en Italia. Su ejército, aunque victorioso en el campo de batalla, carecía de la mano de obra y los recursos necesarios para mantener el control sobre los territorios. La incapacidad para capturar ciudades portuarias clave como Neápolis (Nápoles) y Tarentum (Tarento) obstaculizó seriamente sus esfuerzos. Además, la supremacía naval de Roma significaba que Aníbal no podía recibir refuerzos o suministros adecuados, lo que disminuyó gradualmente su dominio sobre los territorios italianos.

---

[71] Cartwright, M. (2016, 29 de mayo). Second Punic War. Extraído de Worldhistory.org: https://www.worldhistory.org/Second_Punic_War/.

Los romanos se adaptan

Los romanos se dieron cuenta después de Cannas de que una batalla fija con Aníbal era una mala idea y que había que probar nuevas soluciones. Bajo el liderazgo de Fabio Máximo, Roma adoptó la estrategia fabiana, evitando el enfrentamiento directo con Aníbal y centrándose, en cambio, en cortar sus líneas de suministro y aislarlo dentro de Italia. Este enfoque de retraso y desgaste pretendía sacar provecho de la superioridad de los recursos y la mano de obra de Roma. Enfrentándose a los aliados de Aníbal y atacando donde él no estaba presente, Roma empezó a recuperar lentamente el terreno perdido[72].

A medida que avanzaba la guerra, su alcance se amplió más allá de Italia. Bajo líderes como Publio Cornelio Escipión (más tarde conocido como Escipión el Africano), las ofensivas estratégicas de Roma en España debilitaron significativamente la posición de Cartago. Las reformas militares de Escipión y su adopción de las tácticas de Aníbal facilitaron el dominio romano en España. Esta expansión de la guerra y la consiguiente pérdida de territorios españoles fueron perjudiciales para los esfuerzos bélicos de Cartago. El avance de Escipión sobre Cartago hizo que los cartagineses llamaran a Aníbal para defender la patria.

La segunda guerra púnica culminó con las victorias romanas en África, especialmente la batalla de Zama, en la que Escipión derrotó a Aníbal, lo que le valió el nombre de Africano. Esto marcó no solo el final de la guerra, sino también el declive del poder cartaginés y el ascenso de Roma como potencia preeminente en el Mediterráneo. Cartago era un estado vencido, reducido a una sombra de lo que una vez fue.

Tercera guerra púnica (149-146 a. e. c.)

La tercera guerra púnica fue el episodio final de la prolongada lucha entre Roma y Cartago. Tras la derrota de Cartago en las guerras anteriores, se encontró fuertemente limitada. El tratado de paz impuesto por Roma tras la segunda guerra púnica limitó las capacidades militares de Cartago y le impuso una fuerte indemnización. A pesar de estas limitaciones, Cartago empezó a recuperarse económicamente, lo que alarmó a muchos en Roma, que seguían viéndola como una amenaza potencial.

---

[72] Cartwright, M. (2016, 29 de mayo). Second Punic War. Extraído de Worldhistory.org: https://www.worldhistory.org/Second_Punic_War/.

Una figura clave en el preludio de la tercera guerra púnica fue Catón el Viejo, un senador romano conocido por terminar sus discursos en el Senado romano con la advertencia: «¡*Carthago delenda est!*» («¡Cartago debe ser destruida!»). Su preocupación no eran meros desvaríos de un anciano. La recuperación de Cartago amenazaba los intereses comerciales romanos, en particular los de los senadores con inversiones en el norte de África. También existía una arraigada creencia en la superioridad romana y la percepción de Cartago como una civilización que debía ser sometida.

La persistencia de Catón convenció poco a poco a sus pares de que la eliminación de Cartago redundaba en beneficio de Roma.

El inicio de las hostilidades

La causa inmediata de la tercera guerra púnica se remonta a un conflicto entre Cartago y el estado vecino de Numidia, aliado de Roma. La decisión de Cartago de defenderse de las incursiones númidas violó el tratado con Roma, que prohibía a Cartago hacer la guerra sin el consentimiento romano. Esto proporcionó a Roma el pretexto para declarar la guerra.

Anticipando una victoria fácil, los romanos se encontraron con la firme resistencia de los cartagineses. El prolongado asedio de Cartago, dirigido por el comandante romano Escipión Emiliano, acabó por cortar el acceso de Cartago a suministros y refuerzos. Los romanos construyeron un bloqueo, sellando efectivamente el destino de la ciudad.

A medida que el asedio se estrechaba, la situación en Cartago se volvía desesperada. En el año 146 a. e. c., los romanos lanzaron un asalto final. Rompieron sistemáticamente las defensas de la ciudad y, tras intensos combates callejeros, capturaron y destruyeron Cartago. La ciudad fue arrasada, su población esclavizada y se dijo que una maldición caería sobre cualquiera que intentara repoblar la zona. La caída de Cartago marcó el final de las guerras púnicas y solidificó el dominio romano en el Mediterráneo occidental[73].

---

[73] Cartwright, M. (2016, 31 de mayo). Third Punic War. Extraído de Worldhistory.org: https://www.worldhistory.org/Third_Punic_War/.

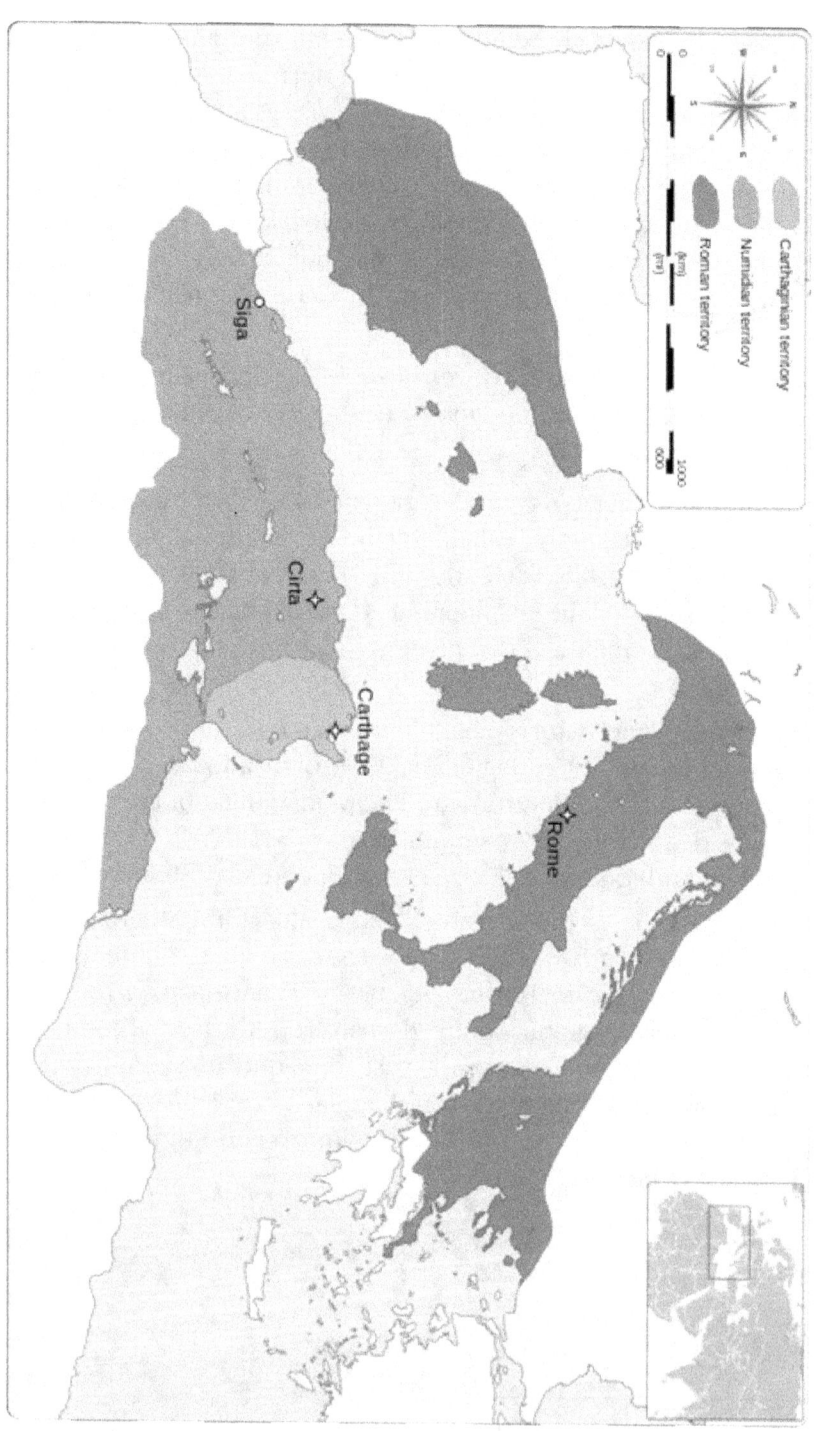

El Mediterráneo occidental en el 150 a. e. c.[26]

Cartago volvería a levantarse, esta vez como ciudad provincial romana. Sin embargo, la cultura púnica, aunque denostada por los escritores romanos, mostró una notable resistencia, continuando su influencia en la región mucho después de la caída de Cartago. Este imperio comercial tuvo un éxito notable durante siglos y mostró una capacidad única para reagruparse y florecer tras una gran derrota.

En resumen

La tercera guerra púnica, con su dramático asedio y la destrucción final de Cartago, constituye un testimonio de la brutalidad del mundo antiguo y de hasta dónde llegaban los Estados para eliminar a sus rivales. La guerra no fue solo un conflicto militar, sino también la culminación de rivalidades económicas, políticas e ideológicas que habían estado latentes durante más de un siglo. La implacable defensa de la guerra por parte de Catón el Viejo subraya la profundidad de la animadversión romana hacia Cartago.

El legado del conflicto es complejo, marcando el cenit del poder romano en el Mediterráneo y un trágico final para una civilización antaño grandiosa. Esta guerra sirve como punto de estudio crucial para comprender la dinámica del poder, la rivalidad y el imperialismo en el mundo antiguo.

Capítulo 9: Imperio de Ghana

África Occidental contaba con el Imperio de Malí y el Imperio songhai, pero estos se desarrollaron después del año 1000 de nuestra era. Hubo uno, sin embargo, anterior al milenio, y fue el Imperio de Ghana. A menudo se lo conoce como Wagadu. Floreció entre los siglos VI y XIII de nuestra era y ocupó lo que hoy es el sureste de Mauritania y el oeste de Malí; no formaba parte de lo que es la Ghana moderna.

La historia del Imperio de Ghana es rica y compleja, caracterizándose por su posición estratégica como centro neurálgico de las rutas comerciales transaharianas. Sus orígenes, profundamente arraigados en la época altomedieval, siguen siendo algo enigmáticos con diversas interpretaciones históricas.

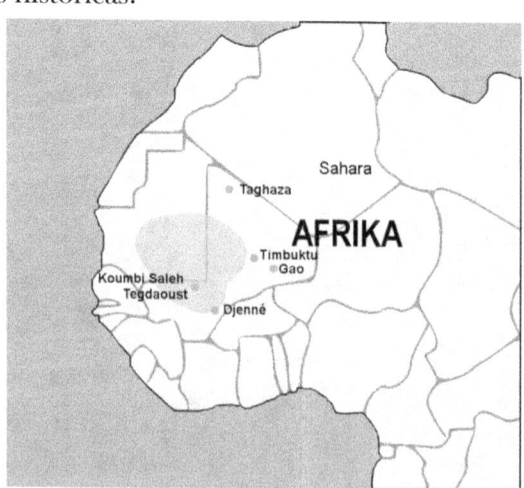

El Imperio de Ghana en su máxima extensión [27]

Monarquía y aristocracia

La monarquía del Imperio de Ghana está rodeada de misterio y sus orígenes son objeto de debate entre los historiadores. La primera mención identificable de la dinastía imperial fue hecha en 830 por Muhammad ibn Mūsā al-Khwārizmī, con más detalles proporcionados en el siglo XI por el erudito cordobés al-Bakri.

Los relatos históricos, como los del escritor del siglo XI al-Idrisi y el del siglo XIII ibn Said, sugieren que los gobernantes de Ghana descendían de figuras notables, incluido el clan del profeta Mahoma. El rey, a menudo llamado «Ghana», título que significa «rey guerrero», no era solo un líder político. También desempeñaba un papel religioso y cultural. Había normas sobre cómo comportarse en su presencia, y estas debían ser obedecidas. Las pautas de comportamiento sugieren un alto nivel de ritual en torno a la monarquía. El rey tenía una autoridad considerable sobre un bien precioso, ya que poseía el derecho exclusivo a poseer pepitas de oro. Los mercaderes se limitaban al polvo de oro. Esta política garantizaba que el rey pudiera regular el mercado del oro y mantener su valor.

Los reyes de Ghana dependían en gran medida de los consejeros de la aristocracia. La clase dirigente mantenía una vida en la corte lujosa y ceremoniosa. El rey se engalanaba con oro y se sentaba ante el pueblo con un alto birrete decorado con oro, rodeado de pajes que portaban escudos y espadas decorados con oro y flanqueado por los hijos de los reyes vasallos con espléndidas vestimentas[74].

La economía del Imperio de Ghana

El Imperio de Ghana comerciaba ampliamente con sus vecinos y mercados lejanos. La capital del imperio, Kumbi Saleh, era un centro comercial con un distrito de negocios habitado por mercaderes bereberes y árabes[75].

Había varias mercancías comerciales destacadas que el imperio tenía listas para el mercado.

---

[74] Cartwright, M. (2019, 5 de marzo). Ghana Empire. Extraído de World History Encyclopedia: https://www.worldhistory.org/Ghana_Empire/.

[75] New World Encyclopedia. (2024, 27 de enero). Ghana Empire. Extraído de New World Encyclopedia: https://www.newworldencyclopedia.org/entry/Ghana_Empire.

- **Oro**

  El principal producto comercializado en el Imperio de Ghana era el oro. En las regiones meridionales del imperio abundaban las minas de oro, por lo que este era un componente esencial de la riqueza de Ghana. Como ya se ha mencionado, los reyes de Ghana mantenían un estricto control sobre la producción y el comercio del oro.

- **Sal**

  La sal, procedente principalmente del Sáhara, era igualmente vital para la economía del imperio. La sal no solo era un bien preciado por su necesidad dietética, sino también porque era indispensable para conservar los alimentos en el clima cálido de África.

- **Esclavos**

  El Imperio de Ghana participó en el comercio de esclavos, intercambiándolos por mercancías con comerciantes árabes y bereberes. Este aspecto del intercambio comercial formaba parte integrante de las estructuras socioeconómicas de la región en aquella época.

El imperio comerciaba con otras mercancías, como pieles, marfil, plumas de avestruz y caballos. A cambio, importaban del Mediterráneo artículos como tejidos, abalorios, cobre y productos manufacturados[76].

Comercio transahariano

La economía del Imperio ghanés estaba predominantemente anclada en las lucrativas rutas comerciales transaharianas. Esta red comercial, potenciada por la introducción de los camellos en el desierto del Sáhara en el siglo III e. c., transformó las esporádicas rutas comerciales anteriores en una red más estructurada que iba desde Marruecos hasta el río Níger. En el siglo VII e. c., el camello había revolucionado el comercio a través del Sáhara, facilitando el transporte de mercancías a través de vastas extensiones desérticas.

Los reyes de Ghana desempeñaron un papel fundamental en el control de las rutas comerciales que atravesaban el imperio. Imponían impuestos a las mercancías que entraban y salían del imperio, lo que

---

[76] Cartwright, M. (2019, 5 de marzo). Ghana Empire. Extraído de World History Encyclopedia: https://www.worldhistory.org/Ghana_Empire/.

constituía una importante fuente de ingresos, contribuyendo a la prosperidad del reino. La situación estratégica del imperio, enclavado entre yacimientos de oro al sur y minas de sal al norte, le permitía actuar como centro comercial donde se intercambiaban estas valiosas mercancías.

El sistema impositivo del Imperio de Ghana era único e innovador para su época. En lugar de dinero, el rey imponía a los importadores y exportadores una tasa porcentual que se pagaba con sus mercancías comerciales. En consecuencia, una determinada mercancía comercial era a menudo gravada dos veces, una a la entrada y otra a la salida del imperio[77]. Además, Ghana recibía ingresos de los estados tributarios circundantes. El sistema de impuestos y tributos engrosaba las arcas del tesoro y ayudaba al imperio a controlar el comercio de mercancías como la sal y el oro.

La situación de Ghana en el valle superior del río Níger le permitía tener acceso a las principales rutas comerciales. El comercio de oro, sal y esclavos atravesaba el imperio por dos rutas muy importantes:

- La ruta comercial que conectaba la capital del Imperio de Ghana, Kumbi Saleh, con ciudades como Audagost (Awdaghust) y Sijilmasa.
- La ruta hacia las zonas productoras de mineral de hierro y oro del sur, en particular las regiones de Bambuk y Bure, que se extendían hasta el corazón del imperio[78].

La riqueza generada por el comercio condujo a un importante desarrollo urbano dentro del imperio. Kumbi Saleh surgió como un importante centro comercial, con numerosas mezquitas y una vibrante mezcla de diferentes culturas. Esta prosperidad económica facilitó aún más el desarrollo de otros centros urbanos en todo el imperio[79].

---

[77] Cartwright, M. (2019, 5 de marzo). Ghana Empire. Extraído de World History Encyclopedia: https://www.worldhistory.org/Ghana_Empire/.

[78] Cartwright, M. (2019, 13 de mayo). The Gold Trade of Ancient & Medieval West Africa. Extraído de Worldhistory.org: https://www.worldhistory.org/article/1383/the-gold-trade-of-ancient-medieval-west-africa/.

[79] LibreTextos. (2024, 27 de enero). 12.6 The Ghana Empire. Extraído de LibreTexts.org: https://human.libretexts.org/Courses/Lumen_Learning/Book%3A_Early_World_Civilizations_(Lumen)/Ch._11_African_Civilizations/12.6%3A_The_Ghana_Empire#:~:text=Ghana%E2%80%99s%20economic%20development%20and%20eventual%20wealth%20was%20linked,expansion%20to%20.

El islam en el Imperio de Ghana

Hubo una importación cultural muy importante procedente de las rutas comerciales transaharianas: El islam. Los mercaderes y comerciantes musulmanes introdujeron la religión en el Imperio de Ghana en el siglo VIII e. c., aunque no se convirtió en una religión prominente hasta más tarde. El comercio permitió que el islam se desarrollara y prosperara, aunque la monarquía conservó sus vínculos con las costumbres religiosas más antiguas.

El rey contaba con asesores y funcionarios para gestionar la economía y supervisar las actividades comerciales. Esto incluía a mercaderes musulmanes que actuaban como intérpretes y funcionarios, lo que significaba la complejidad económica del imperio y su integración en el mundo islámico más amplio.

Numerosos escribas y ministros de la burocracia eran musulmanes, lo que les permitió desempeñar un papel esencial en el funcionamiento diario del imperio. El islam trajo consigo la lengua árabe, las enseñanzas islámicas y los conocimientos científicos. Las ciudades se beneficiaron culturalmente de la afluencia de aprendizaje que llegó con los mercaderes musulmanes[80].

La prosperidad económica del Imperio de Ghana también se vio favorecida por su asociación con los comerciantes musulmanes. Estos, en particular los bereberes sanhaya, eran fundamentales en la red comercial transahariana, ya que facilitaban el intercambio de oro de África Occidental por sal y otras mercancías del norte de África[81].

Los reyes de Ghana, aunque se adherían predominantemente a las creencias religiosas tradicionales, demostraron una notable tolerancia hacia el islam, lo que permitió una relación simbiótica entre ambas culturas. Este enfoque de la tolerancia subraya la naturaleza pragmática de los gobernantes de Ghana, que trataron de aprovechar los conocimientos administrativos e intelectuales de los musulmanes para mejorar la gobernanza. Su comprensión y respeto por otra religión demuestran cómo las culturas y las religiones pueden interactuar en beneficio mutuo y mejorar la estabilidad y la prosperidad de una nación.

---

[80] Encyclopedia.com. (2024, 27 de enero). Empire of Ghana. Extraído de Encyclopedia.com: https://www.encyclopedia.com/history/encyclopedias-almanacs-transcripts-and-maps/empire-ghana.

[81] Lane, M. (2024, 21 de enero). How Did Muslims and Non-Muslims Interact in Ghana. Extraído de Ncesc.com: https://www.ncesc.com/geographic-faq/how-did-muslims-and-non-muslims-interact-in-ghana/.

La caída del Imperio

A pesar de una gran prosperidad económica y de una sociedad tolerante, el Imperio de Ghana acabó derrumbándose. No fue a causa de una sola catástrofe; una serie de desastres azotaron Ghana. La clase dirigente fue incapaz de aportar soluciones que hubieran podido salvar esta civilización.

Estas fueron las principales razones de la desaparición de Ghana:

- Invasiones externas y guerras

  Lamentablemente, el islam trajo desafíos junto con beneficios. En 1076, los almorávides, una dinastía musulmana bereber procedente del Sáhara, invadieron y derrotaron al ejército ghanés. Esta derrota debilitó la fuerza militar del imperio y aceleró la propagación del islam, exacerbando aún más las tensiones religiosas internas. A continuación, el reino de Susu atacó en 1203, erosionando la autoridad militar y económica de Ghana en la región. Estas derrotas militares fueron cruciales para disminuir la capacidad del imperio de controlar sus territorios y mantener su dominio económico.

  El colapso final del Imperio de Ghana puede atribuirse al auge del Imperio de Malí, que poco a poco fue adquiriendo mayor protagonismo en la región. En 1240, el emperador de Malí, Sundiata, conquistó lo que quedaba del Imperio de Ghana y lo incorporó al Imperio de Malí. Esto marcó el fin de Ghana como entidad política y el ascenso de una nueva potencia regional.

- Cambios económicos

  Ghana dependía en gran medida del comercio y de los impuestos derivados del comercio transahariano. Se desarrollaron nuevas rutas que sorteaban Ghana. Además, el entorno natural se convirtió en un desafío.

- Cambios climáticos

  En el siglo XII se produjeron cambios climáticos significativos y la región se volvió gradualmente más seca. Esta prolongada sequía afectó a la producción agrícola, minando la capacidad del imperio para sostenerse a sí mismo y a su población. El declive agrícola tendría un efecto dominó en la economía, desestabilizando aún más el ya debilitado imperio[82].

---

[82] Cartwright, M. (2019, 5 de marzo). Ghana Empire. Extraído de World History Encyclopedia:

- Disensiones en las fronteras

    Otros factores internos fueron la inestabilidad política y el malestar social. El imperio se enfrentaba a conflictos internos y a una creciente insatisfacción con el gobierno central. Entre los Estados miembros existía un deseo de independencia o de alineación con otras potencias emergentes, como Mali.

    Además, el imperio se enfrentó al conflicto inherente entre las creencias tradicionales y la creciente influencia del islam. Estas tensiones religiosas y culturales debilitaron la cohesión social y política del imperio.

Los últimos golpes los infligió Sundiata a un Estado imperial cuya estructura se tambaleaba y cuyos cimientos se habían debilitado gravemente. El imperio ya no era capaz de resistir. Lo que quedaba del imperio fue incorporado al Imperio de Malí. Ghana dejó de ser una entidad política y la nueva autoridad de la región se hizo cada vez más poderosa[83].

En resumen

El Imperio de Ghana es una saga notable en la historia de África Occidental, que muestra cómo el control sobre rutas comerciales estratégicas y recursos con gran demanda de consumo puede sostener un Estado poderoso. La sofisticada economía y el sistema fiscal del imperio facilitaron su ascenso al poder y la prosperidad, al tiempo que conectaban África Occidental con el resto del mundo medieval. El declive de Ghana marcó el final de un imperio asombroso situado en las arenas del desierto.

Este análisis de Ghana pretende recordar al lector que la costa septentrional de África y el valle del Nilo no fueron los únicos lugares donde floreció la civilización en el continente.

---

https://www.worldhistory.org/Ghana_Empire/.

[83] Soto, N. (2024, 16 de enero). Who Destroyed the Ghana Empire. Extraído de Ncesc.com: https://www.ncesc.com/geographic-faq/who-destroyed-the-ghana-empire/.

Capítulo 10: La esclavitud en el África antigua

Una historia honesta de África debe mencionar la esclavitud. La esclavitud ha asolado el continente durante siglos y dio lugar al comercio transahariano de esclavos y al posterior comercio transatlántico de esclavos.

La historia de la esclavitud en el África antigua es compleja, pues fue moldeada por las culturas y prácticas de diversas civilizaciones africanas. Las formas de esclavitud incluían la servidumbre por deudas, la esclavitud militar, la esclavitud de cautivos de guerra y la servidumbre doméstica.

- Esclavitud por deudas

    Las personas que no podían pagar sus deudas eran obligadas a someterse a la servidumbre. A diferencia de otras formas de esclavitud, la esclavitud por deudas se consideraba a menudo una solución temporal y más humana para los deudores. La esclavitud por deudas era común en África Occidental entre las culturas Yoruba, Ga, Ewe y Edo. También era común en el antiguo Egipto.

- Esclavitud militar

    La esclavitud militar implicaba el reclutamiento y la utilización de individuos esclavizados como soldados. Esta práctica era prominente en ciertos Estados africanos, donde los soldados esclavizados formaban parte integrante de la fuerza militar. Estos individuos podían ascender a rangos importantes y a menudo ostentaban un poder considerable. En el antiguo Egipto, los esclavos eran utilizados como soldados y guardias. Un ejemplo posterior serían los mamelucos, que acabaron derrocando a la dinastía ayubí y se convirtieron en los gobernantes de Egipto[84].

- Esclavización de cautivos de guerra

   La captura y esclavización de prisioneros de guerra era una práctica muy extendida en el África antigua. Esta forma de esclavitud era el resultado de los conflictos militares y las incursiones, y tanto Cartago como Egipto utilizaban a los prisioneros de guerra como mano de obra forzada. El comercio de esclavos en África Occidental fomentó el uso de incursiones y guerras para reunir un suministro de prisioneros para su venta.

La esclavitud en el Antiguo Egipto

Una fuente importante de personas esclavizadas en el antiguo Egipto eran los prisioneros capturados en las tierras conquistadas durante las expediciones militares. Los vencedores a menudo llevaban a los cautivos de vuelta a Egipto para servir como esclavos. Los criminales y los condenados eran a veces sentenciados a la esclavitud como forma de castigo, y los individuos podían convertirse en esclavos debido a deudas que no podían pagar.

Los humanos eran una mercancía comercial y los egipcios intercambiaban artículos de lujo por humanos capturados. Los esclavos también podían adquirirse como regalos o tributos.

La esclavitud era hereditaria en el antiguo Egipto, lo que significa que los hijos nacidos de individuos esclavizados también serían considerados esclavos.

La vida de un esclavo en Egipto

Los esclavos del antiguo Egipto realizaban diversas tareas en función del papel que se les asignaba. Trabajaban en la agricultura, cuidando los campos y el ganado, y en la construcción. Aunque es probable que los esclavos participaran en algunos proyectos de construcción, los investigadores actuales no creen que trabajaran en estructuras monumentales como las pirámides dadas las pruebas de la existencia de viviendas organizadas, una dieta regular, el acceso a la atención médica y otras necesidades.

---

[84] Britannica, E. o. (2023, 30 de noviembre). Mamluk. Extraído de Britannica.com: https://www.britannica.com/topic/Mamluk.

Las condiciones de vida de los esclavos variaban dependiendo de sus funciones y del estatus social de sus dueños. Por supuesto, las condiciones de trabajo podían ser duras, pero los esclavos tenían ciertos derechos legales y podían poseer propiedades[85]. Cartago permitía a los esclavos dirigir negocios para sus amos.

La esclavitud en los reinos de Kerma y Punt

Un reto importante a la hora de analizar la esclavitud en las culturas de Kerma y Punt es la falta de registros. Tenemos que esperar a que la arqueología descubra información sobre la práctica del trabajo forzado en estas civilizaciones. Sabemos que Egipto ejerció una influencia significativa en la región. Es posible que la esclavitud se llevara a cabo con costumbres que emulaban las del país de los faraones.

La esclavitud en Cartago

En Cartago, la esclavitud tuvo profundas repercusiones socioeconómicas. Facilitó proyectos agrícolas y arquitectónicos a gran escala, reforzó las campañas militares y fue una piedra angular en las relaciones comerciales.

La esclavitud era fundamental en la economía cartaginesa, algo que reflejaba las prácticas de muchas otras civilizaciones antiguas. Los esclavizados eran principalmente los pueblos conquistados y los comprados en los mercados de esclavos. La integración de los esclavizados en la sociedad cartaginesa reflejaba las numerosas conquistas militares de la ciudad y su participación activa en el comercio regional, incluido el tráfico de esclavos[86].

Los esclavos eran empleados en diversas profesiones. Podían ser servicios domésticos o mano de obra capacitada en la agricultura, la artesanía y el comercio marítimo. Incluso se utilizaron esclavos en la armada cartaginesa durante las guerras púnicas. Los talleres más grandes de Cartago, que producían toda una gama de bienes, desde cerámica hasta metalistería, empleaban tanto a ciudadanos como a esclavos. La presencia de esclavos en estos talleres pone de relieve su papel integral en la economía cartaginesa.

---

[85] Historyrise.com. (2023, 24 de diciembre). Facts About Ancient Egypt Slaves: Historical Insights! Extraído de Historyrise.com: https://historyrise.com/facts-about-ancient-egypt-slaves/.

[86] LibreTextos. (2024, 22 de enero). 4.2 Ancient Carthage. Extraído de Libretexts.org: https://human.libretexts.org/Courses/Lumen_Learning/Book%3A_Early_World_Civilizations_(Lumen)/Ch._03_Early_Civilizations_of_Africa_and_the_Andes/04.2%3A_Ancient_Carthage.

La estructura económica de Cartago dependía en gran medida de la mano de obra esclava. Los esclavos desempeñaron un papel crucial en el sector manufacturero de la ciudad, incluyendo la producción textil, cerámica y metalistería. En la agricultura, la mano de obra esclava fue decisiva para mantener la producción agrícola de Cartago. Los esclavos eran una parte esencial de la mano de obra. El trabajo de los esclavos permitió a los terratenientes cartagineses maximizar la producción agrícola, contribuyendo a la prosperidad económica general de la ciudad.

El estatus de las personas esclavizadas

La relación entre los esclavos y sus propietarios en Cartago no era uniformemente opresiva. En algunas situaciones, se permitía a los esclavos dirigir negocios para sus amos con cierto grado de autonomía. Esto implica que, aunque los esclavos no eran libres, podían dedicarse a actividades económicas de forma independiente. Algunos esclavos pudieron incluso acumular riqueza personal, aunque probablemente bajo la supervisión de sus amos.

A pesar de las revueltas de esclavos en el siglo IV a. e. c., existen pocas pruebas de un malestar extendido o continuo entre la población esclava de Cartago. Esta falta de disturbios significativos podría atribuirse a diversos factores, entre ellos la posibilidad de obtener la libertad o un trato mejor que otras sociedades esclavistas contemporáneas[87].

La esclavitud en Axum

La esclavitud era parte integrante de la vida social y económica de Axum, como lo era en muchas sociedades antiguas. Los esclavos procedían principalmente de los grupos nilóticos del interior meridional de Etiopía y del pueblo oromo. Los cautivos de guerra constituían otra fuente considerable de esclavos. Estos individuos fueron asimilados a diversos roles sociales, sirviendo como concubinas, guardaespaldas, sirvientes y tesoreros. A pesar de la escasez de registros detallados, está claro que la esclavitud estaba profundamente arraigada en el tejido social de Axum.

El puerto de Adulis fue un renombrado centro para el comercio de esclavos, conectando al imperio con un mercado global de esclavos durante muchos siglos. La participación en tales redes comerciales sugiere que el comercio exterior influía en la oferta y la demanda de

---

[87] Cartwright, M. (2016, 16 de junio). Carthaginian Society. Recuperado de Worldhistory.org: https://www.worldhistory.org/article/908/carthaginian-society/.

personas esclavizadas, tanto como las necesidades internas.

Axum tenía una sociedad feudal, en la que la propiedad de la tierra y la agricultura desempeñaban papeles fundamentales. Los esclavos eran fundamentales en este sistema, pues trabajaban la tierra junto a los campesinos libres. La dependencia del imperio de la agricultura para su economía, cuyos principales cultivos eran cereales como el trigo y la cebada, requería una mano de obra que incluía esclavos.

Axum se convirtió al cristianismo en el siglo IV EC. Es plausible que la moral y la ética cristianas influyeran en el trato a los esclavos, pero las pruebas concretas son limitadas[88].

<u>La antigua visión africana de la esclavitud</u>

Conocemos la trata de esclavos en África por los registros históricos, pero muchos relatos datan de después del año 1000 de nuestra era. Imperios posteriores de África Occidental, como el Imperio de Ghana, estuvieron profundamente implicados en el comercio transahariano de esclavos, y reinos posteriores participaron activamente en el comercio transatlántico de esclavos. Sin embargo, las raíces de la esclavitud se remontan a siglos antes del Imperio de Malí o de la llegada de los europeos. Conviene investigar los primeros tiempos.

La singularidad de la esclavitud africana residía en su integración con las estructuras de parentesco y sociales. A diferencia de la esclavitud en América, la esclavitud africana implicaba a menudo relaciones complejas con ciertos derechos y libertades para los esclavizados. El grado de indulgencia y la naturaleza del trato variaban, influidos con frecuencia por el origen del esclavo y por si había nacido esclavo o había sido adquirido mediante compra o guerra.

Las sociedades africanas utilizaron la esclavitud como medio para aumentar la influencia personal y las conexiones sociales, sobre todo en regiones donde la propiedad de la tierra no era un concepto. Esta práctica afianzó a los esclavos dentro del linaje del amo, permitiendo ocasionalmente a sus descendientes ascender a posiciones sociales significativas, incluso a la jefatura. Sin embargo, esta integración no borró el estigma inherente, y a menudo se mantuvieron claras distinciones entre los esclavizados y los parientes consanguíneos del amo.

---

[88] Nueva Enciclopedia Mundial. (2024, 25 de enero). Aksumite Empire. Extraído de NewWorldEncuclopedia.org: https://www.newworldencyclopedia.org/entry/Aksumite_Empire.

La oposición moral a la esclavitud era matizada. Las formas autóctonas de esclavitud, que a menudo eran menos severas que la esclavitud en régimen de servidumbre establecida más tarde en América, no siempre suscitaban el mismo nivel de indignación moral. En algunas sociedades africanas, la esclavitud se justificaba a través de creencias culturales y religiosas. La esclavitud de los cautivos de guerra, por ejemplo, se consideraba a menudo una consecuencia natural del conflicto. Además, la integración de los esclavos en el linaje del amo en algunas culturas proporcionaba una forma de movilidad social, aunque limitada, difuminando las líneas entre la pura explotación y la integración social.

Aunque no hubo una oposición moral ampliamente extendida a la esclavitud similar a la de los movimientos abolicionistas posteriores, las sociedades africanas mostraron una serie de actitudes hacia la esclavitud, desde la aceptación como norma social hasta formas de resistencia y adaptación en respuesta a los cambios internos y externos.

En resumen

La esclavitud en el África antigua no era un monolito, sino más bien un espectro de prácticas influidas por factores culturales, económicos y medioambientales. Cada civilización, desde Egipto, Cartago y Punt hasta Kerma y Kush, tenía sus propias formas de esclavitud, moldeadas por sus circunstancias únicas y sus interacciones con las regiones vecinas. La comprensión de estos matices proporciona una valiosa visión del complejo relato de la historia de la antigua África.

Conclusión

«Llevad la carga del Hombre Blanco
 enviad adelante a los mejores de entre vosotros;
 vamos, atad a vuestros hijos al exilio
 para servir a las necesidades de vuestros cautivos;
 para servir, con equipo de combate,
 a naciones tumultuosas y salvajes;
 vuestros recién conquistados y descontentos pueblos,
 mitad demonios y mitad niños.
Llevad la carga del Hombre Blanco,
 con paciencia para sufrir,
 para ocultar la amenaza del terror
 y poner a prueba el orgullo que se ostenta;
 Por medio de un discurso abierto y simple,
 cien veces purificado,
 buscar la ganancia de otros
 y trabajar en provecho de otros.
Llevad la carga del Hombre Blanco,
 y cosechad su vieja recompensa
 la reprobación de vuestros superiores
 el odio de aquellos que protegéis,
 el llanto de las huestes que conducís

(¡tan laboriosamente!) hacia la luz:
Oh amada noche egipcia,
¿por qué nos librasteis de la esclavitud?»
La carga del hombre blanco de Rudyard Kipling[89].

Europa se repartió África a finales del siglo XIX, justificando un acaparamiento de tierras descarado al insistir en que el continente necesitaba el regalo de la civilización que solo ella, Europa, podía otorgar. África se encontraba en un momento de debilidad y sus naciones no podían combatir adecuadamente el poderío tecnológico y financiero de Gran Bretaña, Francia, Alemania, Italia y Bélgica. Los africanos pasarían a formar parte de imperios cuyos pueblos tenían un aspecto diferente y hablaban lenguas extrañas.

La arrogancia y condescendencia de estos nuevos amos era palpable. Al principio, los europeos ignoraron las ruinas de las antiguas dinastías imperiales y supusieron que las poblaciones nativas eran tribus primitivas o fanáticos religiosos. Los escritores especularon con que los portugueses o los chinos habían construido el Gran Zimbabue, una ciudad de Zimbabue que se cree que sirvió de capital durante la Edad de Hierro. Tales nociones proceden de observaciones sesgadas según las cuales la población local era incapaz de un discurso académico o de construir enormes estructuras de piedra. Tendrían que pasar años de excavaciones arqueológicas antes de que esas ideas fueran descartadas como falsas[90].

La antigua África era algo más que selva y salvajes semidesnudos. La hegemonía europea no pudo ocultar las aportaciones del continente a la humanidad a lo largo de los siglos.

Metalurgia y química

La Edad de los Metales subraya las inestimables contribuciones de África a la metalurgia y la química. La hábil manipulación de los metales por parte de los egipcios y el posterior pueblo Edo, ejemplificada en artefactos como los bronces de Benín, muestra técnicas avanzadas en el trabajo del metal. Además, la antigua práctica de la alquimia en Egipto, que influyó significativamente en griegos y asiáticos, es precursora de la química moderna. Estos conocimientos tempranos de química y

---

[89] Kipling, Rudyard (1899). The White Man's Burden. https://historymatters.gmu.edu/d/5478/.

[90] Koutonin, M. (2016, 18 de agosto). Lost Cities: Racism and Ruins—The Plundering of Great Zimbabwe. Extraído de Theguardian.com: https://www.theguardian.com/cities/2016/aug/18/great-zimbabwe-medieval-lost-city-racism-ruins-plundering.

metalurgia, vitales para el progreso humano, subrayan el papel de África en el avance del conocimiento científico.

Astronomía

Las civilizaciones africanas realizaron avances pioneros en astronomía. Los habitantes de Nabta Playa crearon uno de los primeros observatorios astronómicos del mundo, anterior a Stonehenge. Su calendario rupestre constituyó una importante innovación para el seguimiento de los movimientos celestes y, según se dice, es más antiguo que Stonehenge. Además, el pueblo dogón de Malí era conocido por su conocimiento detallado de los fenómenos astronómicos, en particular del sistema estelar de Sirio. Estos logros en astronomía no solo ponen de relieve la destreza científica de África, sino también su contribución a nuestro conocimiento del cosmos[91].

Los egipcios integraron la astronomía en su cultura, siendo el mejor ejemplo la Gran Pirámide de Guiza. La pirámide estaba alineada con los cuerpos celestes. Sus ductos de ventilación, que apuntan hacia estrellas como Sirio y la constelación de Orión, subrayan la importancia de estos cuerpos celestes en la mitología y las prácticas religiosas egipcias. Además, las alineaciones se utilizaban para marcar las épocas del año para la siembra y la cosecha[92].

Educación

La Biblioteca de Alejandría salta inmediatamente a la mente cuando se piensa en el avance del conocimiento. Sin embargo, no fue la única biblioteca africana; Alejandría fue solo uno de los muchos centros intelectuales del continente. La ciudad de Tombuctú, parte del posterior Imperio de Malí, se convirtió en un importante centro de aprendizaje islámico. Tombuctú contaba con la Universidad de Sankore, la mezquita de Sidi Yahya y la mezquita de Djinguereber. Otro centro académico del África antigua fue la iglesia imperial aksumita. Esto demuestra que la noción colonial de que África era un continente analfabeto es falsa.

---

[91] Afrikaiswoke.com. (2023, 15 de septiembre). 10 African Contributions to Civilization. Extraído de Afrikaiswoke.com: https://www.afrikaiswoke.com/african-contributions-to-civilization/.

[92] Shuttleworth, M. (2024, 28 de enero). Egyptian Astronomy. Extraído de Explorable.com: https://explorable.com/egyptian-astronomy.

Matemáticas

Las prácticas matemáticas de la antigua África han contribuido significativamente a la comprensión global de esta ciencia. Un ejemplo asombroso del uso de las matemáticas en el África premoderna es el hueso de Lebombo. Este peroné de babuino, descubierto en las montañas Lebombo del sur de África y tallado en tiempos prehistóricos, tiene veintinueve muescas hechas deliberadamente que posiblemente representen un antiguo contador de fases lunares.

La tribu yoruba de Nigeria desarrolló un sistema de numeración, un sistema de base 20 que integraba la resta para la expresión numérica y era operativo hasta doscientos. Este sistema demostraba un razonamiento matemático abstracto adaptado a las necesidades de la tribu[93].

Solemos pensar en Mesopotamia y la India en lo que respecta a los números, pero Egipto dejó un legado matemático que hizo avanzar significativamente el estudio de las matemáticas. Un sistema decimal no posicional caracterizaba las matemáticas del antiguo Egipto. Sus numerales, representados por jeroglíficos distintos para cada potencia de diez hasta un millón, eran eficaces para sus necesidades y revelaban una temprana abstracción de los conceptos cuantitativos.

El papiro matemático Rhind proporciona pruebas de la naturaleza práctica de las matemáticas egipcias. Junto con otros pergaminos, los textos consideran problemas de medición de tierras, construcción y distribución de recursos.

Los egipcios mostraron una comprensión avanzada del álgebra y utilizaron sus métodos para resolver ecuaciones lineales y progresiones aritméticas. Sus técnicas de resolución de problemas, incluido el método de la falsa posición, muestran una capacidad para abordar los problemas matemáticos de forma sistemática, mostrando un pensamiento matemático avanzado. Comprendieron en profundidad la geometría, calculando áreas y volúmenes y aplicando estos cálculos a problemas del mundo real[94].

---

[93] Anplifyafrica.org. (2024, 28 de enero). Africa Made Math: The Original Mathematicians. Extraído de Anplifyafrica.org: https://www.amplifyafrica.org/africa-made-math-the-original-mathematicians/.

[94] Historyrise.com. (2023, 25 de diciembre). What Advancements Did Ancient Egypt Make in Math and Science. Extraído de Historyrise.com: https://historyrise.com/advancements-in-ancient-egyptian-math-science/.

Medicina

La medicina en África va más allá de los cantos de los chamanes y las plantas. Las antiguas civilizaciones africanas fueron pioneras en el campo de la medicina. Mezclaban conocimientos empíricos y prácticas tradicionales para promover la salud y la curación.

Entre los procedimientos que se realizaban en la antigua África antes de que se conocieran en Europa se incluyen las inoculaciones, la momificación, la tracción de miembros, los ajustes óseos, las cirugías cerebrales, los injertos de piel, el relleno de cavidades dentales, la instalación de dentaduras postizas, la anestesia y la cauterización de tejidos. Las culturas africanas también realizaban cirugías en condiciones antisépticas.

Las antiguas sociedades africanas empleaban muchos procedimientos médicos que se utilizan hoy en día. Utilizaban plantas con ácido salicílico para el dolor, caolín para la diarrea y extractos para matar las bacterias grampositivas. Algunas plantas tenían propiedades anticancerígenas, podían inducir el aborto o se utilizaban para tratar la malaria. Los africanos descubrieron compuestos como la ouabaína, el capsicum, la fisostigmina y la reserpina, que tenían importantes aplicaciones médicas[95].

Arquitectura e ingeniería

Las proezas arquitectónicas y de ingeniería de las antiguas civilizaciones africanas son un testimonio de su sofisticación. Desde las altísimas pirámides y obeliscos de Egipto hasta los grandiosos complejos de piedra de Zimbabue y Mozambique, las sociedades africanas demostraron sus avanzados conocimientos de construcción y planificación urbana. Las estructuras de piedra del Gran Zimbabue son un testimonio del ingenio y la habilidad de sus constructores. El posterior Imperio de Malí, en particular su renombrada ciudad de Tombuctú, presumía de impresionantes estructuras arquitectónicas, incluidos grandes palacios, mezquitas y universidades. Estas estructuras no solo eran maravillas de la ingeniería, sino también centros de intercambio cultural e intelectual[96].

---

[95] Blatch, S. (2013, 1 de febrero). Great Achievements in Science and Technology in Ancient Africa. Extraído de Asbmb.org: https://www.asbmb.org/asbmb-today/science/020113/great-achievements-in-stem-in-ancient-africa.

[96] Exponent, E. (2023, 14 de noviembre). Ancient Africa's Contributions to Modern Science and Built Environment. Extraído de The African Exponent https://www.africanexponent.com/ancient-africas-contributions-to-modern-science-and-built-environment/.

Otros estudios

Lo que ahora sabemos sobre África antes de la llegada de los europeos refuta las ideas coloniales de un continente inculto. No obstante, aún queda mucho por aprender sobre África. Hay muchos misterios que esperan ser resueltos y secretos que esperan ser desvelados. La investigación debe ser polifacética e incluir excavaciones arqueológicas, investigaciones genéticas y estudios lingüísticos. Este enfoque no solo ayuda a construir un relato histórico más completo, sino que también garantiza que la investigación sea integradora y respete el patrimonio cultural de la región.

Los esfuerzos arqueológicos en regiones como el Gran Zimbabue y los reinos del Sahel tienen el potencial de descubrir artefactos y estructuras que pueden aportar información sobre la vida cotidiana, las estructuras sociales y los avances tecnológicos de estas sociedades. Los edificios de Gran Zimbabue, con sus intrincados diseños y técnicas de construcción, podrían ofrecer pistas sobre las habilidades de ingeniería de África central. Del mismo modo, las excavaciones en el valle del Nilo y otros yacimientos históricos podrían revelar nuevos aspectos de las redes comerciales y los intercambios culturales dentro de África. Estudios recientes han identificado huellas de antiguos imperios africanos en el ADN de poblaciones africanas contemporáneas. Nuevas investigaciones ayudarán a explicar la migración y las interacciones de los pueblos de todo el continente.

El análisis lingüístico puede revelar aspectos de la organización social, las creencias religiosas, la cultura y la vida intelectual de civilizaciones que ya no existen. Descifrar el código lingüístico del Gran Zimbabue puede conducir a descubrimientos sorprendentes que podrían destruir las ideas contemporáneas. Ese fue el caso de la civilización maya. Al principio, los eruditos pensaban que los mayas eran una sociedad pacífica de observadores de las estrellas. Su capacidad para interpretar finalmente los glifos encontrados en los templos y monumentos mayas demostró que el pueblo participaba en guerras casi continuas. Lo poco que sabemos sobre el Gran Zimbabue podría estar equivocado, y debemos estar preparados para aceptar esa posibilidad.

Las creencias religiosas, las expresiones artísticas y las prácticas culturales de las antiguas sociedades africanas aún no se conocen en su totalidad. La excavación de lugares de culto, cementerios y creaciones artísticas podría ofrecer una ventana a la vida espiritual y cultural de estas sociedades. Profundizar en el comercio transahariano, las redes comerciales del océano Índico y la dinámica del comercio intraafricano podría darnos una mejor visión del papel del continente en la economía mundial. Analizar el cambio climático histórico nos ha permitido comprender mejor las decisiones tomadas por las civilizaciones maya y jemer. Investigar cómo los antiguos imperios africanos se adaptaron y respondieron a las fluctuaciones medioambientales puede ofrecernos ideas sobre la agricultura, las respuestas al cambio climático y el impacto de las actividades humanas en el medio ambiente.

La historia de los antiguos imperios africanos es una saga de logros e interacciones humanas. Profundizar en la investigación de estas sociedades no es solo una búsqueda académica, sino también una búsqueda de una comprensión más integradora y completa de la historia de la humanidad. Al explorar las preguntas sin respuesta y los territorios inexplorados, conseguiremos una apreciación más profunda del rico patrimonio del continente y de sus importantes contribuciones a la historia de la humanidad.

Segunda Parte: Antigua Cartago

Una apasionante guía sobre las civilizaciones fenicia y cartaginesa

Introducción

En el año 146 a. e. c., bajo el mando de Escipión Emiliano, los romanos completaron la destrucción total de una de las ciudades e imperios más grandes y poderosos de la Antigüedad. Los últimos resistentes, atrincherados en el interior de la ciudad, prendieron fuego a los edificios y se arrojaron a las llamas. Fue el trágico final de una civilización que había controlado gran parte del Mediterráneo y cuya influencia e historia se extendían lejos del centro de lo que un día se convertiría en la nación de Túnez, en el norte de África. La ciudad se llamaba Cartago y su pueblo eran los antiguos cartagineses.

Este libro narra el origen, auge y caída final de Cartago. Se trata de una gran historia en la que intervienen algunos de los personajes y lugares más conocidos del mundo antiguo. La historia de Cartago se ha visto eclipsada durante mucho tiempo por la de su rival más famosa, Roma. Y es a través de los romanos como se conoce gran parte de la historia de Cartago. Sin embargo, gracias a los trabajos arqueológicos modernos y al estudio minucioso de las fuentes antiguas, ha surgido una imagen más completa. Las historias romanas a menudo intentan pintar a Cartago como destinada al fracaso, siempre como el enemigo perpetuo, pero Cartago tuvo muchos éxitos, grandes líderes y una civilización vibrante. Era increíblemente importante para el comercio entre el Mediterráneo oriental y occidental y fue la potencia dominante del Mediterráneo occidental hasta finales del siglo III a. e. c. De hecho, es difícil imaginar que Roma llegara a ser lo que fue sin que el imperio de Cartago abriera primero el camino de las conquistas en el norte de África, Sicilia, la península ibérica e incluso Italia. ¿Recordaríamos Roma si no fuera por los cartagineses, una rivalidad que engendró la mayor potencia de la antigua Europa, el norte de África y Asia Menor?

Los restos más visibles de esta gran ciudad son unas enormes murallas construidas en el siglo V a. e. c. que, según fuentes antiguas, rodeaban Cartago con una circunferencia de 19 millas (30.5 kilómetros). También podemos ver dos puertos artificiales construidos en el siglo III a. e. c. Uno de ellos albergaba todos los barcos comerciales que entraban y salían de este centro comercial, y el otro era para la poderosa armada de Cartago. Los arqueólogos siguen excavando extensos cementerios.

Los vestigios de esta metrópoli se encuentran ahora en silencio, al norte de la capital tunecina. Los restos envejecidos de hermosos mosaicos dan testimonio de la vida de los ciudadanos, que vivían en grandes propiedades. Las máscaras de terracota indican la importancia del teatro y el entretenimiento para la sofisticada población. Amaban la música, la poesía, el comercio, la comida, el vino e incluso la guerra cuando era necesaria. No eran muy diferentes de sus homólogos de Siracusa, Grecia, Egipto y Roma.

Lo que comenzó como una colonia comercial fundada por los fenicios se convirtió en un poderoso imperio. Pero acabó cayendo en la ruina. Durante el Imperio romano, Cartago se convirtió en una ciudad imperial con un foro y baños; llegó a desempeñar un papel importante en la propagación del cristianismo en el norte de África. Hoy, sin embargo, gran parte de su gloria se ha desvanecido, y los libros de historia tienden a mencionarla solo en relación con el crecimiento de la República romana, pero Cartago fue mucho más que eso.

Capítulo 1: Los fenicios

En las aguas de la costa del actual Líbano, Siria y el norte de Israel vive una variedad de caracoles marinos conocidos en la antigüedad como *murex*. Estos caracoles producen un moco que se utilizaba en la producción de un tipo de tinte púrpura muy apreciado en todo el mundo antiguo y que llegó a significar riqueza y un alto rango. Los pueblos que vivían en esta zona y extraían el tinte púrpura fueron llamados fenicios por los antiguos griegos, lo que significaba el color púrpura o carmesí. En los bosques de estas tierras también crecían cedros. Estos dos productos, el tinte púrpura y la madera de cedro, llegaron a ser muy codiciados en el mundo antiguo.

Los fenicios se convirtieron en ciudades-estado ferozmente independientes y competitivas, muy parecidas a las ciudades-estado de Grecia. Entre estas ciudades destacaban Arwad, Biblos, Sidón y Tiro. No sabemos cómo se llamaban a sí mismos ni si realmente se consideraban un grupo étnico o una nación distinta. Los primeros estudios sobre los fenicios se remontan al siglo XVII y, en general, se creía que su civilización surgió alrededor del año 3000 a. e. c. y que perduró, de una forma u otra, hasta que Alejandro Magno conquistó el Levante en el siglo III a. e. c.

Su poder no se extendía mucho tierra adentro, sino que se centraba en el mar. Fueron una de las primeras potencias marítimas del Mediterráneo oriental y establecieron rutas comerciales entre Asia Menor, Grecia, Egipto y más allá. Establecieron colonias comerciales por todo el Mediterráneo y se los considera la potencia comercial dominante en la zona desde finales de la Edad de Bronce hasta el siglo IX a. e. c. Entre sus grandes logros se encuentra la fundación de una colonia comercial a la que llamaron Cartago, que llegó a ser un gran imperio por derecho propio. Se cree que sus rutas comerciales sentaron las bases de la civilización occidental. Su contribución a la historia mundial no puede subestimarse, ya que incluyó avances en el comercio y la navegación, así como uno de los alfabetos más antiguos del mundo.

¿Se consideraban los habitantes de las ciudades costeras levantinas, a los que los griegos llamaban fenicios, un grupo étnico distinto? ¿Eran, de alguna manera, un pueblo unificado con una historia, una lengua y una cultura compartidas? Desde luego, no eran un reino unificado como los pueblos del Alto Nilo o Mesopotamia, que estaban todos bajo el gobierno de un único faraón o rey. Entonces, ¿se parecían más a las ciudades-estado griegas, que eran independientes, pero compartían un tipo de identidad nacional y unos orígenes históricos comunes? ¿Es más exacto decir que en lugar de que los fenicios fundaran Cartago, Cartago fomentó la idea de que los fenicios fueran una nación para su propio beneficio? Las pruebas son escasas y poco claras.

Hay que distinguir entre las distintas facetas de Fenicia, concretamente el pueblo, el lugar, la lengua y la cultura. La lengua fenicia es una lengua semítica extinguida que hablaban originalmente los habitantes de los alrededores de las ciudades de Tiro y Sidón, en el actual Líbano. Durante la Edad del Bronce tardía y la Edad del Hierro se convirtió en una lengua común para el comercio en el Mediterráneo. Las colonias hablaban sus propios dialectos del fenicio. El púnico era el dialecto fenicio hablado en la ciudad de Cartago, que se cree que fue una colonia comercial fundada por gente de Tiro. La identificación de un pueblo, territorio o cultura fenicios es un poco más difícil de determinar.

Las fuentes griegas nos remiten al ámbito de la mitología para explicar las cosas. Una de las primeras menciones de Fenicia es la historia de Agénor, cuya bella hija, Europa, fue seducida y raptada por Zeus. Según algunas fuentes, Agénor era el rey de Fenicia y vivía en la ciudad de Tiro. Europa estaba recogiendo flores a la orilla del mar y Zeus, que siempre observaba a las mujeres mortales con ojos lujuriosos, decidió que quería tenerla para sí. Se transformó en un toro majestuoso y convenció a Europa para que se subiera a su lomo. Nadó mar adentro y llegó a la isla de Creta.

Agénor encargó a sus hijos que averiguaran qué le había ocurrido a su hija, pero era una tarea imposible, ya que no podían descubrir un secreto que Zeus quería guardar. Uno de sus hijos, Cadmo, viajó a la Grecia continental y fundó la ciudad de Tebas. Las fuentes, sin embargo, confunden la historia y a veces dicen que otro hijo, Fénix, viajó a Levante y fundó una tierra a la que llamó Fenicia en su honor. Además, a veces se dice que Europa era hija de Fénix y no de Agénor.

Aunque las fuentes griegas y romanas identifican claramente a los fenicios como un grupo étnico distinto, parece probable que las personas a las que llamaban fenicios no se consideraran realmente como tales. Los registros históricos, en concreto las estelas de piedra y las lápidas funerarias, parecen indicar que estas personas solían identificarse a sí mismas como pertenecientes a una determinada ciudad. Por ejemplo, si alguien era llamado «hijo de Tiro» significaba que procedía de esa ciudad. Los escritos antiguos hablan de productos finos fabricados por artesanos sidonios o de telas tejidas por mujeres sidonias. Cuando se habla de los fenicios como grupo étnico, se los suele describir de forma negativa, como un pueblo bárbaro, codicioso, sanguinario y afeminado. Pero, por supuesto, estos pensamientos fueron escritos por rivales y enemigos y no deben tomarse como descripciones exactas.

Puede que las similitudes levantinas no sean suficientes para que los habitantes de varias ciudades se consideren una sola nación, pero no por ello dejan de ser notables. Los fenicios eran conocidos por su pericia marítima. Todas las ciudades-estado de Levante tenían características geográficas similares: costa al oeste y montañas al este. Por lo tanto, era natural que recurrieran al mar para ganarse la vida. Mientras los egipcios y los habitantes de Mesopotamia navegaban río arriba y río abajo en sus respectivos barcos de fondo plano, los fenicios inventaron cascos curvos que les permitieron adentrarse en el mar con mayor facilidad. Da la impresión de que desde el principio tuvieron una mentalidad comercial. Recolectaron los caracoles marinos que les proporcionaron el famoso tinte púrpura y obtuvieron la madera de cedro que tan importante se volvió para Egipto y, finalmente, para los asirios.

Sin embargo, los fenicios fueron más allá y viajaron a islas como Chipre, Creta y Kos, donde comerciaban con cobre, hierro, cerámica y estaño. Con Grecia comerciaban con aceitunas. También intercambiaron ideas culturales. Se cree que los fenicios dieron a los griegos la base del alfabeto griego. Además, adoptaron aspectos de otras culturas. El arte fenicio es especialmente ecléctico y a menudo contiene motivos egipcios y griegos. Esto ha llevado a algunos a creer que carecían de un estilo artístico propio, pero una inspección cuidadosa revela que añadían su propio estilo a su arte, a menudo añadiendo cuidadosos detalles simétricos que proclamaban que una obra era claramente fenicia.

En el ámbito de las creencias, la religión fenicia es mucho más específica de una ciudad-estado. Adoraban a Baal, una deidad conocida en todo el Creciente Fértil, especialmente entre los cananeos. Era un dios primario asociado a menudo con la fertilidad. Sin embargo, los fenicios de Tiro, por ejemplo, adoraban al «Baal de Tiro», más conocido como Melqart y también como «Baal de la Roca», que se refiere a uno de los fundadores míticos de Tiro. Una historia cuenta que había dos rocas flotantes frente a la costa de Levante y un olivo en llamas que tenía una serpiente enroscada en el tronco que, junto con un águila en sus ramas, no fueron consumidas por las llamas. Melqart hizo que las dos islas permanecieran en su lugar como favor a la sirena Tiros y fundó allí una ciudad a la que dio su nombre. El lugar donde se alzaba el olivo se convirtió en un santuario de Melqart, a quien se rindió culto en la ciudad durante milenios. Del mismo modo, en la ciudad de Biblos se rendía culto a «Baalat Gubal», o la Dama de Biblos.

Sin embargo, los fenicios también adoraban a El, el padre o rey de los dioses, que a menudo se consideraba equivalente a Cronos de la mitología griega. El dios El era venerado como antepasado de todos los dioses del panteón fenicio, independientemente de la ciudad-estado. Pero eran los dioses directamente asociados a las ciudades-estado los que parecían haber recibido más atención. Melqart estaba oficialmente vinculado a los reyes de Tiro y se utilizaba como medio para ejercer influencia en las lejanas colonias comerciales que no estaban directamente bajo el control del trono. El rey actuaba como prestamista y financiero de los viajes comerciales y las misiones coloniales, pero también era un líder religioso que ofrecía protección divina a cambio de obediencia. Los líderes de las colonias comerciales, llamados «príncipes del mar», que a menudo eran los jefes de empresas mercantiles o familias que poseían una riqueza y un poder extremos, no podían ser dirigidos en los asuntos cotidianos por el rey. Pero a través de la religión, hacían juramentos sagrados, asegurándose de que los príncipes seguían actuando de buena fe.

Independientemente de a quién adoraran los fenicios, el elemento más importante de su religión eran los sacrificios. Debido a la falta de escritos fenicios o púnicos sobre el tema, no sabemos con qué frecuencia ni en qué contexto se realizaban los sacrificios. Una inscripción menciona «el mes del sacrificio del Sol». Pero nada más aporta un contexto más claro. Sin embargo, se sabe que los sacrificios adoptaban muchas formas. Se sacrificaban animales, alimentos, aceite, vino, flores, incienso, estatuas y otros objetos a los dioses. La poca información que existe sobre estas prácticas guarda un gran parecido con los sacrificios mencionados en el Antiguo Testamento de la Biblia.

Los fenicios compartían algunas ideas religiosas, el idioma y los avances tecnológicos, pero se identificaban principalmente con sus ciudades y su familia. Un buen ejemplo de ello eran los habitantes de la ciudad de Tiro. Esta no fue la primera ciudad fenicia en establecer rutas comerciales por el Mediterráneo, pero se convirtió en una de las más conocidas y posiblemente la que llegó más lejos en busca de mercancías. Como ya se ha mencionado, la ciudad fue fundada supuestamente por el dios Melqart y data del III milenio a. e. c. La antigua Tiro constaba de dos comunidades. El asentamiento principal estaba en una isla, que se creía inexpugnable, y era el centro de la riqueza y el comercio. El asentamiento secundario estaba en tierra firme y abastecía a la isla de agua y madera. Los comerciantes tirios se aventuraban hacia el oeste en busca de mercancías, especialmente metales como la plata y el hierro. Llegaron hasta Cádiz, una colonia comercial que fundaron en el siglo XII a. e. c., en lo que hoy es el sur de España, al oeste del estrecho de Gibraltar. La ruta tradicional hacia la península ibérica consistía en ir saltando de isla en isla por el norte del Mediterráneo, pero la ruta de vuelta a casa solía seguir la costa del norte de África hasta el Levante.

Durante muchos años, Tiro fue una ciudad satélite de la ciudad fenicia de Sidón, pero se separó y se convirtió en la ciudad fenicia dominante bajo el gobierno del rey Hiram, mencionado en los libros de Samuel y Reyes de la Biblia hebrea. Se supone que gobernó entre los años 980 y 947 a. e. c. Según la Biblia, Hiram fue un estrecho aliado del rey David de Israel. Hiram ayudó a construir el palacio de David en Jerusalén. El rey tirio continuó la estrecha asociación con el sucesor de David, Salomón, y ayudó a suministrar materiales y obreros para construir el Primer Templo. Se dice que Hiram y Salomón establecieron una ruta comercial hacia una tierra llamada Ofir, que fue una gran fuente de riqueza e hizo muy ricos a ambos reyes. Se ha especulado mucho sobre la ubicación real de Ofir, incluyendo teorías de que se encontraba en Arabia Saudí, India, Sri Lanka o incluso Filipinas.

De los escritos de Josefo, que se dice que cita a Menandro (un dramaturgo griego), se cree que Hiram tuvo que sofocar una revuelta en la ciudad de Útica, una colonia comercial del norte de África. Los uticenses se negaron a pagar el tributo a su ciudad madre, por lo que Hiram tuvo que «reducirlos a la sumisión». Tras la muerte de Hiram, el trono pasó a su hijo, Baal-Eser I, que reinó del 946 al 930 a. e. c. Ocho reyes más gobernaron Tiro después de este hasta que la corona descansó sobre la cabeza de Matán I. Se dice que Matán tuvo dos hijos: un hijo llamado Pigmalión y una hija llamada Dido.

Capítulo 2: Mitos sobre la fundación de Cartago

Ruinas de Cartago[28]

Existen varias fuentes que relatan la fundación de Cartago. La historia principal que ha llegado hasta nuestros días es que el rey de Tiro, Matán I, dejó su reino a su hijo y a su hija. Los habitantes de Tiro decidieron que no les gustaba la perspectiva de que hubiera cogobernantes y apoyaron al hijo, Pigmalión. La hermana del nuevo rey, llamada normalmente Dido, pero a veces Elisa, se sorprendió al descubrir que el autocrático Pigmalión había matado a su marido, tal vez en un intento de encontrar el tesoro de oro escondido de su esposo. Dido pidió entonces astutamente instalarse en el palacio de Pigmalión. Sin embargo, pidió a sus asistentes asignados que arrojaran sacos de arena al océano. Les dijo que las bolsas estaban llenas del oro de su marido y que debían huir con ella o enfrentarse a la ira de Pigmalión. Abandonaron Tiro y llegaron al norte de África, donde fundaron la ciudad de Cartago. Dido fue su primera reina.

Esta historia se considera un mito o leyenda y no es la única historia legendaria relativa a la fundación de Cartago, aunque sí la más popular. En la *Eneida* de Virgilio, el poema épico sobre los viajes del troyano Eneas, el héroe se detiene en Cartago y escucha la historia del asesinato de Pigmalión y la huida de Dido. En este relato, Dido se lleva el tesoro de su marido y compra una parcela de tierra en el norte de África que recibe el nombre de Birsa. Algunas fuentes afirman que *birsa* significa «cuero de buey». Esto hace referencia a la historia de que Dido compró a los bereberes del lugar tierra suficiente para cubrirla con un cuero de buey. Dido hizo cortar el cuero de buey en tiras finas y pudo reclamar una colina entera para su nueva ciudad. Sin embargo, *birsa* en púnico (un dialecto del fenicio) significa «fortaleza». Esto puede haber sido una invención de escritores posteriores porque *birsa* es similar *bursa*, que en griego significa «cuero de buey».

La fecha tradicional para la fundación de Cartago es el 814 a. e. c. Sin embargo, las pruebas arqueológicas sugieren que no estuvo habitada hasta cien años después de esta fecha. En fenicio, Cartago significa «ciudad nueva», y aunque Pigmalión es reconocido como el rey histórico de Tiro, no está claro que la historia de Dido se acerque a la verdad. La explicación más probable es que Cartago se fundó, al igual que su vecina Útica, como una colonia comercial de la que se esperaba que pagara tributo a la ciudad madre de Tiro. Sin embargo, debido a la rivalidad de Cartago con los griegos y, en mayor medida, con los romanos, su fundación ha adquirido una narrativa mucho más grandiosa a lo largo de los milenios.

La ciudad fue elegida cuidadosamente, ya que estaba situada en una península triangular en el golfo de Túnez, con el lago de Túnez a sus espaldas, que proporcionaba abundancia de peces y un fondeadero seguro. La península estaba formada por colinas bajas y ofrecía fácil acceso al mar, así como protección contra algunas de las tormentas más salvajes de la zona. No estaba lejos del estrecho de Sicilia y constituía una zona natural desde la que controlar el flujo de mercancías que entraban y salían del Mediterráneo occidental. Esto indica que los tirios eligieron cuidadosamente el emplazamiento de esta ciudad, al igual que hicieron con otras colonias comerciales en Cerdeña, Sicilia y España.

Según las leyendas, después de que Dido obtuviera astutamente la colina de Birsa, los tirios excavaron para construir los cimientos de la ciudad y desenterraron una cabeza de buey, lo que se consideró una señal de que la ciudad sería próspera, pero siempre esclavizada. Entonces se trasladaron a otro lugar, donde desenterraron la cabeza de un caballo, que se consideró un presagio prometedor.

Según el historiador romano Justino, la creciente riqueza de Cartago atrajo inmigrantes de las colonias fenicias vecinas y de los bereberes cercanos. El rey bereber Iarbas exigió la mano de Dido. Ella se mostró reacia al principio, pero luego aceptó el matrimonio. Hizo que sus ayudantes encendieran una gran hoguera para quemar los recuerdos de su vida anterior en Tiro, pero luego se subió al fuego y se suicidó para poder ser fiel a su difunto marido.

En la *Eneida* de Virgilio, Dido ofrece protección a Eneas y sus seguidores cuando abandonan Troya tras la guerra de Troya. Dido y Eneas se enamoran. Dido está convencida de que se casarán, pero el dios mensajero Mercurio se aparece a Eneas y le dice que debe abandonar Cartago y continuar hacia Italia. Eneas se marcha y Dido, desconsolada, se suicida en una pira funeraria. Eneas puede ver el humo de la pira desde su barco mientras se marcha, pero desconoce el origen del humo. Sin embargo, cree que es un mal presagio. Con su último aliento, Dido pide venganza. Dado que Eneas se casará con la hija del rey latino de Italia y que sus descendientes fundarán la ciudad de Roma, este recurso poético permite presagiar las guerras que acabarán librándose entre Roma y Cartago. Sin embargo, el poema de Virgilio no debe tomarse como una verdad histórica, ya que sin duda añadía un toque dramático a sus versos en lugar de ofrecer un relato exacto de los primeros días de Cartago.

Parece evidente que Cartago fue fundada por colonos tirios en algún momento entre los siglos IX y VIII antes de nuestra era. Cartago no pretendía ser un mero puesto comercial, sino una colonia importante que pudiera formar parte de la ruta comercial desde la península ibérica, al oeste, hasta Levante, al este, y como centro de comercio para el norte de África, Sicilia, Cerdeña e Italia. A diferencia de su vecina Útica, no hay indicios de que Cartago se rebelara contra Tiro. En cambio, Tiro fue perdiendo poder gradualmente tras la dominación asiria de Fenicia y la eventual conquista de la región por Persia. Aun así, los líderes cartagineses viajaban a veces a la ciudad madre para ofrecer tributos y sacrificios al templo de Melqart, que seguía siendo un dios importante en Cartago.

La ubicación de Cartago y su interés por el comercio le garantizaron un éxito temprano. Según las evidencias de los enterramientos, después de solo cien años, Cartago tenía una población cercana a los treinta mil habitantes, mientras que la mayoría de las colonias fenicias tenían poblaciones de alrededor de mil. Pigmalión podría haber sido el rey tirio que envió colonos para establecer la «nueva ciudad», pero no hay pruebas que apoyen o nieguen esta proposición. Parece más probable que fuera un rey de una generación posterior. Sin embargo, esto situaría la fundación de Cartago durante el periodo asirio, cuando los reyes de Tiro eran vasallos que pagaban tributo al Imperio asirio. Hipotéticamente, el rey de Tiro que fundó Cartago podría haber sido Ithobaal II o Hiram II. Por supuesto, se trata de meras especulaciones.

Ni siquiera sabemos cuál creían los cartagineses que era su historia fundacional. Probablemente, la fuente más cercana que tenemos son los escritos de Filón de Biblos, que era un fenicio nacido en el siglo I de nuestra era, cuando Fenicia era una provincia del Imperio romano. Por tanto, vivió cientos de años después del apogeo de Fenicia y la fundación de Cartago. La obra de Filón sobre la historia de Fenicia deriva de la obra supuestamente anterior de Sanjuniatón, un escritor fenicio de una época incierta anterior a la guerra de Troya. Sin embargo, la obra de Filón parece referirse principalmente a la religión y a la idea de que las primeras religiones se centraban en el culto a los héroes y a los elementos naturales. No hay nada que arroje luz sobre la fundación de Cartago.

Así pues, es difícil decir con certeza cuándo se fundó Cartago, quiénes fueron los fundadores, aparte de los ciudadanos tirios, y qué historias contaron los cartagineses sobre su fundación. Si Dido/Elisa fundó la ciudad como una forma de escapar de su hermano, el rey de Tiro, entonces parece poco probable que Cartago hubiera tenido una relación establecida con la ciudad de Tiro. Sería más probable que estas ciudades estuvieran enfrentadas. Es aún más probable que la historia de Eneas sea completamente ficticia en lo que respecta a los orígenes de la rivalidad entre Roma y Cartago.

Capítulo 3: La colonización y la construcción de Cartago

Hemos establecido firmemente que Cartago fue una colonia establecida por ciudadanos de la ciudad de Tiro. Sabemos que Cartago no pretendía ser una pequeña colonia comercial, sino una gran ciudad destinada a controlar la mayor parte posible del comercio del Mediterráneo occidental. Con mayor o menor frecuencia, los dirigentes de Cartago pagaban tributo a la ciudad de Tiro y hacían regalos al templo de Melqart, el dios fundador de Tiro, que también se convirtió en una deidad importante para Cartago. Sabemos que la elección de Cartago no fue casual, ya que la presencia de la ciudad en una península con puertos naturales era indicativa de colonias fenicias. Cartago, al igual que otras ciudades fenicias, se centraba en el comercio marítimo, pero también tenía acceso a tierras fértiles alejadas de la costa, lo que contribuyó a alimentar a su creciente población. Cartago también se benefició de la presencia del lago de Túnez, que le proporcionaba pescado y un puerto seguro. Aun así, sigue siendo un misterio cómo esta colonia pasó de ser como muchas otras colonias fenicias del Mediterráneo y el Atlántico a convertirse en una potencia imperial y en la mayor de todas las ciudades fenicias.

Según el antiguo historiador Estrabón, Tiro fundó unas trescientas colonias a lo largo de la costa africana. Puede que esta cifra sea una exageración, pero demuestra que Cartago debió de tener muchas más colonias vecinas de las que conocemos. Las colonias fenicias contemporáneas de Cartago más conocidas fueron Cerro de Villar, Los

Toscanos y La Fonteta en España, Sa Caleta en Ibiza, Sulcis en Cerdeña, Utica en Túnez, Motia en Sicilia, la isla de Malta y Citio en Chipre. Al principio, Cartago no era más que un eslabón de una cadena que se extendía desde Tiro, en el Levante, hasta Gadir, la actual Cádiz, en el suroeste de España, donde Tiro podía comerciar con la población local a cambio de plata, la moneda más común en aquella parte del mundo en aquella época.

Existe una zona rocosa frente a la costa de España donde los barcos naufragaban a menudo, cerca de un lugar llamado Bajo De La Campana. Un barco en particular es de gran interés. Nada indica que hubiera hecho escala en Cartago, pero dado que era del siglo VII, podría haberse dirigido hacia allí cuando se abrió un agujero en su casco. Se hundió en el fondo del océano. Los arqueólogos llevan años excavando el yacimiento y en los últimos cinco años han revelado descubrimientos prometedores. El barco contenía casi una tonelada de metal: estaño, cobre y plomo procedentes de minas de España, Cerdeña y Chipre. Los investigadores descubrieron una gran cantidad de cerámica, el recipiente preferido en la antigüedad. Llevaban a bordo un altar de piedra caliza, tallado por un escultor de talento y quizá destinado a un templo. También había contrapesos de plomo y bronce, que se utilizarían en el pesaje de artículos para vender, comprar y embarcar. Descubrieron un peine de madera, ámbar y piezas de alabastro. También había un surtido de frascos de perfume, urnas y jarras. Se encontraron pruebas que apoyan la idea de que los fenicios podrían haber sido los primeros en utilizar brea para sellar sus barcos. El barco contenía incensarios, lámparas de aceite y muebles finos con patas de bronce. También había colmillos de elefante y huevos de avestruz, prueba de un animado comercio con el norte de África.

Cartago habría participado directamente en el comercio de estos objetos. En la vasija había ofrendas votivas de colmillos de elefante con inscripciones religiosas fenicias. Estos colmillos deberían haber estado en un santuario, pero su presencia en el barco indica que los sacerdotes de dioses como Ashtarti (Astarté), una diosa del amor y la fertilidad del panteón cananeo, y Eshmún, un dios fenicio de la curación que era sagrado para los habitantes de Sidón, podrían haber estado vendiendo ofrendas como estas en lugar de dedicarlas a sus santuarios como creían sus adoradores.

En la época en que se hundió este barco, Cartago era una ciudad grande y bulliciosa. La ciudadela de la ciudad se había establecido en la colina de Birsa, y se habían construido murallas alrededor del extremo de la península, lo que la hacía muy defendible en caso de asedio. Cartago, al igual que otras colonias fenicias, se centraba principalmente en el comercio y actuaba como estación de pesaje para los barcos procedentes de occidente. También era un puerto que exportaba marfil, oro, huevos de avestruz y esclavos de África. La esclavitud formaba parte de la sociedad fenicia, por lo que también formaba parte de Cartago. Los fenicios eran conocidos por comprar o capturar esclavos de Asia Menor y venderlos a egipcios y griegos. El comercio de esclavos en el Mediterráneo ya estaba bien establecido en la época en que se fundó Cartago, y los esclavos procedían de todos los rincones del mundo conocido y eran enviados a tierras que les eran ajenas.

Durante la invasión asiria de Tiro y el posterior sometimiento de la ciudad, muchos nobles tirios huyeron de su ciudad natal y se marcharon a colonias lejanas para continuar una vida libre de la influencia imperial. Una de las ciudades a las que huyeron fue Cartago.

Los fenicios también tenían una nueva competencia en el Mediterráneo oriental: los griegos. Estos últimos, que habían aprendido del alfabeto fenicio y habían adoptado la tecnología fenicia en sus barcos, navegaban ahora por las mismas aguas que antes habían utilizado predominantemente los fenicios. Pero también había otras potencias en expansión. En Italia, los etruscos extendieron su influencia, y lugares como Sicilia, antes controlada por los fenicios, estaban ahora en juego. Los fenicios siguieron avanzando. No hay duda de que pasaron las Columnas de Hércules, el estrecho de Gibraltar y el Atlántico. Se ha especulado que llegaron hasta Gran Bretaña para conseguir estaño y que podrían haber navegado por la costa occidental de África. En fuentes no verificadas incluso se sugiere vagamente que los fenicios conocían una tierra al otro lado del mar occidental, aunque esto parece muy inverosímil.

Esencialmente, lo que se desarrolló en Cartago tras su fundación fue una nueva identidad. Como en muchas otras ciudades de la época, desde el principio fue importante establecer quién era ciudadano y quién no. La lógica dictaba que cualquier familia importante procedente de Tiro habría sido la primera entre los ciudadanos. Se desconoce la naturaleza exacta de la política en Cartago, pero dado que era una colonia, sin duda seguía el modelo de Tiro. Sin embargo, sabemos que el gobierno de Cartago era en gran medida una oligarquía y no una monarquía como en Tiro. Quizá porque el rey siempre estaba en Tiro y sus representantes en las colonias. Aristóteles elogió a los cartagineses por su gobierno y dijo que la oligarquía debía de ser benévola porque duró tantos siglos sin que un déspota tomara el control o se produjera un levantamiento de las masas.

Al igual que la República romana posterior, Cartago estaba gobernada por dos magistrados, llamados *suffetes*. Por debajo de ellos había un senado de veintiocho miembros, posiblemente extraídos de un cuerpo mayor de trescientos. Este senado podía declarar la guerra, reclutar tropas y nombrar generales. Con el tiempo, se convertiría en la rama más poderosa del gobierno cartaginés.

En Cartago comenzó a desarrollarse un nuevo dialecto fenicio llamado lengua púnica. Este nombre no era, por supuesto, el que los cartagineses daban a su lengua; eso, por desgracia, se desconoce. Los romanos llamaban púnico a todo lo relacionado con Cartago. A los cartagineses los llamaban *Poeni*, probablemente por su ascendencia de los fenicios. Así, todo lo relacionado con ellos era *punicus*, lo que conocemos como púnico.

La lengua que hablaban los cartagineses hace tiempo que murió, así que nadie sabe exactamente cómo era. Hay algunos ejemplos que sobreviven en la comedia de Plauto llamada *Poenulus* o *El pequeño cartaginés*. Casi todos los escritos e inscripciones púnicos fueron destruidos, pero en el siglo V e. c. aún se hablaban vestigios de la lengua. Debido a la pérdida de gran parte de la lengua, hay más especulaciones que pruebas concretas sobre cómo era la lengua púnica. Algunos académicos han llegado a sugerir que el púnico podría tener un gran parecido con el árabe. Otros han sugerido que la lengua de Malta es similar a la púnica. Al parecer, en la isla de Malta hay un dicho cartaginés que reza: «La peste necesita una pieza de plata; dale dos y te dejará en paz».

En los siglos VIII y VII a. e. c., Cartago se convirtió en una potencia regional por derecho propio. Alrededor del año 753 a. e. c., la leyenda cuenta que se formó una nueva ciudad en el centro de Italia, a orillas del río Tíber. Se llamaba Roma. Miles de años después de los hechos, es evidente que estas dos ciudades estaban en rumbo de confrontación. Pero en ese momento, Cartago era claramente la mayor de las dos en población, influencia y riqueza. Si alguien en Cartago estaba al tanto de la formación de Roma, probablemente no le prestó mucha atención. Más bien, Cartago estaba más al tanto de los vecinos de Roma, los etruscos, y de la expansión de los griegos.

En el siglo VI a. e. c., Cartago recibía noticias inquietantes de su ciudad madre, Tiro. El Imperio neobabilónico, a veces llamado Imperio caldeo, conquistaría a los asirios y se haría con el control de Fenicia. En 583 a. e. c., los babilonios sitiaron Tiro. El asedio duró trece años y terminó con una victoria parcial de los babilonios. Lo más probable es que Tiro tuviera que pagar tributo y ceder el control de parte del poder de la ciudad en el Mediterráneo. Los babilonios tenían su propia flota y eran conocidos por participar en batallas navales, pero su fuerza obviamente no era tan grande como para impedir que Tiro recibiera suministros durante los primeros trece años del asedio. La ciudad siguió adelante. Pero se desconoce hasta qué punto esto afectó a Cartago.

De hecho, podría incluso haber ayudado a Cartago, ya que muchos tirios probablemente huyeron de su ciudad natal y emigraron a Cartago. Esta también podría haber estado enviando suministros a Tiro para ayudar a su pueblo a sobrevivir durante esos trece años. Al parecer, Cartago tenía mucho que dar a la ciudad madre, pero no sabemos si abastecía a Tiro gratuitamente. Dadas las inclinaciones comerciales del pueblo fenicio y el hecho de que Tiro no estaba en posición de exigir nada a Cartago, es posible que Cartago utilizara la situación en su beneficio, no necesariamente de forma maliciosa, sino simplemente para extender su independencia y beneficiar a los ciudadanos de la creciente ciudad.

Cartago se separó de la ciudad madre en muchos aspectos, pero sobre todo en la religión. Melqart había sido la deidad suprema de Tiro, pero tenía menor importancia en el panteón cartaginés. Los dioses principales de Cartago eran Baal Hammon y Tanit. Baal Hammon, cuyo nombre podría significar algo así como «Señor de los Hornos», era un dios poderoso que imponía una devoción extrema. Su consorte, Tanit, era tan importante como él. Su símbolo, una figura extendida, aparece en todos los lugares donde Cartago dejó huella.

Monumento de piedra con el símbolo de la diosa Tanit [99]

El símbolo de Baal Hammon es el de la luna creciente. Para apaciguar al dios, los nobles de Cartago debían ofrecer sacrificios. Las fuentes griegas afirman que los cartagineses practicaban el sacrificio de niños. Esto se consideró durante mucho tiempo una calumnia griega contra un enemigo hasta el descubrimiento de un tofet cartaginés.

Un tofet es el lugar donde podrían haberse realizado sacrificios de niños y donde se entierran los restos de los sacrificios. El tofet de Cartago muestra indicios de que estuvo en uso durante cientos de años. Se sabe que las ciudades fenicias del Levante practicaban el sacrificio de niños, pero parece que mucho después de que abandonaran esta práctica, Cartago seguía entregando niños a Baal Hammon.

Los trabajos arqueológicos realizados en un gran tofet a las afueras de Cartago indican que algunos de los niños nacieron muertos y que algunos de los restos eran en realidad animales. Sin embargo, las urnas de siglos posteriores contenían niños de tres o cuatro años. Hay estelas que indican que estos sacrificios se realizaban en tiempos de gran peligro y que los niños sacrificados procedían de los rangos más altos de la sociedad cartaginesa. Las inscripciones hacen hincapié en explicar que el sacrificio procedía de una familia noble y que el niño era de su carne, no un sustituto. El método de sacrificio no está claro, pero las fuentes griegas indican que las jóvenes víctimas morían quemadas, lo que se correlaciona con la idea de Baal Hammon como el señor de los hornos.

Se cree que Cartago llevó a cabo sacrificios de niños a lo largo de toda su historia. Esto parecería bárbaro a cualquier persona moderna, pero es importante tener en cuenta que los cartagineses realmente creían que necesitaban sacrificar a estos niños para proteger su gran ciudad. Debe haber requerido una determinación sobrenatural para llevar a cabo un acto tan horrible. Al igual que Abraham en la Biblia estaba dispuesto a matar a su hijo con sus propias manos, los cartagineses estaban dispuestos a sacrificar lo que más querían por el bien de su ciudad y su pueblo. Sin embargo, dicho todo esto, se trata de una práctica horrible y es difícil dejarla de lado por considerarla parte de su cultura, al igual que es un error dejar de lado la esclavitud por considerarla parte del mundo antiguo. En retrospectiva, sabemos que esos sacrificios no salvaron a Cartago de la destrucción.

En los fuegos del horno de Baal Hammon, Cartago forjó una nueva identidad, una que se alejaba de Tiro. Los cartagineses estaban preparados para despojarse del manto de colonia y convertirse en capital y centro de un imperio en expansión. Mientras las luces de Fenicia se apagaban, el sol cartaginés resplandecía en el horizonte. Esta nueva entidad necesitaba tierra, poder y bienes. No se crearía a imagen de su progenitora, Tiro, sino a imagen de los asirios y babilonios, que se habían hecho con el control del Levante. Cuando los babilonios, bajo el mando de Nabucodonosor II, finalmente ganaron el asedio de Tiro después de trece agotadores años, el rey de Tiro, Baal II, gobernó como vasallo de los babilonios.

Sin embargo, esto no fue lo que condujo al declive definitivo del poder fenicio en el Mediterráneo. Más bien fue el declive de la demanda de metales como el estaño, el cobre y, sobre todo, la plata. Las grandes rutas comerciales fenicias que iban del Levante a la península ibérica se vieron interrumpidas. Muchas colonias fueron abandonadas. Islas como Cerdeña, que tanto habían dependido de la extracción y venta de metales a los hambrientos mercados orientales, se sumieron en el caos. El registro arqueológico muestra que muchas ciudades no solo fueron abandonadas, sino también incendiadas, lo que indica que hubo conflictos entre las colonias y los pueblos indígenas. Cada vez eran menos los barcos que navegaban por las rutas de Oriente Próximo a España o de España al norte de África.

Sin embargo, Cartago no se vio tan afectada, probablemente debido a sus inversiones en las rutas comerciales que no se dirigían de este a oeste, sino de sur a norte. Cartago comerciaba con una gran variedad de mercancías desde el norte de África hasta el norte del Mediterráneo y viceversa. Como los cartagineses no competían con los fenicios, su repentina ausencia resultó ser la apertura que necesitaban para expandirse.

Capítulo 4: Expansión, independencia y condición de imperio

El siglo VII a. e. c. fue testigo de la expansión de Cartago. Ya no era una ciudad, sino que abarcaba una amplia zona de lo que hoy es el norte de Túnez. Cartago controlaba tierras de cultivo, recursos naturales y varias ciudades. Comerciaba con los bereberes e intercambiaba con ellos costumbres e ideas. Cartago se estaba convirtiendo en el centro de la cultura púnica, que se basaba en gran medida en sus orígenes fenicios, pero desarrolló características únicas propias.

Se han encontrado restos arqueológicos de algunas de las pequeñas ciudades de la nueva nación de Cartago. Las ciudades estaban trazadas en forma de cuadrícula, aunque solo tuvieran unos mil habitantes. En el centro de cada ciudad había un templo, aunque el dios o dioses a los que se rendía culto probablemente variaba de una ciudad a otra. Los templos solían ser los mayores empleadores locales, con sacerdotes a tiempo completo y parcial, así como músicos, barberos, cantantes y cocineros para los banquetes rituales. Algunos templos también practicaban la prostitución sagrada. Las casas eran pequeñas y solían construirse alrededor de peristilos al estilo griego y, más tarde, romano. Las casas solían tener hornos empotrados para hacer pan y lavabos empotrados en pequeñas habitaciones entre la puerta exterior y la zona de estar, lo que indica que podía ser habitual lavarse antes de entrar en la casa.

Los alrededores de Cartago eran famosos por sus huertos de peras, albaricoques, almendras, pistachos, higos y granadas, que los romanos llamaban manzanas púnicas. En la actualidad, el clima del norte de Túnez es generalmente templado, con inviernos húmedos y veranos secos y calurosos. En la antigüedad era suficiente para mantener a la creciente población de Cartago y las ciudades de los alrededores. Las investigaciones arqueológicas demuestran que los cartagineses disfrutaban de una dieta variada a base de cebada, pescado, frutas, frutos secos, ganado y mucho más. Las tierras del interior también eran boscosas y podían proporcionar materiales para la construcción de barcos.

Gran parte de la construcción naval y su mantenimiento se realizaba en dos *cothons* de Cartago. Un *cothon* es un puerto artificial construido cerca del mar, pero conectado a través de un canal artificial. Estos elementos se asociaban a menudo con la construcción fenicia. Cartago tenía dos cotones. El primero era rectangular y lo utilizaban los barcos mercantes. El segundo era circular y solo lo utilizaba la poderosa armada cartaginesa. Estos puertos artificiales estaban rodeados de dársenas. El *cothon* circular tenía una isla en el centro, donde el almirante jefe de la armada podía permanecer y pasar revista a sus barcos y hombres.

Se desconoce la fecha exacta de su construcción, pero debió de ser una labor ingente en la que trabajaron miles de obreros durante largas jornadas removiendo toneladas de tierra, arena y roca. Los puertos debían ser lo bastante profundos para albergar navíos de gran casco y lo bastante grandes para alojar cientos de barcos a la vez. Son un testimonio de las habilidades de ingeniería de Cartago. Los únicos restos visibles de la antigua Cartago son lo que queda de las murallas y los restos de los puertos artificiales.

Dos expediciones cartaginesas atravesaron las Columnas de Hércules (estrecho de Gibraltar) en algún momento antes del siglo V a. e. c. La primera fue supuestamente dirigida por un capitán llamado Himilcón, que navegó hacia el Atlántico y luego viró hacia el norte con un pequeño grupo de barcos, muy probablemente en busca de fuentes de materias primas que se sabía que existían en la península ibérica. Sin embargo, la flota de Himilcón pasó la península y llegó a las costas de la Galia, la actual Francia, tras un viaje de cuatro meses en el que se produjeron terribles encuentros con monstruos marinos. En Portugal conocieron a los «oestrimnios», que al parecer mantenían relaciones comerciales con las islas vecinas para obtener estaño y plomo. Los cartagineses también visitaron Gran Bretaña e Irlanda antes de regresar a casa.

Otra expedición, esta de mucha mayor envergadura, fue dirigida por un hombre llamado Hannón y en ella participaron 65 barcos de remos con treinta mil hombres y mujeres. Muchos de ellos eran colonos que fueron apostados a lo largo de la costa de los actuales Marruecos y Mauritania para establecer colonias cruciales en la zona. Parece probable que este fuera el principal objetivo del viaje de Hannón, pero este continuó por el Atlántico y se dirigió hacia el sur por la costa occidental de África. Fueron al delta del Níger, presenciaron volcanes activos y vieron una montaña llamada «Montaña de la Grandiosidad», que muy probablemente era el monte Camerún. En lo que un día sería Gabón, se encontraron con salvajes cubiertos de pelo, que probablemente eran chimpancés. No consiguieron capturar ningún macho, pero sí tres hembras; sin embargo, se vieron obligados a matarlas debido a la ferocidad con que se resistieron a sus captores. Según la leyenda, las pieles de estas hembras se expusieron en el templo de Tanit de Cartago hasta que los romanos destruyeron la ciudad.

En el año 539 a. e. c., Ciro el Grande del Imperio persa atacó y conquistó las ciudades de Fenicia. Tiro cayó en manos de los persas, y muchos más tirios huyeron a Cartago y otras ciudades. En el mismo siglo, una sola familia llegó a dominar la política cartaginesa y se hizo con el control del ejército. Se los conocía como los magónidas, y controlaron la ciudad y el floreciente imperio desde el siglo VI hasta el IV a. e. c. El primer jefe de esta familia suele recibir el nombre de Mago I. En las historias griegas, se lo estiliza como rey, pero Cartago no tenía monarquía. Parece ser que el poder del que gozaban los magónidas era asignado por el Consejo de Ancianos. En la misma época en que Tiro perdía su independencia, Mago envió a sus hijos, Asdrúbal y Amílcar, a Cerdeña. Asdrúbal murió, pero Amílcar pudo asegurar la mitad sur de la isla para Cartago.

Sin embargo, no se trató de una verdadera conquista, sino más bien de un esfuerzo por mantener y mejorar las importaciones de Cerdeña, de la que Cartago dependía para sus productos agrícolas y materias primas. Cartago fundó dos nuevas ciudades en Cerdeña: Caralis (actual Cagliari) y Neápolis. En Cerdeña se rendía culto a Melqart, una importación cultural de Tiro que se convirtió en una conexión entre la cultura cartaginesa y la nueva cultura púnica de Cerdeña. Los asentamientos de la isla eran en gran medida autónomos, pero Cartago se involucró cada vez más en sus asuntos y envió colonos de Cartago a las nuevas ciudades. Los asentamientos se convirtieron en fortalezas fortificadas que controlaban el campo a su alrededor.

Cerdeña es un excelente ejemplo de los diversos métodos utilizados por Cartago para expandir su imperio. Durante los siglos VI y V a. e. c., las ciudades púnicas de Cerdeña empezaron a florecer gracias en gran parte a sus conexiones con Cartago. La población indígena de la isla quedó más aislada y fue empujada hacia regiones montañosas. Las ciudades púnicas de Cerdeña empezaron a producir artículos de lujo como amuletos, joyas, estatuillas, quemadores de perfume y máscaras, que se exportaban a todo el Mediterráneo. Algunas de las élites de Cerdeña recibieron incluso la ciudadanía cartaginesa honoraria. Aunque las ciudades estaban gobernadas por autoridades municipales independientes, Cartago seguía dominando la isla. Supuestamente, los cartagineses destruyeron todos los árboles frutales de Cerdeña y prohibieron que se plantaran más porque no encajaban con su necesidad de que Cerdeña produjera grano.

Tanto o más importantes que los fértiles campos y las pequeñas minas de oro de Cerdeña eran las minas de la península ibérica. Cartago deseaba controlar el comercio de estaño del noroeste de España. El bronce, el principal metal de la época, se fabricaba con cobre mezclado con estaño, y ningún lugar de la antigüedad proporcionaba más estaño que Iberia. Mediante el establecimiento de alianzas comerciales y la fundación de asentamientos en el sur de Iberia, y manteniendo en secreto la ubicación de las minas de estaño, Cartago fue capaz de establecer un monopolio sobre el estaño que se extraía de la zona. Cartago utilizó su poder e influencia para poner a líderes agradables a cargo de los distintos pueblos que comerciaban con estaño, asegurándose de que solo la ciudad pudiera comprarlo a bajo costo y venderlo al resto del Mediterráneo al precio que quisiera. Esta práctica y la mano dura con la que a veces actuaba Cartago provocaron la antipatía de algunos en Iberia hacia la dominación cartaginesa. Este hecho resurgiría durante las guerras con Roma.

Para Cartago, sin embargo, el control del mercado del estaño los hizo excepcionalmente ricos y poderosos. Si no podían reclutar soldados y marineros que velaran por sus intereses, podían pagar a mercenarios para que se encargaran del trabajo. Esta era una práctica muy común en la antigüedad. De hecho, el ejército cartaginés entre los siglos VI y V pasó de ser una milicia ciudadana a una potencia militar internacional formada principalmente por mercenarios extranjeros.

Se dice que una vez que Ciro el Grande conquistó Fenicia, los persas se interesaron por atacar directamente a Cartago, posiblemente debido a su monopolio sobre el estaño y su férreo control del mercado de la plata. Para que Persia pudiera atacar Cartago, necesitaría una gran armada para transportar a los soldados. Sin embargo, la armada persa estaba dirigida casi en su totalidad por fenicios y utilizaba barcos fenicios. Los fenicios se negaron a participar en cualquier intento de conquistar Cartago, que originalmente era una colonia fenicia. Los persas se vieron obligados a ceder y renunciar a la idea. Entonces dirigieron su atención hacia los griegos, que iniciarían una contienda que cambiaría el mundo antiguo.

Las redes comerciales de Cartago se extendían incluso más allá de su presencia física. Del otro lado del Sahara, obtenían sal, oro, pieles de animales y pavos reales. Desarrollaron el sistema de subastas para comerciar con sus vecinos africanos. Comerciaban con ámbar, plata y pieles con los celtas, celtíberos y galos. Córcega tenía minas de plata y oro. Malta y las Baleares producían en masa productos que se enviaban a Cartago y luego se vendían en puertos de todo el Mediterráneo. Cartago vendía suministros básicos a las comunidades pobres, desplazando a menudo a los fabricantes locales, pero también producía artículos de lujo de gran calidad que vendía a griegos y etruscos.

Según Aristóteles, Cartago también reforzaba sus colonias extranjeras enviando continuamente nuevos colonos. Estos colonos trajeron consigo la cultura y las prácticas comerciales púnicas. Los asentamientos cartagineses producían el tinte púrpura y los bienes de lujo conocidos en toda la región, y estos bienes viajaban a lo largo de las rutas comerciales que controlaba Cartago. Una vez más, según Aristóteles, Cartago enviaba a estos asentamientos lejanos a aquellos descontentos y a quienes tenían problemas con los dirigentes de Cartago. De este modo, Cartago evitaba las guerras civiles y las luchas políticas internas, habituales entre las naciones de la época. Los colonos gozaban de independencia y de un estatus superior como ciudadanos de Cartago que vivían en una colonia. Aunque esto podría haber socavado parte del control de Cartago sobre sus colonias, resultó ser una estrategia ganadora durante cientos de años, a medida que Cartago y sus colonias crecían.

En 509 a. e. c., Cartago firmó un tratado con la nueva potencia del centro de Italia: la República romana. Cartago ya comerciaba con los etruscos y los romanos querían asegurar sus intereses comerciales. Al mismo tiempo, Cartago mantenía una lucha con las potencias griegas occidentales y quería rodear las colonias griegas del sur de Italia para llegar al resto de la península. El tratado estableció una relación amistosa entre las dos ciudades. Los barcos romanos no podían entrar en el golfo de Cartago a menos que se vieran obligados a hacerlo por las tormentas, y solo podían comprar los suministros necesarios para salir de la zona. Los mercaderes romanos podían operar en Cerdeña y Libia, pero solo bajo la supervisión de un funcionario del estado. Cartago acordó no atacar las ciudades controladas por Roma ni construir fortalezas en el Lacio. Los cartagineses no podían pernoctar en el Lacio si iban armados. En la Sicilia cartaginesa, los romanos tenían los mismos derechos que los cartagineses. Este tratado era esencialmente una promesa hecha por cada parte de no atacar directamente a la otra, dejando a Roma abierta a luchar contra los etruscos y los griegos en Italia y dejando a Cartago libre para luchar contra los griegos en Sicilia y en otras partes del Mediterráneo occidental.

Para entonces, la ciudad de Cartago era enorme. Contaba con cuatro barrios residenciales que rodeaban la colina de Birsa, un gran teatro, un mercado, una necrópolis y grandes templos a Tanit y Baal Hammon. Los aristócratas de la ciudad, que controlaban el poder comercial y militar, vivían en vastos palacios. Había una clase media de mercaderes menores y extranjeros que vivían en casas modestas pero bonitas, y luego la clase baja, que vivía en apartamentos y chozas fuera de las murallas de la ciudad. Cartago era como una enorme araña en medio de una compleja telaraña que se extendía a su alrededor y abarcaba todo el Mediterráneo occidental. Cada puerto y cada persona estaban influidos por lo que algunos historiadores han denominado el Imperio cartaginés. Sin embargo, es difícil poner a Cartago en la misma categoría que las potencias imperialistas de Asiria, Babilonia, Persia o Macedonia.

El Imperio cartaginés, si es que puede llamarse así, no era uniforme. Cuando los persas conquistaban una región, solían poner sátrapas persas, o gobernadores, para hacer frente a cualquier desafío al dominio persa. Había guarniciones de tropas persas estacionadas en todas las ciudades bajo el dominio del imperio. Siglos más tarde, Alejandro Magno haría prácticamente lo mismo: a veces fundaba ciudades, a las que solía dar su nombre, y las poblaba con lugareños y veteranos macedonios y griegos. Cuando los romanos conquistaban una ciudad, casi siempre introducían programas de construcción masiva para que se pareciera a cualquier otra ciudad romana, con un foro, un anfiteatro y templos a los dioses romanos. Sin embargo, Cartago no aplicó este mismo método.

En su lugar, los cartagineses dejaron en gran medida ciudades y regiones independientes, pero las hicieron dependientes de Cartago a través de alianzas y tratados. Estas ciudades tratarían con Cartago en asuntos comerciales, mientras que Cartago les ayudaría en la mayoría de los asuntos militares.

El ejército cartaginés, por tanto, debía mantener una gran movilidad. Se necesitaba una armada para proteger a los barcos comerciales en una gran parte del Mediterráneo. En un principio, estos eran los puntos fuertes de Cartago, ya que no necesitaba dispersarse demasiado para mantener en orden todas las partes de su «imperio». Sin embargo, esto significaba que ciertas zonas podían convertirse en un punto débil si se veían amenazadas por otra potencia o si querían liberarse del control cartaginés.

Capítulo 5: Las guerras sicilianas

En el siglo VI a. e. c., Cartago mantuvo una alianza con los etruscos, pero siempre recelosa de las acciones de los griegos, que estaban colonizando rápidamente el sur de Italia y Sicilia en lo que se conoció como *Magna Grecia* o Gran Grecia. Los etruscos fueron incapaces de detener los esfuerzos colonizadores, y los griegos acabaron asentándose en las islas de Cerdeña y Córcega. Un grupo de griegos focenses, originarios de Anatolia, formaron una colonia en Massalia, en el sur de Francia, y en Alalia, en Córcega.

En el 540 a. e. c., Cartago conquistó gran parte de Cerdeña y tuvo problemas con los colonos griegos de Sicilia. Los focenses empezaron a atacar a los barcos cartagineses y etruscos cerca de Córcega, llevándose la carga y matando a los marineros. Cartago y Etruria enviaron unos 120 barcos para detener a los piratas focenses, que solo contaban con 60 naves para defenderse. Todos los barcos que participaron en la batalla naval eran *pentecónteros*. Estos barcos podían tener más de 100 pies de eslora y 20, 50 o incluso 120 remos. La pequeña fuerza griega pudo ganar la batalla, pero a un alto costo, ya que perdió casi dos tercios de su propia flota.

Con una flota muy dañada, los focenses, sabiendo que no podrían resistir otra batalla, se vieron obligados a abandonar Córcega. Así pues, fue una victoria estratégica para Cartago, que conservó Cerdeña mientras que los etruscos se hicieron con el control de Córcega. Aunque griegos y cartagineses habían tenido muchas escaramuzas, esta fue la primera batalla a gran escala y estableció la desconfianza en ambos bandos. Estas tensiones se trasladaron al lugar donde cartagineses y griegos ya luchaban por el control: Sicilia.

En algún momento del siglo VI nació un príncipe espartano llamado Dorieo. Era el segundo en nacer y se sintió insatisfecho con su suerte en la vida. Así que pidió apoyo a Esparta para intentar fundar una colonia en el oeste. Primero intentó asentarse en Libia, pero fue expulsado por una tribu local, que contaba con el apoyo cartaginés. Entonces puso sus miras en Sicilia occidental, que, según le dijeron, pertenecía a los descendientes del héroe Hércules. Dorieo creía ser uno de esos descendientes. Allí fundó una colonia llamada Heraclea. Sin embargo, la colonia fue atacada por un pueblo indígena de Sicilia llamado Segesta, que contaba con la ayuda de Cartago. El príncipe Dorieo fue asesinado en 510 a. e. c. Su hermanastro mayor, el rey de Esparta, murió sin descendencia, por lo que el trono habría pasado a Dorieo. Pero como este murió, el trono pasó a Leónidas I, famoso por su última batalla en las Termópilas en 480 a. e. c.

La situación en Sicilia era más compleja de lo que podría parecer a primera vista. En esencia, había cuatro facciones diferentes que, en ocasiones, competían o se aliaban entre sí. En primer lugar, estaban los indígenas de Sicilia, que a menudo se aliaban con otra facción, los cartagineses. Los griegos formaban dos grupos distintos: los jonios y los dorios. Estos dos bandos formaban parte de una antigua rivalidad que se originó en la Grecia continental cientos de años antes, cuando eran tribus separadas. Los dorios solían proceder del Peloponeso, mientras que los jonios procedían del Ática y Asia Menor. En Sicilia, estos dos grupos competían a menudo entre sí. Esto significaba que las ciudades griegas a menudo luchaban entre sí.

Con el tiempo, sin embargo, las ciudades griegas empezaron a ser controladas en gran parte por tiranos que pretendían consolidar el control griego de la isla. El tirano Cleandro gobernó la ciudad de Gela, en la costa sur de Sicilia, sustituyendo a la oligarquía existente. Fue asesinado y sucedido por su hermano, Hipócrates, que inició una fase de expansión que hizo que gran parte del sur de Sicilia cayera bajo su control. Le sucedió su sobrino Gelón, que trasladó la capital del reino a Siracusa. Gelón creó un ejército de diez mil hombres compuesto por reclutas de Sicilia y Grecia continental; a todos estos soldados les concedió la ciudadanía siracusana. A través de sus campañas, Gelón convirtió las ciudades jónicas en dóricas, utilizando las ejecuciones y la esclavitud para asegurarse de que los griegos dorios se hicieran con el control de la mayoría de las ciudades griegas de Sicilia.

Esto preocupaba especialmente a las ciudades griegas del sur de Italia, que temían que Gelón intentara conquistarlas también. Anaxilas, el tirano de Regio, animó a los refugiados griegos a tomar la ciudad de Zancle, en el noreste de Sicilia. Según algunos relatos, estos refugiados procedían de la ciudad natal de Anaxilas, Mesenia, de la isla de Samos, o quizá de ambas. Zancle se convirtió en la ciudad de Mesina (Messana), y Anaxilas pudo hacerse con el control de la ciudad. Anaxilas también se casó con la hija de Terilo, el tirano de la ciudad de Hímera, en la costa central norte de Sicilia, para asegurar su posición frente a Gelón. Terilo también era amigo de los cartagineses, concretamente de un general de finales del siglo V llamado Amílcar.

Llegados a este punto, sería pertinente señalar que los cartagineses solían utilizar los mismos nombres generación tras generación; hay innumerables líderes llamados Hannón, Amílcar, Hannibal, Mago y Asdrúbal. Esto no es particularmente inusual. Hay muchos romanos que se llaman Cayo, Marco o Escipión, pero suelen incluir nombres adicionales o apodos. Los reyes macedonios y los faraones egipcios se identifican con un nombre y un número, como Filipo II o Tutmosis III. Sin embargo, no se sabe lo suficiente sobre la historia cartaginesa como para dar a muchos de estos líderes identificadores únicos. Por ejemplo, al Hannón que navegó hasta la costa occidental africana se lo suele llamar Hannón el Navegante, pero no sabemos si era un tipo de «rey», líder naval o simplemente un marino de habilidad poco común. El Amílcar que parece haber estado aliado con Terilo era sin duda un líder militar, pero también podría haber servido como una especie de rey aprobado por el Consejo de Ancianos, como se explicó anteriormente acerca de los gobernantes magónidas.

En 480 a. e. c., Cartago respondió a una llamada de ayuda de Terilo, el tirano de Hímera, tras ser derrocado y depuesto por un tirano dórico llamado Theron. Esto condujo a la batalla de Hímera. Gelón y Theron se enfrentaron a las fuerzas de Amílcar. Se dice que Cartago contaba con un ejército de 300.000 hombres, aunque es probable que se trate de una exageración. Se cree que el ejército de Gelón y Theron contaba con unos cincuenta mil hombres. En una pequeña escaramuza a las afueras de la ciudad, Amílcar derrotó a un grupo de hombres al mando de Theron. Sin embargo, cuando llegó Gelón, los cartagineses fueron derrotados en una batalla campal que duró todo un día. Al ver que su ejército había perdido, Heródoto cuenta que se arrojó a una hoguera cerca del campo de batalla. Otro relato afirma que Amílcar fue asesinado por los arqueros de Gelón.

Las consecuencias de la derrota cartaginesa fueron leves. Hímera cayó bajo el control de Gelón, y Cartago tuvo que pagar dos mil talentos de plata y construir dos templos donde se mostrarían los detalles del acuerdo. Ni siquiera Amílcar sufrió un golpe en su legado, algo habitual en los generales que sufrían grandes derrotas. En general, se le tenía en buena estima y se lo honraba con sacrificios en algunas ciudades púnicas, quizá debido a su acto de autosacrificio literal. Cartago dudó en volver a la isla y se mantuvo al margen de los asuntos de Sicilia durante los setenta años siguientes.

Al mismo tiempo que Siracusa y Cartago luchaban entre sí, los persas intentaban invadir Grecia continental. Esta invasión fue hábilmente frustrada por los esfuerzos combinados de la mayoría de las ciudades-estado griegas. Después de Hímera, Siracusa intentó presentar la idea de que Cartago era la Persia de Occidente y que la batalla en Sicilia era similar a las batallas en Grecia. Sin duda, los griegos consideraban bárbaros a los cartagineses simplemente porque no eran griegos. Y como los fenicios eran vasallos de Persia, y Cartago era originalmente una colonia fenicia, tenía cierto sentido. Sin embargo, muchos hicieron caso omiso de la propaganda siracusana, incluidos Platón y Aristóteles, que creían que Cartago representaba uno de los mejores gobiernos contemporáneos del mundo. No todos olvidaron el hecho de que Gelón había rechazado una petición de enviados espartanos y atenienses para que los apoyaran en la lucha contra Persia.

De hecho, durante los años posteriores a Hímera, Atenas parecía haber incrementado su comercio con Cartago y también solicitó ayuda a Cartago en asuntos políticos en Sicilia. Sin embargo, Cartago rechazó la petición de los atenienses. En Cartago se produjeron algunos cambios políticos tras la batalla de Hímera. Amílcar, siendo magónida, había actuado en gran medida en interés de los magónidas y no necesariamente de Cartago. Por ello, parece que se instituyó un gobierno de tipo más republicano. Se creó el Consejo de los 104. Este consejo de jueces supervisaba a los generales y a los militares para ayudar a frenar su independencia. Los nombramientos en el Consejo de los 104 eran vitalicios, y su poder aumentó drásticamente durante los siglos siguientes. Sin embargo, tras esta reorganización política, los magónidas seguían en el poder, lo que indica que tuvieron mucho que ver. Los magónidas seguirían desempeñando las funciones de magistrados y generales durante muchos años.

En el año 410 a. e. c., la ciudad dórico-griega de Selino y la ciudad jonio-griega de Segesta se habían enzarzado en una amarga rivalidad. Selino derrotó a las fuerzas de Segesta en el 416 a. e. c. Segesta había pedido ayuda a Cartago, pero esta se la denegó. Entonces recurrió a Atenas, que envió una expedición a Sicilia que acabó en desastre para los atenienses en el 413 a. e. c., cuando fueron derrotados por una coalición de ciudades sicilianas, que contaban con la ayuda de Esparta. Segesta volvió a pedir ayuda a Cartago, y esta vez, Cartago respondió. Estaba liderada por Aníbal Mago, que intentó poner fin a la situación por la vía diplomática. Sin embargo, no se pudo alcanzar la paz entre Cartago, Segesta, Selino y Siracusa. Así que Aníbal Mago reunió un gran ejército y tomó Selino por la fuerza. A continuación, obtuvo una victoria decisiva en la segunda batalla de Hímera, que restauró la reputación de Cartago. Aníbal Mago no continuó hacia Siracusa, sino que regresó a Cartago con su botín de guerra en el año 409 a. e. c.

Un general siracusano llamado Hermócrates comenzó a atacar zonas púnicas en Sicilia y capturó Motia y Panormo antes de ser asesinado en Siracusa en un intento de golpe de estado. Aníbal Mago respondió dirigiendo otro ejército a Sicilia en el 406 a. e. c. Esta vez, sin embargo, las cosas no fueron bien para los cartagineses. Mientras asediaban la ciudad de Akragas, sufrieron un ataque de peste. Aníbal Mago sucumbió a la enfermedad durante la campaña. Su sucesor, llamado Himilcón, tomó la ciudad de Akragas, capturó otras ciudades y derrotó repetidamente a las fuerzas de Siracusa. Sin embargo, la peste volvió a azotar a los cartagineses, por lo que Himilcón aceptó un tratado de paz que lo dejaba el control de las ciudades que había capturado. Esta sería la mayor extensión del control púnico en la isla de Sicilia.

En 406 a. e. c., Dionisio I había sido elegido comandante supremo de Siracusa, gracias en parte a su firme defensa contra los cartagineses en la guerra anterior. A Dionisio se le concedieron primero seiscientos guardias tras fingir un atentado contra su vida. Consiguió ampliar el número de guardias a mil. Con esta fuerza leal, compuesta en su mayoría por mercenarios, procedió a hacerse con el control total de la ciudad y a establecerse como tirano. A diferencia de otros tiranos griegos, Dionisio recibió la bendición de Esparta, que le proporcionó soldados de algunos de sus territorios. Dionisio sería el modelo de tiranos y reyes griegos, incluido Alejandro Magno. Sin embargo, como gobernante, se lo suele considerar el peor tipo de tirano: vengativo, desconfiado y cruel.

En el año 398 a. e. c., Dionisio rompió el tratado de paz con Cartago y sitió la ciudad de Motia, la cual capturó. Himilcón respondió y reconquistó la ciudad y la cercana Mesina. En el 397 a. e. c., la flota cartaginesa, al mando de un almirante llamado Mago, derrotó a los griegos en la batalla naval de Catana. Himilcón aprovechó entonces su ventaja y sitió la propia Siracusa. Al principio, el asedio fue un éxito, pero una vez más, la peste se abatió sobre los cartagineses. El ejército se derrumbó en el 396 a. e. c. Obligados a retirarse, los cartagineses perdieron las ciudades que habían reclamado, pero conservaron sus territorios en el oeste de Sicilia. La isla quedó dividida entre Cartago en el oeste, los griegos jónicos en el norte y los griegos dóricos en el este.

Dionisio recuperó sus fuerzas y saqueó Solus el mismo año en que los cartagineses estaban asolados por la enfermedad. Cartago no actuó inmediatamente porque estaba haciendo frente a una revuelta en sus territorios africanos. En el 393 a. e. c., el sucesor de Himilcón, Mago II, atacó Mesina, pero fue rechazado. Mago dirigió entonces un ejército reforzado hacia el centro de Sicilia, donde se preparó para enfrentarse a Dionisio en la batalla de Crisa. Los sículos, el pueblo indígena de Sicilia, se aliaron con Dionisio y hostigaron la línea de suministros cartaginesa, causando escasez. Los griegos a las órdenes de Dionisio se rebelaron porque este no quería luchar directamente contra los cartagineses. En consecuencia, la «batalla» se resolvió con un tratado de paz que otorgaba a Dionisio las tierras de los sículos. Cartago conservó el control de Sicilia occidental.

Dionisio volvió a romper su tratado con los cartagineses en el 383 a. e. c. En algún momento entre 378 y 375 a. e. c., Dionisio derrotó a Mago II en la batalla de Cábala. Los detalles de la batalla son escasos y se desconoce el lugar exacto. Sin embargo, se cree que Mago murió durante la batalla. El hijo de Mago II, llamado Himilcón Mago, sucedió a su padre y reanudó la lucha con Dionisio, derrotando al tirano en 376 a. e. c. en la batalla de Cronium, cerca de la actual Palermo. El hermano de Dionisio murió en la batalla. Como resultado, Dionisio se vio obligado a pagar mil talentos en concepto de reparación y a dejar que Cartago mantuviera el control de Sicilia occidental.

Dionisio no podía estarse quieto. Volvió a atacar las posesiones púnicas en el 368 a. e. c. Esto podría haber dado lugar a otra guerra prolongada en Sicilia, excepto Dionisio I de Siracusa murió en 367 a. e.

c. Su hijo, Dionisio II, no deseaba continuar con la agresión hacia territorios cartagineses o aliados. Por ello, acordó un tratado de paz que mantenía las esferas de influencia más o menos como estaban.

Dionisio II era completamente inexperto en asuntos públicos y política, por lo que se apoyó en su tío Dión para que lo orientara. Dión invitó a su maestro, el filósofo Platón, a Siracusa para que lo ayudara a reformar el gobierno y convirtiera a Dionisio II en un rey-filósofo. Dionisio II desterró a su tío e ignoró los llamamientos de Platón. Finalmente, Dion regresó del exilio y obligó a su sobrino a su propio destierro. Más tarde, Dionisio II regresó a Siracusa, pero acabó siendo destituido por Timoleón, un miembro de la aristocracia corintia que había sido enviado a Siracusa para salvarla del despotismo y la tiranía.

Siracusa había sido fundada por los corintios, por lo que el pueblo pidió ayuda a Corinto contra la tiranía de Dionisio II. Cartago se opuso a Timoleón, pero este pudo evitar sus fuerzas y restaurar el orden en Siracusa. Cartago respondió enviando un gran ejército, comandado por Asdrúbal y Amílcar, para derrotar finalmente a Siracusa y hacerse con el control de Sicilia. Sin embargo, Timoleón demostró ser capaz de hacer frente al ataque sorprendiendo a las fuerzas púnicas en el río Crimiso, identificado como el actual río Freddo, en el noroeste de Sicilia.

En junio del 339 a. e. c., las fuerzas de Timoleón atacaron a los cartagineses mientras cruzaban el río. Comenzó a llover, lo que golpeó a los griegos por la espalda, pero a los cartagineses en la cara. Los griegos lograron romper las primeras filas del ejército púnico, lo que provocó que los cartagineses se dieran la vuelta y huyeran. Después de Crimiso se sucedieron algunas batallas menores que paralizaron la guerra. Los cartagineses pidieron la paz y Timoleón la aceptó. Cartago conservó su territorio en el río Lico, al suroeste de Sicilia, mientras que Siracusa se quedó sola. Muchos de los tiranos griegos de Sicilia cayeron ante Timoleón, y la paz se restableció en la Sicilia griega hasta la muerte de Timoleón.

En este punto, quizá sea importante analizar por qué Cartago luchó tanto por conservar un punto de apoyo en una isla controlada principalmente por griegos y pueblos indígenas. Los cartagineses esperaban impedir que los griegos, especialmente los griegos-dorios, expandieran su territorio y su influencia hacia el Mediterráneo occidental. A diferencia de Cerdeña, Cartago nunca utilizó Sicilia para la producción agrícola ni para obtener materias primas como el metal. Cartago necesitaba sobre todo sus puertos sicilianos. Estos emplazamientos en la costa occidental de la isla eran cruciales para que Cartago controlara las rutas comerciales norte-sur hacia y desde Italia. Mientras los cartagineses tuvieran puertos en Sicilia, podrían abastecer a los barcos que necesitaran hacer escala en esas rutas y también mantener sus armadas en esos puertos para combatir la piratería, que siempre era un problema. Algunas de las ciudades que Cartago fundó en Sicilia estaban fuertemente protegidas y no tenían conexión con el resto de la isla.

En el año 332 a. e. c., Alejandro Magno se adentró en Asia Menor y se hizo con un vasto pero efímero imperio. Asedió la ciudad madre de Cartago, Tiro, y capturó la ciudad isleña construyendo una gran calzada para llevar las máquinas de asedio contra las murallas de la ciudad. Algunos cartagineses estaban allí, pero Alejandro los perdonó, diciéndoles que Cartago sería la siguiente una vez que conquistara Asia. Los cartagineses enviaron un emisario a la capital de Alejandro en Babilonia para determinar cuándo podían esperar la llegada del rey macedonio.

El emisario, Amílcar Rodano, primero afirmó ser un exiliado que quería unirse al ejército macedonio. Se supone que envió mensajes secretos a Cartago, pero se desconoce la naturaleza de estos mensajes y no está claro si pudo determinar los planes de Alejandro. Rodano regresó a Cartago, pero fue ejecutado porque los ciudadanos creyeron que los había traicionado ante Alejandro. No está claro si Alejandro tenía realmente planes de conquistar Cartago o no. Alejandro murió en Babilonia en el año 323 a. e. c., por lo que no se conocen sus verdaderas intenciones.

La situación en Sicilia era única para los cartagineses. Tenían un ejército, formado en su mayoría por mercenarios, que respondía ante un general. El general pertenecía a la élite cartaginesa, pero había sido elegido por la Asamblea Popular. Aun así, el aprovisionamiento de su ejército debía ser aprobado por el Consejo de Ancianos, y podía ser auditado por el Consejo de los 104. Tenía una autonomía considerable sobre el terreno, pero sus acciones podían ser revisadas por la élite de Cartago años después de que hubiera tomado sus decisiones. Esto hacía que las relaciones entre Cartago y Sicilia fueran tenues y complicadas para ambas partes.

Un comandante de caballería de origen humilde llamado Agatocles entró en escena. Era un tirano que se había hecho con el control de Siracusa tras la muerte de Timoleón. Agatocles se autoproclamaba el Alejandro de Occidente y veía a Cartago como la versión occidental de

Persia. Masacró a los oligarcas de Siracusa. Pronto declaró la guerra a los cartagineses y se enfrentaron en la batalla de Hímera. El ejército púnico estaba dirigido por Amílcar, nieto de Hannón el Grande. Agatocles fue derrotado en la batalla y regresó con dificultad a Siracusa, donde los cartagineses lo sitiaron. En un movimiento sorpresa, logró romper el bloqueo en el 310 a. e. c. y llevó un ejército al norte de África, donde desembarcó en el cabo Bon.

Allí derrotó a las fuerzas cartaginesas y acampó cerca de Túnez. Agatocles comenzó a capturar varias ciudades en el norte de África. Se alió con Ofelas, el gobernante de Cirenaica, y le prometió que podría quedarse con todas las posesiones africanas que le arrebataran a Cartago. Cuando Ofelas llegó, Agatocles atacó a su ejército y mató a Ofelas. Se hizo con el control de lo que quedaba del ejército cirenaico. En el 307 a. e. c., Agatocles fue derrotado y huyó a Sicilia. Firmó un tratado de paz con Cartago, que le permitió controlar varias ciudades griegas del este de la isla. Cartago mantuvo el control de una parte de sus puertos en el oeste.

Esta paz se mantuvo hasta la aparición del rey Pirro de Epiro en Sicilia, donde tomó el control de la parte oriental griega. Se decía que los griegos que vivían en la isla habían pedido a Pirro que llegara allí, ya que querían que los librara de los cartagineses. En 297 a. e. c., los cartagineses temían que Pirro se involucrara en Sicilia. Pirro había estado en Italia, luchando exitosamente contra los romanos, pero a un gran precio. Este es el origen del término «victoria pírrica». Los cartagineses sabían que los griegos de Sicilia pedían ayuda a Pirro, así que enviaron un comandante con 120 barcos a Roma para ofrecer ayuda para derrotar a este enemigo potencial. El Senado romano declinó la oferta. Sin embargo, existen pruebas de que Roma y Cartago firmaron otro tratado en esta época. También se cree que, en algún momento, los cartagineses tomaron soldados romanos de Sicilia y los transportaron a Regio para hacer frente a una guarnición romana rebelde. Los barcos púnicos esperaron entonces a ver si Pirro intentaba cruzar a Sicilia.

Pirro lo hizo a finales del siglo III a. e. c. Se casó con la hija de Agatocles tras la muerte del rey de Siracusa. Pirro atacó rápidamente las posesiones cartaginesas, conquistando Selinunte, Halicias, Segesta y otras ciudades. Asedió Érice y finalmente tomó también esa ciudad. Según Diodoro Sículo, Pirro tomó todas las ciudades cartaginesas de Sicilia hasta que fue detenido en la última ciudad, Lilibeo, donde los cartagineses habían podido finalmente proporcionar tropas, grano y catapultas. Por esa misma época, parece que los griegos de Sicilia empezaban a cansarse del gobierno de Pirro, que se comportaba como un déspota y desconfiaba de quienes intentaban ayudarlo. Recibió mensajes pidiendo su regreso a Italia, lo que tomó como excusa para marcharse. Con la marcha de Pirro, los cartagineses se interesaron por recuperar sus posesiones en la parte occidental de Sicilia, si no por hacerse con el control de toda la isla. Por desgracia, su situación resultaría mucho más peligrosa.

Capítulo 6: La primera guerra púnica

Representación artística de un hoplita cartaginés [80]

En la década de 280 a. e. c., un grupo de mercenarios italianos llamados «hijos de Marte» o mamertinos se hizo con el control de la ciudad de Mesina, en el norte de Sicilia, de gran importancia estratégica. Esta ciudad se encontraba justo al otro lado del estrecho de Sicilia desde Italia y era una base excelente desde la que controlar el flujo de barcos a través del estrecho, así como de Sicilia a Italia y viceversa. Cuando Pirro estuvo en Sicilia, se le pidió que expulsara a los mamertinos, pero no quiso o no pudo hacerlo. Tras su marcha y posterior derrota en Italia, Siracusa nombró a Hiero II comandante de las tropas de la ciudad. Los mamertinos amenazaron Siracusa y Hiero los derrotó en batalla, pero los cartagineses le impidieron tomar la ciudad de Mesina. En 264 a. e. c., volvió a atacar a los mamertinos tras ser declarado rey de Siracusa.

Los mamertinos pidieron ayuda tanto a los cartagineses como a los romanos. Para entonces, Roma ya había derrotado a los samnitas, los etruscos y las ciudades griegas de Italia y controlaba toda la península. Hay pruebas sólidas que apoyan la idea de que Roma y Cartago no solo se consideraban aliados hasta ese momento, sino que también habían comerciado activamente entre sí. Había cartagineses viviendo en Roma y en otras ciudades de Italia. Las pruebas arqueológicas demuestran que el distrito «africano» de Roma estaba ocupado mucho antes de que estallara la guerra entre las dos superpotencias.

Roma tenía ciertas ventajas en comparación con otras naciones del Mediterráneo occidental. Cuando los romanos conquistaban una ciudad o una tierra, no solo infundían la identidad romana, sino que también exigían un cierto número de soldados de sus nuevos territorios. Esto significaba que el ejército romano estaba formado en gran parte por soldados ciudadanos y no por mercenarios, lo que resultaba beneficioso porque se podía inducir a las tropas a luchar por un ideal y no solo por un sueldo. Además, debido a la estructura política de Roma, en la que los senadores y cónsules ocupaban sus cargos durante un breve periodo de tiempo, resultaba muy difícil para Roma pedir la paz o negociar tratados con el enemigo. Nadie en Roma tenía poder personal para rendirse. Esto significaba que incluso después de varias derrotas, como en sus primeras batallas contra Pirro, los romanos no se rindieron, sino que siguieron luchando porque no tenían otra opción. Esta tenacidad institucional resultaría ser un sello distintivo de la destreza combativa de Roma. Sin embargo, Cartago era sin duda el más fuerte de los dos cuando los mamertinos solicitaron ayuda contra Hiero II.

Los cartagineses llegaron primero, y puede que se contactara primero con ellos, pero la petición de los mamertinos a Roma fue como compatriotas italianos. Al principio, Roma no estaba segura de involucrarse fuera de Italia, pero temía lo que ocurriría si Cartago se hacía con el control de Mesina. Sin embargo, los romanos esperaban hacerse con el control de Siracusa si derrotaban a Hiero. Los romanos enviaron un ejército al mando de Apio Claudio Cáudex para ayudar a los mamertinos, aunque también deseaban impedir que los cartagineses obtuvieran nuevos territorios en la isla. Al enterarse de la llegada de los romanos, el general cartaginés tomó la fatídica decisión de abandonar Mesina y aliarse con Hiero. Esta fuerza combinada sitió entonces Mesina (Messana). Roma y Cartago se declararon la guerra. Corría el año 264 a. e. c. y había comenzado la primera guerra púnica.

Estas hostilidades iniciales fueron posibles en gran medida porque Cartago, cuya armada era mucho mayor que cualquier cosa que Roma pudiera reunir, fracasó sistemáticamente a la hora de impedir que los romanos cruzaran a Sicilia. En un momento dado, los romanos fueron incluso capaces de tomar un barco púnico, y lograron varios cruces a gran escala con barcos prestados principalmente de sus territorios del sur de Italia. Cómo fue posible sigue siendo un misterio. Sin duda, los romanos utilizaron todos los trucos que se les ocurrieron, pero la armada de Cartago tenía mucha experiencia en patrullar las aguas. La suerte no puede descartarse por completo, por supuesto.

En cualquier caso, la capacidad de Roma para desembarcar decenas de miles de tropas en la isla provocó una respuesta inmediata. Muchas ciudades formaron alianzas con Roma. Hiero, que se encontraba aislado y sin apoyo, pidió la paz. Se produjeron escaramuzas entre romanos y cartagineses, pero no se consiguió gran cosa y ambos bandos se adjudicaron las primeras victorias.

Hiero se convirtió en amigo y aliado de Roma, pudiendo permanecer en el trono de Siracusa. El general púnico que había perdido Mesina a manos de Roma y no había impedido que los romanos cruzaran a Sicilia fue crucificado por cobardía. La pérdida combinada de Mesina y Siracusa fue un golpe devastador para Cartago porque significaba que Roma tenía puertos seguros donde desembarcar tropas. Aunque aún no se habían librado grandes batallas, Roma había obtenido una gran victoria estratégica. Aunque algunos podrían argumentar que Roma y Cartago llevaban mucho tiempo en rumbo de colisión, esto no es del todo exacto. La verdad era más sutil. Cartago había sido durante mucho tiempo una gran potencia en la zona, y Roma se había convertido ahora en otra gran potencia en la misma zona. Se miraban con desconfianza y celos. Ambas querían adquirir más, pero también temían perder lo que ya tenían. Ambas partes se veían (acertadamente) como adversarios en un juego de imperios. Si uno de los dos perdía una oportunidad o cedía un ápice de influencia, se exponía a la dominación del otro.

Roma ya había empezado a identificarse como parte de la tradición griega. Los romanos creían descender del troyano Eneas, que llegó a ser considerado griego a pesar de haber luchado contra los griegos en la guerra de Troya. De hecho, los troyanos tenían mucho en común con los griegos, o al menos así lo describieron escritores e historiadores posteriores. Los romanos también habían llegado a aceptar el culto a Hércules en su calendario religioso y creían que Hércules había ocupado un lugar destacado en su pasado. Algunas familias romanas de élite afirmaban descender directamente del gran guerrero griego.

Cartago, por su parte, había llegado a asociarse con Oriente y el Este, a pesar de su situación geográfica. Procedían de los fenicios, que no eran griegos, sino «bárbaros» de Levante. Esta división cultural entre romanos y cartagineses se acentuó en los años previos a la primera guerra púnica. Por lo tanto, las élites romanas ya estaban convencidas de la traición y duplicidad de los cartagineses. Puede que Cartago pensara algo parecido, pero no podemos saberlo con seguridad porque no ha sobrevivido ningún escrito de Cartago. La cultura púnica debía mucho a los fenicios, pero también era en gran medida su propia creación e incorporaba deidades de Iberia y Cerdeña, por nombrar solo algunas. Lo más probable es que los cartagineses no sintieran ninguna conexión con los griegos, pero las historias de sus antepasados se remontaban mucho más atrás. Los fenicios navegaban por el Mediterráneo cuando los griegos aún eran tribus irreconocibles. Lo más probable es que los cartagineses pensaran que su linaje era más que suficiente. Los romanos eran esencialmente extranjeros invasores, pero los cartagineses tampoco tenían ningún derecho real sobre Sicilia. Los dos estarían luchando por una isla que no era una patria para ninguno de ellos. Sin embargo, cada uno sentía que las acciones del otro eran una causa legítima para la guerra.

En 262 a. e. c., Cartago decidió establecer una base de operaciones en Akragas, en el suroeste de Sicilia. Se desconoce la estrategia cartaginesa, pero está claro que tenían puestas sus esperanzas en la superioridad de su armada. Akragas era fácilmente defendible y los barcos púnicos podían llegar a ella con facilidad. Roma carecía de armada y dependía de los barcos de sus aliados para transportar sus considerables fuerzas terrestres. Al enterarse de que los cartagineses estaban en Akragas, los romanos sitiaron la ciudad. Los cartagineses enviaron una fuerza para aliviar la ciudad sitiada. El comandante púnico, Hannón, hijo de Aníbal, llevó sus cincuenta mil unidades de infantería, seis mil de caballería y sesenta elefantes de guerra a Akragas tras desembarcar. Sin embargo, Hannón parece haber tenido poca confianza en sus soldados, ya que acamparon durante dos meses sin atacar a los romanos.

Finalmente, no pudo aguantar más y avanzó sobre el ejército romano, colocando a sus elefantes detrás de sus soldados, seguramente para evitar que se retiraran. Los romanos lograron hacer retroceder las líneas cartaginesas, y los elefantes entraron en pánico, pisoteando a sus propios hombres. Se perdió un número considerable de cartagineses y se apoderaron de su tren de suministros. A su regreso a Cartago, Hannón perdió sus derechos civiles y tuvo que pagar una multa de seis mil piezas de oro. La batalla que perdió se llamó la batalla de Agrigento y se considera la primera batalla real de las guerras púnicas.

Los planes para una armada romana comenzaron en 260 a. e. c. después de que los cartagineses empezaran a hostigar la costa italiana. Los romanos utilizaron como modelo el quinquerreme cartaginés, que había sido capturado al principio de la guerra. Los quinquerremes eran grandes barcos de guerra con tres bancos de remos, con dos hombres en el remo superior, dos en el central y uno en el inferior. Cuando los romanos empezaron a construir barcos en serio, los terminaban en solo dos meses. El nuevo almirante de Roma era el cónsul Cneo Cornelio Escipión y, como cualquier otro aristócrata romano implicado en una acción militar, no podía permitirse el lujo de esperar su momento. Tenía que actuar con rapidez. El objetivo de Roma ahora estaba claro. Si podía enfrentar y derrotar a la poderosa armada de Cartago, entonces la presencia púnica en Sicilia desaparecería para siempre.

Tras la victoria en Agrigento, Roma intentó tomar otras ciudades controladas por Cartago, pero resultó difícil y costoso. Las ciudades eran tomadas por uno de los bandos y luego recuperadas por el otro. Las alianzas cambiaban drásticamente en un sangriento estancamiento que resultó insatisfactorio para ambas partes. Por ello, el Senado de Roma estaba convencido de que la única salida para los romanos era su nueva armada. Entrenaron a los remeros sin descanso y sacaron sus barcos a menudo a realizar diversas maniobras para que las reacciones de los marineros fueran automáticas y sin titubeos. Los barcos de Roma y Cartago se enfrentaron en breves escaramuzas, en las que los romanos solían perder ante los cartagineses, más experimentados.

Sin embargo, los romanos empezaron a darse cuenta de que podrían tener ventaja si conseguían convertir una batalla naval en algo más parecido a una batalla terrestre, que era donde sus soldados podían hacer lo que mejor sabían hacer. Con esa idea en mente, empezaron a utilizar el *corvus* o «cuervo», que era una pasarela con ganchos que podía engancharse al costado de un barco enemigo y permitir su abordaje.

En 260 a. e. c., el almirante romano Escipión condujo diecisiete naves a las islas Eolias, donde estaba dispuesto a aceptar la rendición de la ciudad de Lípara (actual Lipari). Sin embargo, los cartagineses llegaron también y atraparon a Escipión en el puerto. La inexperta tripulación romana abandonó sus naves y fue rápidamente capturada, junto con su comandante. Escipión fue rescatado y devuelto a los romanos, pero no fue castigado por la pérdida. Incluso volvió a ser cónsul en el 254 a. e. c. Escipión fue sustituido como almirante por Cayo Duilio. Este tardó algún tiempo en llegar a Sicilia, así que los romanos hicieron las reparaciones que tanto necesitaban en sus barcos construidos apresuradamente, se entrenaron y trabajaron más con los *corvus*.

Cuando Duilio llegó, dejó Sicilia en manos de sus lugartenientes y dirigió la flota romana en un asalto a gran escala contra los cartagineses. Se enfrentaron en Milas en 260 a. e. c. El comandante de los cartagineses era Aníbal Giscón, que había estado en la batalla de Agrigento. Giscón vio la flota romana de 103 barcos y se acercó rápidamente con sus 130 naves. Los cartagineses, al parecer, confiaban demasiado en sus proezas en el mar. Si se hubiera tratado de una batalla naval típica, su confianza podría haber sido fundada. Pero los romanos planeaban un tipo de batalla muy diferente. En cuanto los cartagineses se pusieron a tiro, soltaron sus «cuervos», y los infantes de marina romanos abordaron rápidamente las naves cartaginesas y eliminaron a todos los que iban a bordo. Según los historiadores antiguos, treinta barcos fueron tomados de esta forma antes de que los cartagineses supieran lo que estaba ocurriendo, pero ya era demasiado tarde para el resto. Su ímpetu los impulsó directamente a los brazos de su destrucción.

Giscón pudo escapar a duras penas en un bote de remos. También pudo escapar del castigo de vuelta a Cartago enviando un mensaje preguntando si debía atacar a los romanos. Cuando Cartago le dijo que sí, él alegó que solo seguía órdenes. Los romanos se envalentonaron y persiguieron a Giscón hasta Cerdeña, donde derrotaron a otra flota cartaginesa. Esta vez, Aníbal Giscón no tuvo tanta suerte y fue ejecutado por sus propios subordinados.

Sorprendentemente, mientras la armada cartaginesa sufría, a su ejército terrestre en Sicilia le iba bien. Los cartagineses estaban inmersos en una guerra de desgaste en el accidentado terreno siciliano. Esto no les convenía a los generales romanos, que querían una acción decisiva, ya que su consulado solo duraba un año. Los comandantes cartagineses, que mantenían sus posiciones durante mucho más tiempo, podían permitirse jugar durante más tiempo. Los romanos asediaban los bastiones cartagineses, pero tenían que rendirse al cabo de varios meses. Las ciudades siguieron cambiando de bando esporádicamente a lo largo del conflicto. La ciudad de Enna, por ejemplo, cambió de bando tres veces en cinco años. Ciudades como Panormo y Lilibea permanecieron siempre en manos cartaginesas. Sin embargo, esto no contrarrestó sus pérdidas en el mar. Los romanos asaltaron Malta y las islas Eolias y lograron una victoria contra los cartagineses frente al cabo Tíndaris, en la costa norte de Sicilia.

Los romanos decidieron entonces seguir una línea de acción conocida. Llevarían la lucha directamente al norte de África. Se trataba de un plan audaz. Antes de esto, la única acción romana fuera de Italia había sido su travesía a Sicilia. Ahora estaban planeando una invasión de casi 373 millas a través del océano abierto. Los romanos reunieron una flota de 330 naves, con 120 infantes asignados a cada una y un cierto número de remeros. Según el antiguo historiador Polibio, los romanos contaban con un total de 140.000 hombres. Los cartagineses contaban con unos 350 barcos y 150.000 hombres. Estas enormes armadas se encontraron en el cabo Ecnomo, al sur de Sicilia. Una vez más, los *corvi* romanos resultaron ser el elemento definitorio de la batalla. Los cartagineses estaban dispuestos en línea, mientras que los barcos romanos estaban divididos en cuatro partes, formando un triángulo, con una sección de reserva.

El centro cartaginés se desmoronó primero. La línea se derrumbó sobre sí misma y los romanos lograron rodear gran parte de la flota cartaginesa. En total, 94 barcos púnicos fueron tomados o hundidos, y los romanos solo perdieron 24. Fue un completo desastre para los cartagineses. Su flota, mucho más pequeña, se reagrupó, probablemente en Lilibea. Enviaron a un nuevo comandante llamado Hannón para presentar las condiciones de paz a Roma, las cuales fueron rechazadas. Un comandante, Amílcar, se quedó en Sicilia, mientras que Hannón se llevó a la mayor parte de la flota de vuelta al norte de África. Los romanos continuaron su misión y desembarcaron en un lugar llamado Aspis, en el cabo Bon, una península al norte de Túnez, y rápidamente capturaron la ciudad.

Roma quizás se replanteó su decisión de enviar dos cónsules y un ejército tan numeroso al norte de África, ya que uno de los cónsules, Manlio Vulsón, regresó a Italia. Esto dejó al otro cónsul, Marco Atilio Régulo, con cuarenta barcos, quince mil soldados de infantería y quinientos de caballería. Régulo sitió la ciudad de Adís y los cartagineses enviaron contra ellos cinco mil soldados de infantería y quinientos de caballería.

Cuando las fuerzas se enfrentaron en batalla, los cartagineses hicieron retroceder a las líneas romanas, pero al perseguir el centro romano, se encontraron rodeados. Se dieron la vuelta y huyeron en desorden. Túnez fue tomada por Régulo. Cartago fue invadida por los refugiados que huían de los romanos.

La hambruna comenzó a instalarse en la gran ciudad. Se iniciaron las negociaciones de paz, pero Régulo exigió que los cartagineses abandonaran Sicilia y Cerdeña, que pagaran rescates por cada prisionero cartaginés, que pagaran los gastos de guerra de Roma y que pagaran un tributo anual. Régulo también exigió que Cartago obtuviera el consentimiento de Roma para cualquier futura declaración de guerra o paz y que Cartago se quedara con un solo barco de guerra. Los cartagineses nunca aceptarían tales condiciones, con lo que Régulo contaba. Quería tomar la propia Cartago y deseaba el botín de tan gran premio.

Cartago trajo nuevos mercenarios, entre ellos un comandante espartano llamado Jantipo. Cartago reunió doce mil soldados de infantería, cuatro mil de caballería y cien elefantes de guerra. Jantipo fue puesto al mando de toda la fuerza, quizás mostrando que Cartago reconocía el problema con sus comandantes locales. Atacó a los romanos de inmediato y los derrotó, gracias en gran parte a su superior caballería. El ejército romano fue casi totalmente destruido o capturado; solo unos dos mil soldados romanos pudieron escapar. Régulo fue capturado y murió en cautiverio. El norte de África se había salvado. Jantipo reconoció su precaria posición y los celos dirigidos hacia él, así que recogió sus honores por la victoria y abandonó Cartago.

Sin embargo, Roma seguía controlando el mar. La fortuna favoreció a Cartago en este aspecto, ya que la flota romana se vio atrapada en una tormenta frente a la costa sur de Sicilia en el año 255 a. e. c. Solo 80 de los 364 barcos sobrevivieron. Sin embargo, las cosas en Sicilia pintaban mal para los cartagineses. El puerto de Panormo fue tomado en el 254 a. e. c. Luego, Termini Imerese y Lipara cayeron en 252 a. e. c. Akragas fue retomada, pero el comandante cartaginés sabía que no podría mantenerla, por lo que hizo quemar la ciudad hasta los cimientos. Se intentó retomar Panormo, pero fue un fracaso, con veinte mil soldados cartagineses perdidos.

Lilibea se convirtió en el siguiente objetivo romano. En el 250 a. e. c., los romanos sitiaron la ciudad por tierra y mar. Los cartagineses se centraron en romper el bloqueo naval con suministros y tropas frescas. El héroe de estas maniobras de bloqueo fue un capitán llamado Aníbal el Rodio, que entró en el puerto de Lilibea al menos dos veces y retó a los romanos a luchar, a lo que estos se negaron debido a la rapidez y agilidad de su barco. Sin embargo, una de las cuadrigas púnicas fue detenida y capturada por los romanos. Este barco fue utilizado por los romanos para dar caza a Aníbal el Rodio, cuyo propio barco fue capturado y utilizado por los romanos para sellar completamente el puerto de Lilibea.

La guerra constante, la pérdida de los puertos sicilianos y el dominio de los romanos en el mar llevaron a Cartago al agotamiento económico. En 247 a. e. c., Cartago se vio obligada a pedir un préstamo de dos mil talentos a Ptolomeo en Egipto; la petición fue rápidamente denegada.

A pesar de la devastación sufrida por la armada romana en la tormenta del 255 a. e. c., Roma había podido finalmente reconstruir su flota. La situación en Sicilia seguía siendo un punto muerto. El único punto positivo para Cartago fueron las acciones de un comandante llamado Amílcar Barca, que llevó a cabo una guerra de guerrillas de naturaleza principalmente simbólica; no estaba necesariamente preocupado por objetivos estratégicos. En Cartago, la opinión pública había cambiado hacia un deseo de paz. Roma simplemente había superado a Cartago en su deseo de continuar las hostilidades. Cartago nunca había sido capaz de adaptarse a la estrategia altamente agresiva de Roma ni de desarrollar una estrategia propia clara. En su lugar, los cartagineses habían estado librando en gran medida una guerra defensiva. No intentaban ganar, sino simplemente no perder.

Las condiciones de paz ofrecidas por Roma eran más atractivas que las exigencias de Régulo. Cartago tendría que entregar todas sus posesiones en Sicilia y sus puertos navales en las islas vecinas. Los cartagineses no podían entrar en conflicto con Roma ni con sus aliados. También se les exigía el pago de 3.200 talentos o casi 100 toneladas de plata.

La guerra había durado veintitrés agotadores años. Ambos bandos habían perdido cientos de barcos y cientos de miles de soldados, muchos de ellos en el mar. Los dos bandos habían empezado como adversarios cautelosos con una historia de tratados y comercio. Ahora eran enemigos acérrimos. Los romanos hablaban de *Punica fides* o «lealtad cartaginesa», lo que significaba la peor de las traiciones. La paz tras la primera guerra púnica duraría veintitrés años, pero el escenario estaba preparado para una guerra aún mayor.

En los años siguientes, los mercenarios de Cartago y sus aliados africanos se volvieron contra ella en la guerra de los Mercenarios, que duró del 241 al 237 a. e. c. Roma apoyó nominalmente a Cartago en la guerra, pero aprovechó la oportunidad para arrebatarle Cerdeña y Córcega. Cartago pudo sofocar la rebelión gracias a Amílcar Barca, quien empezó a mostrar dotes de gran líder. En consecuencia, su familia se hizo excepcionalmente poderosa. En lugar de intentar recuperar Cerdeña, Córcega o Sicilia de manos de Roma, Amílcar puso sus miras en Hispania, la actual España. Hispania ya contaba con presencia púnica y era conocida por sus excelentes recursos naturales y sus buenos puertos para expandir el comercio.

Hacia el 220 a. e. c., gracias a sus nuevos territorios en Hispania, Cartago se había recuperado de su guerra con Roma. Por su parte, Roma reconoció la expansión de Cartago en España y se centró en gobernar su nuevo y floreciente imperio. Entre 225 y 222 a. e. c., Roma luchó contra los galos en el norte de Italia y trató de expandirse por el territorio de Iliria, al otro lado del Adriático. Sin embargo, las cosas darían un giro que enfrentaría de nuevo a Cartago y Roma en una lucha por su propia existencia.

Capítulo 7: *Hannibal Ad Portas* («¡Aníbal está a las puertas!»)

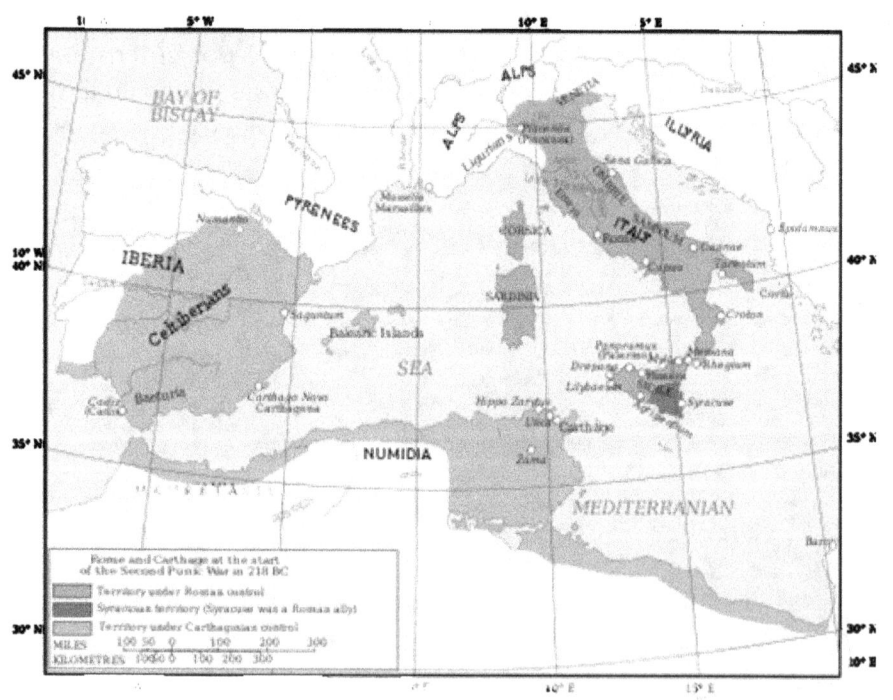

Cartago y Roma al comienzo de la segunda guerra púnica[1]

La «guerra de los Mercenarios» que estalló justo después del final de la primera guerra púnica fue importante en muchos sentidos. Amílcar Barca se retiró como comandante del ejército cartaginés tras firmar la paz con

Roma, tal vez porque no estaba satisfecho con la rendición cartaginesa. Otro comandante cartaginés, Giscón, se encargó de enviar a los numerosos mercenarios empleados por Cartago de vuelta a cabo Bon, donde esperaban recibir su pago. Cartago, probablemente debido a la falta de moneda, retrasó el pago y envió a los mercenarios a una ciudad llamada Sicca.

A medida que aumentaba el número de mercenarios y pasaba el tiempo, los soldados disponían de mucho tiempo libre para calcular cuánto creían que les debían los cartagineses. Al sentir que los cartagineses ignoraban sus demandas y debido a que los mercenarios hablaban una miríada de lenguas, lo que dificultaba la comunicación de los cartagineses con ellos, los mercenarios empezaron a hablar de rebelión. Liderados por dos mercenarios llamados Spendios y Matón, exigieron que Giscón acudiera a ellos y tratara directamente con ellos. Los cartagineses accedieron, pero los mercenarios capturaron a Giscón y a sus guardias y los mantuvieron prisioneros.

Spendios y Matón consiguieron el apoyo de los súbditos libios de Cartago, que habían sido fuertemente gravados por los cartagineses durante la primera guerra púnica. Así comenzó la guerra de los Mercenarios, y Cartago, que no deseaba otra cosa que la paz tras sus largos años de guerra con Roma, se encontró casi de inmediato en otra lucha.

Los ejércitos mercenarios y libios se dedicaron entonces a asediar Utica e Hipona, vecinas cercanas de Cartago. Los cartagineses sufrieron muchas pérdidas al principio y acabaron llamando a Amílcar Barca para que dirigiera sus fuerzas. Este se movió con rapidez y puso fin al asedio de Útica. A continuación, se enfrentó al ejército de Spendio en un campo cercano a Cartago y lo derrotó contundentemente. Matón continuó asediando Hipona mientras Spendio escapaba a Túnez. Un grupo de númidas del norte de África, liderados por un hombre llamado Naravas, llegaron a ofrecer sus servicios a Aníbal Barca, quien, a pesar de sus éxitos, seguía siendo superado en número por las fuerzas combinadas de Matón y Spendio. Barca dio la bienvenida a Naravas y le prometió la mano de su hija si los númidas lo ayudaban.

Busto de Aníbal Barca [39]

Amílcar trató bien a los prisioneros que capturó, ofreciéndoles la oportunidad de volver a casa o unirse a su ejército. A Spendio y Matón les preocupaba que esto condujera a la desintegración de sus fuerzas, así que empezaron a convencer a sus confederados de que las acciones de Amílcar eran una treta. Uno de sus comandantes, un galo llamado Autarito, alentó la idea y convenció a Spendio para que hiciera torturar y matar a setecientos prisioneros, incluido el comandante cartaginés Giscón, cortándoles las manos y luego las extremidades antes de eliminarlos definitivamente. Cuando los cartagineses se enteraron, se indignaron y supieron que no podían seguir siendo indulgentes con los rebeldes. En el 239 a. e. c., las ciudades leales de Útica e Hipácrita mataron a los miembros de las guarniciones cartaginesas y se unieron a los rebeldes. Los rebeldes comenzaron entonces a asediar la propia Cartago.

Los rebeldes se quedaron sin suministros y se vieron obligados a poner fin al asedio de Cartago y retroceder hasta Túnez. Sin embargo, Spendio tomó un ejército de cuarenta mil hombres y hostigó al ejército de Amílcar, pero finalmente quedó inmovilizado contra una cadena montañosa llamada la Sierra. Se quedaron sin suministros y se vieron obligados a comerse a sus caballos, luego a sus prisioneros y después a sus esclavos. Spendio y sus lugartenientes llegaron a un acuerdo con Amílcar, pero fueron arrestados. El resto del ejército atacó y fue asesinado hasta el último hombre. Amílcar hizo crucificar a Spendio y a sus oficiales supervivientes frente a Túnez, donde permanecía Matón.

Al ver la situación, Matón abandonó Túnez y se enfrentó a Amílcar y a otro comandante, Hanno, en Leptis Parva. No se conservan detalles de la batalla, pero los rebeldes fueron aplastados. Matón fue hecho prisionero y arrastrado por las calles de Cartago, donde fue torturado y luego asesinado por los habitantes. Los cartagineses recuperaron todas las ciudades que se habían aliado con los rebeldes, incluidas Utica e Hipona.

La guerra de los Mercenarios tuvo consecuencias imprevistas que resultarían cruciales para el modo en que Cartago planeaba reconstruirse. En 240 o 239 a. e. c., las guarniciones cartaginesas de la isla de Cerdeña se unieron al motín, poniendo fin al control cartaginés de esta importante isla. Cuando los cartagineses enviaron una fuerza para retomar la isla, esa fuerza se unió al motín, y todos los cartagineses leales en la isla fueron asesinados. Los rebeldes de Cerdeña pidieron ayuda a Roma, que se negó. En 237 a. e. c., los indígenas de Cerdeña se sublevaron y recuperaron la isla, obligando a los rebeldes a huir. Este pueblo recurrió entonces a Roma, la cual aceptó y tomó el control de Cerdeña. Cartago protestó, declarando que estaba reuniendo una fuerza para retomar la isla. Roma lo consideró un acto de guerra y exigió que Cartago le entregara el control de Cerdeña y Córcega, además que le pagara otros 1.200 talentos. Tras treinta años de guerra, los cartagineses no tenían ánimos para seguir luchando, por lo que accedieron a las exigencias de Roma.

Amílcar Barca, que había recuperado así el norte de África para los cartagineses, fue enviado a la península ibérica para expandirse y asegurarse territorios allí. Llevó consigo a su hijo de nueve años, Aníbal. Barca murió en combate, y el mando del ejército en España pasó a su yerno, Asdrúbal. Asdrúbal gobernó en España durante ocho años. Consiguió ampliar el territorio cartaginés sobre todo por medio de la diplomacia. Fue asesinado por un celta por lo que se dice que fue algo de carácter privado. El mando recayó entonces en el joven Aníbal, hijo del gran Amílcar Barca.

Según las fuentes antiguas sobre el tema, al asumir el mando, Aníbal tenía toda la intención de reavivar la guerra con Roma. Los cartagineses, por su parte, se sintieron maltratados por Roma en la paz subsiguiente, mientras que los romanos seguían sospechando que los cartagineses intentarían recuperar su imperio.

Los ascensos de Asdrúbal y Aníbal fueron una clara muestra de cómo habían cambiado las cosas políticamente en el mundo cartaginés. A la muerte de Amílcar Barca, su sucesor habría sido elegido previamente por el Consejo de Ancianos de Cartago, pero el clan bárbaro había establecido tanto dominio en el sur de España que el ejército cartaginés se encargó de declarar a Asdrúbal nuevo líder del ejército. La Asamblea Pública de Cartago, que apoyaba totalmente a los Bárcidas, aprobó rápidamente el nombramiento. Lo mismo ocurrió cuando Asdrúbal fue asesinado; el ejército declaró a Aníbal nuevo comandante, y la Asamblea Pública aprobó la decisión, pasando por alto completamente al Consejo de Ancianos.

Aníbal era, en todo menos en el nombre, el rey de una región que abarcaba gran parte del sur de España. Gobernaba desde un palacio en una ciudad que su cuñado había fundado llamada Nueva Cartago, la actual Cartagena. Aunque la España bárbara disfrutó de una bonanza de plata y pagó rápidamente la deuda de Cartago con Roma con creces, las pruebas arqueológicas demuestran que Cartago siguió en una depresión económica durante esta época.

En el 221 a. e. c., Aníbal Barca, de veintiséis años, tomó el poder. En la élite cartaginesa había muchos resentidos por el aparente poder sin control de los Bárcidas. Las monedas acuñadas en la España bárcida durante esta época muestran a un Hércules-Melqart bien afeitado con un garrote y hojas de laurel en una cara y un elefante africano en la otra, una referencia al padre de Aníbal y al clan bárbaro en general. Aníbal pasó los dos primeros años como general ocupándose de asuntos en España y expandiendo el control cartaginés hacia el noroeste, luchando contra los celtíberos.

Desde el principio, quedó claro que Aníbal era tan buen general, si no mejor, que su famoso padre. En la primavera del 220 a. e. c., Aníbal se enfrentó a una fuerza de celtíberos superior a la suya. Fingió una retirada a través de un río y acampó. Cuando los enemigos mordieron el anzuelo, cruzaron el río y fueron emboscados por la caballería de Aníbal. Los que lograron pasar fueron aplastados por cuarenta elefantes de guerra. Aníbal cruzó fácilmente el río y acabó con el resto de las fuerzas enemigas.

Aníbal cruzó entonces el río Hiberus (actual río Ebro), tomó gran parte del territorio y se dirigió hacia la ciudad de Sagunto, aliada de Roma. En la ciudad surgió un debate entre facciones partidarias de los romanos y de los bárbaros. Los enviados romanos en la ciudad, por supuesto, se pusieron del lado de la facción a favor de los romanos e hicieron ejecutar a muchos de los del otro bando. El mensaje era claro: un ataque a Sagunto era una provocación a la guerra.

Aníbal reforzó su dominio sobre las tierras que rodeaban la ciudad, y el pueblo de Sagunto envió llamamientos a Roma, que respondió enviando emisarios para reunirse directamente con Aníbal. Los romanos, que se habían mantenido al tanto de la actividad cartaginesa en Iberia, sabían que debían hablar con Aníbal y no perder el tiempo reuniéndose con nadie en la propia Cartago. Los romanos se reunieron con Aníbal en su palacio de Nueva Cartago y le dijeron claramente que no debía interferir en Sagunto. Aníbal replicó que Roma había sido la primera en interferir en Sagunto, refiriéndose a la ejecución de procartagineses. Dijo a los romanos que era tradición cartaginesa no ignorar las injusticias. Los romanos se marcharon enfadados y viajaron a Cartago para expresar allí sus protestas.

Aníbal estaba en una posición privilegiada para tratar con tanta prepotencia a los romanos. Controlaba personalmente un vasto territorio en España que le proporcionaba abundantes alimentos y plata más que suficiente para pagar a sus tropas. Contaba con un experimentado ejército de sesenta mil soldados de infantería, ocho mil de caballería y doscientos elefantes de guerra. Estaba aliado con muchos de los líderes de su entorno y se había casado con una íbera para asegurar su posición política. Con esto en mente, hizo caso omiso de las amenazas romanas y atacó Sagunto. Tardó dieciocho meses en conquistar la ciudad, durante los cuales Roma envió más enviados a Aníbal, pero este los despidió sin verlos. Los romanos que acudieron a Cartago exigieron saber si las acciones de Aníbal estaban sancionadas por el gobierno. Los cartagineses se desentendieron. Los romanos preguntaron si Cartago quería la paz o la guerra; una vez más, los cartagineses devolvieron la pregunta a los enviados. Los romanos se decidieron por la guerra, comenzando así la segunda guerra púnica en 218 a. e. c.

Se cree que Asdrúbal había planeado cruzar de Iberia a la Galia y luego cruzar los Alpes, donde esperaba reunirse con los galos cisalpinos para atacar Roma. Sin embargo, Roma había conquistado a los galos en el norte de Italia y Asdrúbal había sido asesinado, por lo que Roma podría haber creído que la amenaza se había evitado. Sin embargo, estaba claro que Aníbal quería continuar donde lo había dejado su cuñado. Tras tomar Sagunto, envió botín a Cartago, lo que le granjeó muchos partidarios allí, aunque Hannón II, un viejo rival del padre de Aníbal, expresó su oposición a los Bárcidas. Dijo al Consejo de Ancianos que Aníbal no deseaba otra cosa que ser rey y que mientras un Bárcida controlara el ejército, nunca habría paz con Roma. Sus palabras no tuvieron ningún impacto, aunque solo fuera porque Aníbal controlaba España, que se había convertido en el territorio más rentable de Cartago. Las tribus de Iberia habían jurado lealtad a los Bárcidas, no a Cartago. Aníbal no podía ser detenido o reemplazado. Dondequiera que fuera, Cartago iba.

Roma aún no estaba preparada para movilizar un ejército, y no tenía ni idea de lo que Aníbal había planeado. Aníbal se tomó su tiempo después de la caída de Sagunto para construir su ejército y tiendas para la dura prueba por delante. Aníbal dejó a su hermano, Asdrúbal, en España para defenderla en caso de un ataque romano y para mantener a los lugareños bajo vigilancia.

El plan de Aníbal sonaba bastante sencillo. Iría por tierra hacia el norte hasta la Galia y luego hacia el este, entrando así en Italia desde el norte. Esta ruta por tierra ofrecería a Aníbal el elemento sorpresa, porque los romanos no se imaginarían que el ejército de Aníbal cruzaría los Pirineos y los Alpes, las dos cordilleras más altas de Europa occidental, para hacerles la guerra. Se trataba de un plan audaz e increíblemente arriesgado, pero Aníbal era un comandante audaz y sabía que este tipo de táctica podía reportarle grandes beneficios.

Además, no tenía muchas opciones. Tras el final de la primera guerra púnica, el dominio marítimo de Roma era incuestionable en el Mediterráneo occidental. La flota púnica al inicio de la guerra de Aníbal era de solo 37 barcos. Además, Aníbal era un comandante terrestre; no tenía grandes almirantes en los que confiar.

En 218 a. e. c., los cónsules romanos eran Publio Cornelio Escipión y Tiberio Sempronio Longo. Su plan consistía en que Escipión llevara 22.000 soldados de infantería y 2.200 de caballería y se dirigiera a España para combatir a Aníbal, que suponían que aún estaría allí, mientras que

Longo llevaba 27.000 hombres y una flota de 180 barcos para invadir África.

Aníbal comenzó su campaña tomando rápidamente varias ciudades y conquistando tribus en la actual Cataluña. Esto era especialmente importante porque se sabía que algunas de estas tribus mantenían relaciones amistosas con los romanos. En aquel momento, Aníbal contaba con unos cincuenta mil soldados de infantería, nueve mil de caballería y varios cientos de elefantes de guerra. Dividió sus fuerzas en tres columnas, cada una de las cuales cruzó el río Ebro. El cruce del río y el sometimiento de las tribus de la zona le llevó un total de dos meses, durante los cuales Aníbal perdió unos trece mil hombres. La marcha a través de los Pirineos y hasta el río Ródano transcurrió sin incidentes. Publio Escipión había recibido órdenes del Senado de desviar su rumbo y encontrarse con Aníbal en el noroeste de España, pero no fue lo bastante rápido y no alcanzó al enemigo. En Massalia (la actual Marsella) se enteró de que Aníbal no estaba en Cataluña, como esperaba, sino a cuatro días del Ródano.

Los romanos intentaron salir al encuentro de Aníbal cuando cruzaba el río Ródano. Sin embargo, Aníbal ya estaba haciendo la travesía desde la orilla oeste. En la orilla este había una tribu gala llamada los Cavares, que estaban preparados para atacar al ejército cartaginés cuando cruzara. Sin embargo, Aníbal tomó como modelo a Alejandro Magno, recordando cuando el rey macedonio cruzó el río Hidaspes en la India. Aníbal hizo que uno de sus comandantes tomara una ruta norte alrededor de los Cavares y atacara su flanco justo cuando el ejército principal de Aníbal realizaba el cruce. De esta forma, Aníbal pudo aplastar a los Cavares y cruzar el río sin problemas.

Aníbal tenía que llegar del Ródano a los Alpes lo antes posible para poder cruzar las montañas antes de que llegara el invierno. Si no lo conseguía a tiempo, perdería el factor sorpresa y los romanos podrían formar un ejército que le impidiera entrar en Italia. Hizo que su caballería bordeara su flanco derecho, que era el lado cercano al mar, ya que creía que los romanos podrían desembarcar barcos y atacar desde esa dirección. La caballería podría entonces contener al enemigo mientras la infantería de Aníbal formaba sus líneas. Aníbal permaneció en la retaguardia de su fuerza con los elefantes de guerra, que ahora eran 37, ya que también creía que los romanos podrían estar detrás de él y llegar desde esa dirección. La caballería recorría unas diecinueve millas al día, mientras que la infantería recorría doce. Para un ejército antiguo que atravesaba un terreno accidentado y desconocido, se trataba de una velocidad excepcional.

El ejército de Aníbal finalmente llegó a los Alpes. La ruta que siguió sigue siendo objeto de acalorados debates, como ocurría en la antigüedad. Existen al menos cinco teorías populares, además de otras muchas aceptables. Se cree que pudo haber tomado el paso del Pequeño San Bernardo, que va de Saboya (Francia) al valle de Aosta (Italia). La carretera moderna que lo atraviesa está cerrada de noviembre a finales de abril. También podría haber tomado el Col de Clapier desde Savoie (Francia) hasta la región italiana del Piamonte. Está el Col de la Traversette, donde los sedimentos parecen haber sido removidos aproximadamente a principios del siglo III a. e. c.; sin embargo, no se han encontrado artefactos cartagineses, ni los reveladores huesos de elefantes. Otra teoría sugiere el Col de Montgenèvre, conocido por los romanos y que acabaría siendo utilizado por Julio César cuando inició su campaña en la Galia. También se habla de un paso que iba desde Val-Cenis, en Francia, hasta Susa, en Italia. Actualmente, no existe una respuesta definitiva.

El cónsul Publio llegó al Ródano y se encontró con que el ejército cartaginés ya había cruzado. Para entonces, podría haber averiguado cuál era el plan de Aníbal. También habría sido consciente de que el general cartaginés estaba llevando a cabo su estrategia con gran rapidez. Publio envió a su hermano a seguir atacando a los cartagineses en España, mientras él planeaba regresar a Italia y encontrarse con Aníbal cuando descendiera los Alpes.

El viaje de Aníbal a través de los Alpes se ha convertido en algo más legendario que real, pero ciertamente se llevó a cabo, y debió de ser una prueba agotadora para todos los implicados, incluidos los animales. La nieve había empezado a caer en muchos lugares. Hombres y bestias resbalaban de los altos senderos y se estrellaban contra las rocas de abajo. La capacidad de Aníbal para mantener a sus hombres en marcha y detener cualquier acción amotinada es un testimonio de su habilidad como líder. Muchos de los hombres del ejército nunca habían visto la nieve y nunca habían cruzado semejantes montañas; debió de parecerles imposible, pero Aníbal los mantuvo en marcha.

Los hombres no solo tuvieron que enfrentarse al clima y al terreno. También se vieron acosados por tribus locales que esperaban obtener botín y expulsar a los forasteros de su tierra natal. Sin embargo, a medida que los cartagineses ascendían por las montañas, estos ataques cesaban porque habían llegado a una tierra donde no vivía ningún hombre. Finalmente llegaron a la cresta de una enorme montaña, donde Aníbal pronto pudo mostrar a sus hombres el valle del Po que se extendía ante ellos. Allí, les dijo, era donde derrotarían a su eterno enemigo, los romanos. Los ánimos de sus hombres se levantaron y comenzaron la peligrosa tarea de descender los Alpes.

Cuando el ejército de Aníbal llegó al valle del Po y completó el cruce de los Alpes, contaba con veinte mil soldados de infantería, seis mil de caballería y un número desconocido de elefantes de guerra, que ahora estaban enfermos y famélicos tras la travesía. Descendieron en algún momento del otoño del año 218 a. e. c. Tras un breve periodo de descanso, los cartagineses atacaron a los hostiles taurinos, una tribu celta-ligur. Los derrotaron y saquearon sus reservas de alimentos. A finales de noviembre, Publio Escipión y Aníbal se enfrentaron en batalla. Esta sería la primera vez que Aníbal se enfrentaba a las fuerzas romanas en suelo italiano. Al principio fue una batalla de caballería, con Aníbal teniendo la fuerza en número, pero Escipión creía que sus soldados eran los mejores luchadores.

Cuando se encontraron, se desató un combate cuerpo a cuerpo. La caballería númida de Aníbal flanqueó a los hombres de Escipión, haciendo que los romanos se desmoronaran y huyeran. Aníbal regresó a su ejército y se preparó para la batalla principal, pensando que la batalla de caballería había sido solo una escaramuza, pero Escipión, quizás sintiendo que sus hombres habían perdido la moral, se retiró por el río Po. Esto no fue solo una derrota para los romanos; la batalla también provocó que todas las tribus galas locales se pusieran del lado de los cartagineses. El ejército de Aníbal aumentó drásticamente de tamaño tras la batalla de Ticino. No se puede exagerar la importancia de esta victoria.

Escipión retrocedió hasta el río Trebia, y Aníbal lo siguió. Mientras tanto, el Senado romano había tomado la decisión de abandonar el plan del cónsul Tiberio Sempronio Longo de intentar una invasión de África, ordenando en su lugar a Longo que diera media vuelta desde Sicilia y acudiera en ayuda de Escipión. Longo actuó con rapidez y llegó al campamento de Escipión antes de que Aníbal pudiera atacar. Se cree que los romanos contaban con unos 38 mil soldados de infantería y 4 mil de caballería. Los cartagineses tenían unos 29 mil infantes y 11 mil jinetes.

Como ambos cónsules estaban con el ejército romano, alternaban el mando cada dos días y acampaban en lugares separados. Aníbal aprovechó esta circunstancia. Esperó a que el inexperto y temerario

Longo estuviera al mando para comenzar su ataque. Escipión, que había resultado herido en el enfrentamiento anterior, había querido esperar hasta después del invierno para luchar contra Aníbal, pero Longo quería la gloria de derrotar al temido general cartaginés.

La mañana de la batalla de Trebia, Aníbal envió a su caballería númida para provocar a los romanos. Longo cayó en la trampa en su afán por combatir a los cartagineses. Envió a todo su ejército tras los númidas, que giraron y tomaron posiciones en las alas del ejército de Aníbal. Los romanos cruzaron el río Trebia, que les llegaba al pecho y estaba helado. Los cartagineses se contuvieron y esperaron la llegada de los romanos. El resultado era casi predecible. La infantería del centro se enfrentó y la lucha fue encarnizada, con los romanos sacando la mejor parte. Sin embargo, las alas de caballería cartaginesas derrotaron rápidamente a la caballería romana.

Mientras tanto, un contingente de dos mil soldados al mando de otro de los hermanos de Aníbal, Mago, se reveló desde su escondite en la retaguardia de los romanos y atacó a la infantería de retaguardia desguarnecida. Los romanos cedieron y comenzaron a huir. El número de muertos romanos se estimó en unos quince mil, lo que supuso una gran pérdida. Aun así, la lucha había sido dura, y los cartagineses perdieron unos cinco mil hombres, hombres que serían más difíciles de reemplazar que los romanos teniendo en cuenta su ubicación. Aun así, no importa cómo Sempronio Largo presentara la batalla al Senado, era claramente una derrota devastadora. Ambos ejércitos se instalaron en sus cuarteles de invierno a la espera de la primavera.

Mientras tanto, Cneo Cornelio Escipión, hermano de Publio Escipión, desembarcó con su flota en la costa de España y comenzó a atacar ciudades aliadas de los cartagineses. Consiguió capturar a un general cartaginés y a un déspota ibérico. El hermano de Aníbal, Asdrúbal, se enteró de estos ataques y se aventuró hacia el norte, destruyendo barcos romanos y asegurando ciudades que habían sido tomadas por los romanos, aunque aún no se enfrentó a Cneo en batalla abierta. En su lugar, se retiró al sur del río Ebro y acampó para pasar el invierno. Cneo Escipión permaneció al norte del Ebro y también se instaló para pasar el invierno.

Durante el invierno, Aníbal tomó varias precauciones para asegurarse de que su ejército estuviera listo en primavera. Le preocupaba especialmente la actitud de los galos del norte de Italia que lo rodeaban, algunos de los cuales se habían unido recientemente a su ejército. Trataba mal a sus prisioneros romanos, pero trataba bien a los prisioneros galos y finalmente los liberaba para que regresaran a sus hogares. Con ello esperaba conseguir el apoyo de las tribus locales. Sin embargo, Aníbal era consciente de que podía haber espías y asesinos entre ellos, por lo que se hizo confeccionar varias pelucas de distintos colores, que cambiaba regularmente, junto con ropas diferentes para que la gente no pudiera reconocerlo fácilmente. Aunque Aníbal consiguió sobrevivir al invierno, junto con la mayor parte de su ejército, a sus elefantes de guerra no les fue tan bien. Cuando cambió el tiempo, y llegó de nuevo el momento de ponerse en marcha, solo quedaba un elefante.

En la primavera de 217 a. e. c., Aníbal decidió dirigirse hacia el sur. Los nuevos cónsules romanos, Cneo Servilio y Cayo Flaminio, tenían ejércitos separados y estaban preparados para detener a Aníbal por la ruta oriental u occidental hacia Roma. Aníbal, sin embargo, decidió tomar una ruta más difícil pero más directa a través de la desembocadura del río Arno, que era un gran pantano. El camino fue duro, sobre todo para sus aliados galos, y como gran parte del terreno que atravesaban estaba cubierto de agua, no pudieron dormir durante días enteros. Aníbal incluso perdió el ojo derecho por conjuntivitis durante el viaje.

El ejército llegó a Etruria. Aníbal quería atraer al ejército de Flaminio fuera de su campamento destruyendo gran parte de la tierra que debían proteger. Aníbal atacó lugares detrás de la posición defensiva de Flaminio en un esfuerzo por sacarlo de su lugar protegido. Flaminio acabó dándose cuenta de que no podía quedarse de brazos cruzados y salió en persecución de Aníbal. El ejército cartaginés tendió una emboscada a los romanos en un estrecho paso a orillas del lago Trasimeno.

El ejército cartaginés acampó, pero realizó complicadas marchas nocturnas para disponerse a lo largo de la cresta sobre un paso estrecho. Flaminio no envió exploradores antes de adentrarse en el paso, lo que no era nada extraordinario. Aníbal esperó a que los romanos estuvieran completamente dentro de la trampa antes de soltar a sus soldados. Las fuerzas combinadas galas, ibéricas y africanas se abalanzaron sobre los flancos y la retaguardia de los romanos, que no se lo esperaban, y los diezmaron. De los veinticinco mil romanos implicados, solo unos pocos miles escaparon con vida. Flaminio fue supuestamente asesinado por un galo. Las unidades de caballería de Cneo, que desconocían lo que le había ocurrido al ejército de Flaminio, estaban explorando cuando también fueron derrotadas por las fuerzas de Aníbal unos días después de la batalla del lago Trasimeno. Cneo retiró sus fuerzas y se retiró a Ariminum, la actual Rímini, en la costa adriática.

Cuando las noticias del resultado de la batalla llegaron a Roma, el pánico se apoderó de la ciudad. Temiendo que Aníbal llegara a las puertas de Roma en cualquier momento, los romanos tomaron medidas drásticas. Desecharon la idea de elegir nuevos cónsules y en su lugar nombraron a un dictador: Quinto Fabio Máximo. Procedía del apreciado clan Fabia, que afirmaba descender de Hércules y se contaba entre los primeros seguidores de Rómulo y Remo, los legendarios fundadores de Roma. Aunque Quinto Fabio era dictador, no se le permitió elegir a su segundo al mando. Los romanos nombraron a un rival político, Marco Minucio Rufo, para ese puesto.

Aníbal, sin embargo, decidió no asediar Roma. Tras la marcha por los pantanos y las batallas posteriores, sabía que sus hombres y caballos necesitaban descansar. Marchó hacia el Adriático y se estableció allí durante algún tiempo para alimentar a sus soldados y animales con los abundantes productos de la zona. También equipó a parte de su ejército con las armas y armaduras que habían arrebatado a los romanos. Envió un mensaje a Cartago con los detalles de su campaña y sus victorias contra los romanos. El pueblo de Cartago estaba eufórico y envió tropas tanto a España como a Italia. Aníbal marchó entonces con su ejército a través de Italia, devastando la campiña.

Mientras tanto, Fabio había sido capaz de reunir cuatro legiones para la emergencia y marchó de Roma a Rímini, donde relevó a Cneo del mando y lo envió de vuelta a Roma para prepararse para cualquier posible ataque cartaginés por mar. Fabio se acercó entonces al ejército de Aníbal y acampó. Al ver a los romanos, Aníbal sacó a su ejército y dispuso a sus hombres para la batalla, pero los romanos no salieron a su encuentro. Fabio había aprendido de los errores de su predecesor. Adoptó una estrategia en la que no se enfrentaría a Aníbal en un combate sin cuartel, sino que atacaría sus líneas de suministro y hostigaría al enemigo en una guerra de desgaste. Esto acabaría llamándose la «estrategia fabiana». Los cartagineses eran un ejército preparado para la batalla, y su éxito residía en la victoria en el campo de batalla. Fabio se dio cuenta de que los romanos estaban en una posición completamente diferente. Disponían de suministros y hombres casi ilimitados, pero casi con toda seguridad serían derrotados en un enfrentamiento tradicional. Sin embargo, el segundo al mando de Fabio, Marco, criticó abiertamente al dictador por lo que consideraba debilidad y cobardía.

Aníbal hizo todo lo que pudo para intentar atraer a Fabio a una batalla. Incluso arrasó todas las tierras de los alrededores de la finca de Fabio, pero dejó intactas las del dictador, lo que acrecentó el rumor de que Fabio colaboraba de algún modo con Aníbal. Sin embargo, pasó un año sin que se produjera una batalla decisiva.

Al año siguiente, 216 a. e. c., la dictadura de Fabio llegó a su fin y los romanos 87 mil soldados. Los romanos eligieron a dos cónsules: Cayo Terencio Varrón y Lucio Emilio Paulo, que tenían puntos de vista opuestos sobre cómo debía llevarse a cabo la guerra contra Aníbal. Paulo estaba a favor de la estrategia fabiana, pero Varrón quería derrotar a los cartagineses de una vez por todas. Finalmente, a finales de julio, el ejército romano siguió la pista de Aníbal hasta una pequeña ciudad llamada Cannas. El 1 de agosto, Aníbal se ofreció a enfrentarse a los romanos en una batalla abierta, pero Paulo estaba al mando ese día y se negó. Al día siguiente, volvió a ofrecer lo mismo; Varrón estaba más que dispuesto a enfrentarse al ejército cartaginés.

Los romanos se establecieron en una formación lineal, mientras que Aníbal puso sus tropas en forma de media luna, con sus soldados menos fiables en el centro. Los romanos avanzaron por el centro, pero luego se vieron rodeados por las fuerzas cartaginesas, que se cerraron y derrotaron a los romanos, numéricamente superiores. La derrota en la batalla de Cannas no decidió la guerra, pero provocó que algunos aliados italianos abandonaran Roma y se pasaran al bando cartaginés. Con esta victoria, el camino hacia Roma quedaba abierto, pero parece que el objetivo principal de Aníbal no era sitiar Roma, lo que sería largo y costoso. Sin duda quería seguir ganándose a los aliados de Roma en Italia, pero parece que buscó establecer términos de paz tras Cannas, ya que envió varios mensajeros a Roma para rescatar prisioneros. Sin embargo, Roma rechazó la oferta y prohibió el pago de rescates por prisioneros, además de anunciar públicamente su intención de luchar hasta el amargo final.

Durante los años siguientes, las cosas siguieron un patrón similar. Roma siguió reclutando más tropas y acabó permitiendo que los criminales y los pobres fueran soldados. En 214 a. e. c., los romanos tenían dieciocho legiones; al año siguiente, veintidós. En total, Roma tenía unos 100.000 soldados, sin contar las tropas aliadas, pero estaban divididos en fuerzas de unos 20.000 soldados. Así, no podían enfrentarse directamente a Aníbal, pero sí obstaculizar sus movimientos. La mayor parte del sur de Italia, que antes habían sido ciudades griegas, se pasó al bando cartaginés. Macedonia envió emisarios y estableció una alianza con

Aníbal. Incluso se produjo una rebelión procartaginesa en Cerdeña, pero los romanos pudieron sofocarla rápidamente.

Fabio se convirtió en cónsul y continuó con su estrategia. Once años después de Cannas, la guerra se extendió por el sur de Italia. En 207 a. e. c., Asdrúbal Barca siguió a su hermano y cruzó los Alpes hacia la Galia Cisalpina. En 205 a. e. c., otro hermano de Aníbal, Mago Barca, desembarcó con sus tropas en el noroeste de Italia tras haber sido derrotado por las fuerzas romanas en Iberia.

Sin embargo, en 204 a. e. c., Publio Cornelio Escipión, el general romano que había derrotado a Mago, llevó a cabo su planeada invasión de África. Escipión era hijo de un antiguo cónsul también llamado Publio Cornelio Escipión, que había muerto luchando contra Asdrúbal Barca en España. Fue el único que pidió el mando del ejército en España, ya que se consideraba imposible de ganar. Tras derrotar a Mago, Escipión rechazó la idea de regresar a Italia, pues consideraba que la mejor opción era llevar la guerra a Cartago. Cuando llegó a África, el comandante númida, Masinisa, se alió con los romanos. Escipión derrotó rápidamente a dos ejércitos cartagineses. Debido a este repentino cambio en los acontecimientos y al hecho de que la ciudad estaba en peligro de ser tomada, Cartago llamó a Aníbal y a Mago de vuelta a África. Aníbal y Escipión se enfrentaron en la batalla de Zama en 202 a. e. c.

Aníbal contaba con 36.000 soldados de infantería, 4.000 de caballería y 80 elefantes de guerra. Escipión mandaba 29.000 soldados de infantería y más de 6.000 de caballería. Ambos desplegaron su infantería en el centro en tres líneas y su caballería en las alas. Escipión y Aníbal se habían estudiado mutuamente y conocían sus puntos fuertes y débiles. Aníbal retuvo su centro para evitar ser rodeado por las alas de Escipión. Por su parte, Escipión sabía que los elefantes de guerra podían embestir, pero solo en línea recta. Por ello, hizo que sus hombres dejaran huecos en sus líneas por los que pudieran pasar los elefantes sin causar daños reales.

La lucha fue feroz; parecía que Aníbal había encontrado en Escipión a su rival. La caballería cartaginesa fue derrotada y la romana pudo rodear al ejército de Aníbal. Finalmente, Aníbal fue derrotado. Fue el final de la segunda guerra púnica.

Capítulo 8: *Carthago Delenda Est* («Cartago debe ser destruida»)

Aníbal pudo escapar de los romanos. Se dirigió a Cartago y aconsejó al Consejo de Ancianos que iniciara inmediatamente las negociaciones de paz. Los términos de paz que los romanos propusieron incluían la pérdida de todo el territorio fuera de su hogar en el norte de África. Además, se prohibía a Cartago librar cualquier guerra fuera de África e incluso entonces debía pedir permiso a Roma. La indemnización ascendía a diez mil talentos de plata a pagar en cincuenta años. Esta cantidad era diez veces superior a la del tratado de 241 a. e. c. Cartago también tuvo que renunciar a sus elefantes de guerra y no podía tener más de diez buques de guerra. El Consejo de Ancianos aceptó los términos. Escipión llevaría para siempre el nombre de «el Africano» por sus conquistas en el continente. El Senado romano aprobó los términos, y el tratado fue ratificado en el norte de África. La flota de Cartago fue quemada ante la ciudad, y Escipión regresó a Roma, donde disfrutó de un triunfo.

Aníbal quedó a cargo de parte de su ejército, que se dedicó a plantar olivares. Luego se dedicó a la política. Aníbal pronto ganó popularidad entre los ciudadanos comunes al corregir la corrupción dentro del gobierno. Propuso una nueva ley en la que los miembros del Consejo de los 104 se decidirían por elecciones. A continuación, llevó a cabo una auditoría de los ingresos del estado y encontró pruebas de malversación de fondos por parte de los funcionarios. Como resultado, Aníbal pronto se enemistó con la élite política. Era un líder populista e inició un programa de construcción para mejorar la ciudad.

El Consejo de Ancianos empezó a preocuparse de que Aníbal intentara una toma autocrática de Cartago. El consejo envió informes a Roma, diciendo que Aníbal estaba conspirando con el enemigo, Antíoco del Imperio seléucida. Los enviados romanos llegaron para investigar, y Aníbal huyó a la corte de Antíoco, ya que era el único lugar donde podía encontrar seguridad.

Una vez allí, Aníbal propuso un ataque a la península itálica. Los cartagineses volvieron a enviar informes a Roma sobre las actividades de Aníbal, que se encontró en las afueras de la corte de Antíoco. Los seléucidas intentaron expandir su imperio, pero fueron derrotados por los romanos en 190 a. e. c., por lo que Aníbal huyó de nuevo, yendo y viniendo de varias cortes helenísticas. Finalmente llegó a Bitinia, pero su presencia fue descubierta por el general romano Tito Quincio Flaminino. Antes de que los soldados bitinios pudieran entregarlo a los romanos, tomó el veneno que siempre llevaba consigo. Aníbal murió en 181 a. e. c.

En 180 a. e. c., Cartago experimentó una notable recuperación, ya que se había liberado de los problemas de la construcción de un imperio y de la guerra. Los cartagineses pudieron saldar su deuda con Roma tras solo diez años, pero los romanos denegaron su petición. Cartago fue capaz de suministrar millones de fanegas de grano a Roma y, sin duda, le sobró bastante. La economía agrícola de Cartago creció rápidamente, mientras que Roma tuvo que recurrir a la ayuda de aliados debido a las constantes guerras. Los cartagineses también mejoraron sus astilleros. El puerto circular era capaz de albergar al menos 170 naves, aunque esto habría sido mucho más de lo estipulado en el tratado de paz firmado con Roma.

Parece que estos puertos, que posiblemente se construyeron en esta época, se crearon para ser invisibles desde la orilla de la ciudad. El puerto se construyó tierra adentro y habría sido imposible verlo desde los barcos que pasaban por delante de la ciudad. Aun así, los romanos tenían emisarios que entraban regularmente en la ciudad y habrían sabido de la construcción de estos puertos. Parece más probable que el puerto interior no se utilizara exclusivamente para barcos de guerra, sino también para la flota comercial de Cartago.

Cartago tenía un problema mayor con el rey Masinisa, el númida que tan buenos servicios había prestado a Escipión. Masinisa, como númida, estaba celoso del poder de Cartago y aprovechó los resultados de la segunda guerra púnica para aumentar su poder. Utilizó su posición para mantener a los romanos recelosos y desconfiados de los cartagineses. Masinisa a menudo se apoderaba de parte de la producción agrícola del norte de África. Las tensiones entre Cartago y Numidia provocaron el despacho de enviados a Roma, pero Roma tendía a favorecer casi siempre a sus aliados, los númidas. De hecho, uno de los hijos de Masinisa, Gulusa, viajó a Roma para advertir al Senado que tuviera cuidado con Cartago, que según él estaba preparando una gran flota para derrotar a los romanos. Esta acusación nunca llegó a concretarse, pero contribuyó a avivar el fuego de las actitudes contra los cartagineses en Roma.

En 162 a. e. c., Masinisa invadió las tierras de cultivo de Syrtis Minor, un territorio que Cartago había poseído durante siglos. Roma falló a favor del rey númida y obligó a Cartago a entregar las ciudades comerciales de la costa y a pagar a los númidas quinientos talentos. Masinisa volvió a hacer lo mismo con algunas tierras de la región de Tusca. Cartago volvió a quejarse a Roma.

Roma envió un emisario encabezado por Marco Porcio Catón, que entonces tenía 81 años. Catón había servido en la segunda guerra púnica, y su odio hacia Cartago era tan fuerte como su voluntad política. Catón llegó a Cartago en el año 152 a. e. c. y falló a favor de Numidia, pero también le horrorizó lo que encontró en Cartago. La ciudad estaba repleta de hombres vigorosos y rebosante de riquezas. Había armas de todo tipo. Vio cosechas en abundancia en el campo. Los enviados encontraron madera almacenada, que creyeron que podría ser para los barcos de guerra que Cartago supuestamente estaba construyendo.

Cuando Catón regresó a Roma, se dedicó a convencer a sus colegas senadores de las medidas que debían tomarse. Terminaba cada discurso con «Carthago delenda est» o «Cartago debe ser destruida». Consideraba que Cartago no solo estaba a punto de recuperar sus ejércitos y riquezas, sino que también había aprendido de sus errores anteriores y aniquilaría a Roma. A Catón se oponía una facción liderada por Escipión Nasica, sobrino de Escipión el Africano, que creía que la destrucción completa de Cartago destruiría el equilibrio de Roma. Sin un adversario claro, Roma se embriagaría de codicia y poder. Los argumentos de Escipión Nasica nos llegan de escritores posteriores, quienes, por supuesto, sabían que la República romana acabaría cayendo en una guerra civil y que la república sería sustituida por un imperio. Es posible que Escipión simplemente pensara que no había una justificación clara para la guerra contra Cartago. Pero esto no parecía preocupar a Catón.

A finales del siglo 150 a. e. c., Cartago tenía claro que su tratado con Roma no ofrecía protección, sino solo obligaciones. Los cartagineses no podían confiar en que Roma les ayudara en sus tratos con los númidas. Un grupo liderado por Amílcar el Samnita y Cartalón obtuvo el apoyo popular en Cartago por su creencia de que la ciudad necesitaba defenderse. Masinisa envió a dos de sus hijos para exigir que se establecieran líderes proclives a los númidas en la ciudad. A sus hijos no se les permitió entrar en Cartago, por lo que fueron emboscados por Amílcar. Se declaró la guerra entre Cartago y Numidia.

Tras una breve batalla, los cartagineses fueron rodeados, privados de comida y masacrados. Como resultado, Masinisa se apoderó de otra gran parte del territorio cartaginés. El mayor problema era que los cartagineses habían violado los términos de paz establecidos en 201 a. e. c.; habían declarado la guerra sin la aprobación de Roma. Desde entonces, Roma había resuelto sus guerras en Macedonia y Grecia, por lo que ahora contaba con un gran ejército que podía utilizar para atacar Cartago y responder a las demandas de Catón. En 150 a. e. c., Roma movilizó un ejército hacia el norte de África. Cartago despachó enviados a Roma, pero cuando llegaron a Italia, el ejército ya había partido hacia Sicilia. Los enviados cartagineses fueron recibidos con frialdad. Cuando explicaron que iban a ejecutar a los que habían dirigido la guerra contra Numidia, los romanos preguntaron por qué no estaban ya muertos. Cuando los cartagineses preguntaron qué podían hacer para expiar sus crímenes, el Senado les dijo simplemente que debían satisfacer al pueblo romano. Catón reunió al Senado, exigiendo saber por qué debían perdonar a Cartago después de todas las veces que su pueblo había actuado cruelmente y roto la confianza con Roma.

Roma, montando una farsa de posible reconciliación, pidió a Cartago trescientos hijos nobles como señal de buena fe. Al mismo tiempo, un ejército de ochenta mil soldados de infantería y cuatro mil de caballería, dirigido por los cónsules Lucio Marcio Censorino y Manio Manilio, se dirigía al norte de África. El ejército desembarcó en Útica y explicó a los cartagineses cómo se podía evitar la guerra. Los cartagineses enviaron emisarios y los cónsules les dijeron que debían entregar todas sus armas. Cartago entregó armas para veinte mil hombres y dos mil grandes catapultas. Los romanos les dijeron entonces que podían vivir libremente bajo sus propias leyes, pero que debían trasladar su ciudad y permitir que la actual fuera destruida. Los enviados intentaron argumentar en contra de esta destrucción, pero sus súplicas cayeron en saco roto. Tuvieron que regresar a Cartago para dar la desafortunada noticia de que la ciudad que amaban sería arrasada.

Sin embargo, los cartagineses no aceptaron las condiciones de Roma y comenzaron a prepararse para la guerra. Todos los edificios se convirtieron en talleres para fabricar armas. Las mujeres se cortaban el pelo para fabricar catapultas. Todos los esclavos fueron liberados y Asdrúbal, que había escapado a la ejecución, fue puesto al mando de toda la operación. Roma se preparó para sitiar la ciudad. El asedio comenzó en 149, pero se prolongó hasta 148 a. e. c. Asdrúbal había conseguido sacar a su ejército de la ciudad y estaba interrumpiendo las líneas de suministro romanas en el interior cartaginés. Así, los romanos seguían sin tener éxito en el 147 a. e. c.

Pero este fue el año en que Escipión Emiliano, nieto adoptivo de Escipión el Africano, ascendió al consulado y fue puesto al mando de la campaña africana. Escipión actuó con rapidez y corrigió lo que consideraba una disciplina laxa en las filas romanas. Centró su ejército en torno a Cartago y dirigió un audaz ataque nocturno con cuatro mil hombres. Sus fuerzas lograron superar las defensas y entrar en la ciudad. Sin embargo, pronto se dio cuenta de que su posición era indefendible, por lo que regresó con el resto de su ejército.

Sin embargo, las cosas dentro de la ciudad se habían deteriorado. Al darse cuenta de que no había posibilidad de rendición, cualquiera que hablara en contra de los dirigentes era ejecutado. Los prisioneros romanos fueron asesinados en las murallas de la ciudad a la vista del ejército romano. Escipión intentó cortar el puerto de Cartago construyendo un gran muelle, o calzada, a través de él, pero los cartagineses simplemente cavaron otra trinchera desde el puerto hasta el mar. Una armada recién construida salió por esta abertura y atacó a los barcos romanos en la batalla del Puerto de Cartago, pero se vio obligada a retirarse. Muchos barcos se hundieron o fueron capturados. Escipión también atacó al ejército cartaginés en el campo de batalla, invadió su campamento y mató a muchos de sus soldados.

El mando de Escipión se prorrogó un año más. En la primavera de 146 a. e. c., lanzó un asalto a gran escala que logró abrir una brecha en las murallas de la ciudad. Durante los seis días siguientes, romanos y cartagineses lucharon en las calles, incendiando muchos edificios. Se produjo una terrible matanza hasta que Escipión empezó a permitir que los cartagineses se entregaran en lugar de simplemente matarlos. Esto fue así excepto para novecientos desertores romanos que quedaron atrapados en el templo de Eshmún. Los desertores, sabiendo que toda esperanza estaba perdida, prendieron fuego al templo y murieron dentro.

El líder cartaginés, Asdrúbal, acabó rindiéndose a Escipión. Al ver esto, su esposa llevó a sus hijos a un edificio en llamas mientras maldecía a su marido. Este no fue solo el final de la tercera guerra púnica, sino también el final de la antigua Cartago, una de las ciudades más grandes del Mediterráneo occidental y, en su día, el centro de un gran imperio. Cartago quedaría en ruinas durante cien años, solo para ser reconstruida como ciudad romana. La ciudad sobrevivió hasta la Edad Media, pero nunca volvió a ser realmente Cartago.

Capítulo 9: Gobierno y ejército

Como cualquier otra nación o imperio, el gobierno y el ejército cartagineses cambiaron con el tiempo. Al principio, se creía que Cartago era un gobierno oligárquico. La ciudad estaba gobernada por una élite aristocrática llamada los *b'lm*, o los príncipes. Este grupo controlaba todas las decisiones judiciales, gubernamentales, religiosas y militares importantes del estado. Al parecer, los antiguos griegos creían que los cartagineses estaban gobernados por reyes, pero esto parece haber sido un malentendido, probablemente debido a que los príncipes estaban dirigidos por una única familia dinástica, como los magónidas o los Bárcidas. Los cartagineses parecían tener tendencia a otorgar el poder político a un hijo tras la muerte del padre, pero era diferente de una monarquía, en la que el poder pasaba automáticamente de padre a hijo. En Cartago no existía una línea sucesoria clara. Podemos verlo cuando murió Amílcar Barca; en lugar de que el poder pasara directamente a Aníbal, pasó a su cuñado mayor y presumiblemente más competente, Asdrúbal. No fue hasta que Asdrúbal fue asesinado que Aníbal pudo hacerse con el poder.

Incluso cuando un hijo llegó a ser el más grande entre los príncipes, no era un gobernante autocrático. Hubo varios consejos que pudieron, más o menos, controlar su poder. Estaba, por supuesto, la Asamblea Popular, que parece haber formado parte del panorama político de Cartago algún tiempo después de la pérdida de Siracusa a manos de Gelón, pero inicialmente no tenía mucho poder. Este órgano estaba compuesto por ciudadanos de Cartago, y había varios requisitos que cambiaron a lo largo de los años, como la edad, la propiedad y la riqueza.

Sin embargo, se desconocen por completo los detalles de quién podía participar en la Asamblea Popular y quién no, debido a la pérdida de todos los registros de Cartago cuando la ciudad fue incendiada por los romanos. Sin embargo, la Asamblea Popular experimentó un gran aumento de poder gracias al ascenso de los Bárcidas tras las guerras sicilianas. Amílcar pudo hacerse con el mando general de un ejército en Libia simplemente por votación popular, algo que habría sido inaudito una generación antes. El ciudadano de a pie, o *s'rnm*, tenía entonces una muestra de influencia a la que no renunciaría.

También existía el Consejo de Ancianos, que parece haber sido una institución muy antigua dentro de la ciudad. Se trataba, como su nombre indica, de un consejo de venerados miembros ancianos de la élite cuyo poder aumentaba y disminuía con el paso de los años. Podían decidir quién controlaba el ejército, quién dirigía los asuntos exteriores y quién tenía el control del tesoro.

Tras la pérdida de Siracusa a manos de Gelón, se formó otro consejo: el Consejo de los 104. Este consejo nombraba comisarios especiales, las *Pentarquías*, que se ocupaban de una amplia gama de asuntos de estado. El Consejo de los 104 era un consejo de jueces que, según Aristóteles, constituía la máxima autoridad constitucional. Tenían la capacidad de juzgar a los generales, además de otros muchos poderes. Esto era especialmente importante porque los generales gozaban de gran autonomía en el gobierno cartaginés, y los 104 ejercían un control sobre su poder. Los 104 también controlaban al Senado, a los generales y a los *shophets* o *sufetes*. Los *sufetes* eran líderes cívicos. El nombre es de origen semítico, al igual que el concepto. Al igual que los cónsules de Roma, había dos *sufetes* elegidos anualmente que actuaban como jueces y presidentes del senado. También llevaban los asuntos ante la Asamblea Popular. Con el tiempo, el término se utilizó de forma más amplia, ya que había *sufetes* en varios lugares del Imperio cartaginés.

Como ya se ha señalado, el Imperio cartaginés no era la nación rígida y claramente definida en la que se podría pensar cuando se piensa en un imperio. Cartago dio mucha autonomía a sus posesiones y se basó en tratados y alianzas tanto como en la conquista a gran escala. Cartago no parece haber tenido la costumbre de dejar guarniciones en las ciudades que conquistaba, como hacían romanos y griegos. Esto era a la vez beneficioso y perjudicial para Cartago, ya que no necesitaba extender su población y sus recursos por una amplia zona, pero también facilitaba la rebelión de las ciudades. Regiones enteras podían perderse rápidamente, como Cerdeña y Córcega.

Durante muchos siglos, Cartago dependió en gran medida de su armada para proteger sus barcos comerciales y puertos, además para mantener bajo control sus diversos territorios. Esto, por supuesto, cambió durante las guerras púnicas. Sin embargo, su ejército terrestre era igual de importante y participaba en tantas actividades como sus fuerzas en el mar. Ambas áreas debían trabajar a menudo de forma concertada, como cuando era necesario transportar tropas o asediar ciudades. Esto significaba que los generales necesitaban tener autoridad suprema mientras llevaban a cabo acciones militares. Los generales cartagineses no tenían que esperar la aprobación del senado antes de actuar, como hacían sus homólogos romanos, pero corrían el riesgo de ser procesados posteriormente por los 104 si se consideraba que sus acciones eran erróneas. Por este motivo, muchos generales cartagineses fueron ejecutados tras sufrir graves derrotas.

El principal problema de este sistema era que los 104 podían actuar de forma cruel y arbitraria, por lo que un general no tenía forma de saber si sus acciones serían excusadas o si podría ser condenado a muerte tras una batalla o guerra en particular. Sin embargo, en la época de los Bárcidas, gracias al apoyo de la Asamblea Popular, los generales podían escapar a la persecución. Cuando estaban lejos de Cartago, podían actuar esencialmente como monarcas en sus territorios, como hicieron Amílcar, Asdrúbal y Aníbal en España.

El ejército de Cartago era increíblemente exitoso cuando estaba comandado por un general competente. Estos generales solían ser seleccionados para una campaña o guerra concreta y casi siempre procedían de familias de élite. Por lo general, los generales eran autónomos, pero los 104 o los *sufetes* podían ordenar a un general que pidiera una tregua o solicitara la paz. Algunas familias de Cartago también tenían sus propios ejércitos privados, a los que podían recurrir para operaciones en ultramar. Así, un ejército podía tener dos o incluso tres comandantes diferentes, una situación que causaba muchas dificultades. Debido a la presión del mando y a la posibilidad de duros castigos, muchos comandantes fracasados se suicidaban antes que ser juzgados en Cartago. Sin embargo, aún podían ser castigados después de la muerte. Por ejemplo, los 104 crucificaron el cadáver del general Mago en el 344 a. e. c.

El ejército cartaginés estaba formado por infantería pesada y blindada procedente de la ciudadanía. Contaban con entre 2.500 y 3.000 soldados y eran conocidos por sus escudos blancos. Recibían el nombre de Legión sagrada. También se reclutaron unidades de infantería y caballería de los aliados, sobre todo libios e íberos. Se les pagaba por sus servicios, pero no se les podía considerar mercenarios. Además, Cartago empleaba lo que se suele considerar mercenarios, es decir, soldados a sueldo. Los mercenarios procedían de todos los rincones del imperio y de más lejos, como Galia, Iberia, Grecia, Cerdeña y Túnez, por nombrar algunos. Los cartagineses también empleaban a la caballería númida, cuyos hombres llevaban pequeños escudos y lanzaban dardos envenenados. Por supuesto, los númidas desempeñaron un papel crucial en los prolegómenos de la tercera guerra púnica, cuando se opusieron a Cartago. Los cartagineses también contaban con una unidad de mujeres egipcio-libias que montaban carros de combate.

Los cartagineses utilizaban a menudo las armaduras de sus enemigos caídos. Tras las guerras sicilianas, solían utilizar cascos corintios de bronce y armaduras hoplitas pesadas. Sus escudos solían ser circulares, aunque los soldados celtas tenían escudos rectangulares de roble. Los escudos solían estar decorados con diseños de la religión púnica o, en el caso de Asdrúbal Barca, autorretratos. Aníbal llevaba una armadura de bronce dorado que había pertenecido a Amílcar, su padre. Los soldados solían llevar espadas rectas o curvas con una daga de apoyo. Las armaduras y armas variaban mucho debido a los diferentes orígenes de las unidades que componían el ejército cartaginés.

Había arqueros, pero se utilizaban menos que en otros ejércitos contemporáneos. Sin embargo, solía haber arqueros montados sobre los elefantes de guerra. También había honderos, siendo los más famosos los honderos baleáricos, que utilizaban proyectiles de plomo en forma de almendra. El ejército púnico también utilizaba catapultas y ballestas.

Los cartagineses eran famosos por sus elefantes de guerra. Estas enormes criaturas se utilizaban tanto por su efecto psicológico como por su importancia en el campo de batalla. Los elefantes estaban entrenados para embestir, pero podían ser difíciles de manejar. En muchos casos, se daban la vuelta y pisoteaban a los hombres de su propio ejército en lugar de al enemigo. A menudo iban cubiertos de armadura y llevaban lanzas sujetas a la trompa. Los elefantes utilizados eran originarios del norte de África y se han extinguido. No eran lo bastante grandes como para transportar una estructura sobre sus lomos, sino que llevaban un jinete y un arquero o lanzador de jabalina. Los elefantes solían colocarse delante de la infantería cuando se formaban las líneas de batalla.

Aníbal utilizó el ejército cartaginés con gran éxito en sus campañas de España e Italia. No dependía demasiado de los elefantes de guerra, sino que utilizaba su caballería para flanquear al enemigo. También era un maestro de las emboscadas y fue capaz de pillar a los romanos por sorpresa en varias ocasiones, lo que aprovechó en su beneficio. Aníbal parece haber planeado cada detalle y comunicado sus planes a todas las partes de su ejército para que pudieran trabajar juntos como una unidad y explotar las debilidades de su enemigo.

A pesar de los argumentos de los historiadores griegos y romanos, el ejército cartaginés no era en absoluto inferior debido al uso de mercenarios o a la disposición natural de los propios cartagineses. Aníbal no fue una aberración, sino el producto de un sistema diseñado para mantener una de las mayores potencias del Mediterráneo occidental.

Capítulo 10: Sociedad, economía y religión

La sociedad cartaginesa nació, ante todo, de su origen fenicio. La lengua que hablaban derivaba del fenicio, los dioses a los que rezaban eran, en un principio, dioses fenicios, y su comercio se construía en torno al modelo fenicio. Las ciudades fenicias de Levante eran ante todo culturas marítimas. Cartago parece haber adoptado ese modelo en muchos aspectos, pero los cartagineses se aventuraron en su propio interior en busca de territorio y no dependían de una red de puertos desde los que comerciar. Eran expansionistas en gran medida, lo que no era nada particularmente único en la época y el lugar en que vivían. No estaban interesados únicamente, como algunos han sugerido, en el comercio y la moneda. Los cartagineses tenían conceptos muy agudos del deber, el honor y la lealtad.

Los romanos podían pensar que la idea de la lealtad púnica era ridícula, pero los cartagineses no eran en modo alguno más intrigantes o hipócritas que los propios romanos. Después de todo, fueron los romanos quienes fingieron considerar la paz durante la tercera guerra púnica cuando ya habían enviado un ejército para arrasar Cartago. Puede que los romanos pensaran que los generales cartagineses tenían demasiado poder y rozaban la tiranía, pero pocas generaciones después de la destrucción de Cartago, Roma se vería sacudida por una guerra civil provocada por el dictador vitalicio Julio César.

No obstante, es cierto que los cartagineses explotaban a las poblaciones nativas en su propio beneficio, pero lo mismo ocurría con cada uno de sus vecinos. Siracusa podía pensar que Cartago no tenía derecho a Sicilia, pero fue fundada y poblada por griegos. Los indígenas de Sicilia sufrieron a manos de ambas potencias. Todas las naciones del antiguo Mediterráneo practicaban la esclavitud, y Cartago no fue una excepción.

Representación de Baal Hammon [88]

Los principales dioses de Cartago eran Baal Hammon y su consorte Tanit. Baal Hammon era un dios del clima y de la fertilidad. Era el principal de los dioses y a menudo se lo asociaba con el Cronos griego y el Saturno romano. Muchos padres sacrificaban a sus hijos a Baal Hammon.

Derivaba del dios fenicio Baal, de ahí su nombre, mientras que su apellido sigue siendo un misterio. Se convirtió en el dios principal de Cartago tras el fin del vínculo entre Cartago y Tiro.

Tanit estaba estrechamente asociada con la diosa fenicia Astarté y se la consideraba la divinidad cogobernante junto con Baal Hammon. Era diosa de la guerra, madre soltera virginal y nodriza. A veces se la asociaba con la Juno romana como diosa llamada Dea Caelestis. Se la asociaba en ocasiones con la luna creciente. En el arte, a menudo se la representaba desnuda y montando un león o con cabeza de león. También se la asociaba con la paloma, la palmera y la rosa.

El mayor yacimiento descubierto hasta ahora de pruebas de sacrificios de niños cartagineses fue un tofet cerca del templo de Tanit, el tofet de Salambó. Sin embargo, los restos encontrados en el tofet indican niños de edades muy tempranas. Algunos investigadores han sugerido que esto demuestra que se trataba de un lugar de enterramiento de niños que morían por causas naturales, no de sacrificios de niños.

Los cartagineses también adoraban al dios fenicio de la curación, Eshmún, asociado principalmente a la ciudad levantina de Sidón. Su dios principal antes de la ruptura con Tiro era Melqart, al que seguían adorando después. Melqart era el dios principal de Tiro, por lo que se hizo popular en todo el mundo mediterráneo. A menudo se lo asociaba con Heracles, también llamado Hércules, y tenía adoradores en Sicilia, Cerdeña y España.

Aníbal era un fiel seguidor del culto a Melqart. Creía haber tenido una visión enviada por el dios antes de emprender su viaje a través de los Alpes. Soñó con una serpiente gigante que causaba destrucción a su paso y se le dijo que era la destrucción anunciada de Italia.

La diosa fenicia Astarté también era popular. Estaba estrechamente relacionada con Ishtar, una diosa mesopotámica. Se la asociaba con la guerra, el sexo, el poder real, la curación y la caza. A menudo se la representaba como una combatiente a caballo o en la proa de un barco extendiendo el brazo hacia delante; por ello, es muy probable que sirviera de inspiración para los mascarones de proa de los barcos.

En Cartago se veneraba a un dios del trueno, también asociado a la peste, la guerra y la protección. Se llamaba Reshef. Este era un dios muy antiguo que se cree que pasó de Egipto a Canaán, a Fenicia y finalmente a Cartago. Los cartagineses también adoraban a un antiguo dios solar mesopotámico llamado Utu, que proporcionaba justicia y protección a los viajeros. En el siglo IV a. e. c., Cartago adoptó a las diosas griegas Deméter y Perséfone. Adoraban a muchos dioses egipcios, como Bes, Bastet, Isis, Osiris y Ra. En Cerdeña, adoraban a una deidad llamada Sid Babi, que se creía hijo de Melqart.

Cartago gobernaba un imperio ecléctico, y la sociedad cartaginesa lo reflejaba. La élite cartaginesa lo dominaba todo; algunas familias se remontaban a los orígenes de la ciudad o a la ciudad madre, Tiro. Este grupo ocupaba todos los cargos políticos y religiosos importantes. Pero solo representaban una pequeña parte de la población cartaginesa. En Cartago vivían hábiles artesanos, ricos comerciantes, obreros, mercenarios y esclavos. En todas las ciudades bajo control cartaginés había poblaciones de extranjeros que formaban parte del intercambio comercial y cultural que tenía lugar en el Mediterráneo occidental. En su apogeo, la ciudad de Cartago llegó a albergar a 400.000 personas. Era una ciudad cosmopolita que mezclaba lo viejo, lo nuevo, lo rico y lo pobre.

Sin embargo, la mayoría de la gente solo quería conocer las riquezas que albergaba la ciudad. Los escritores romanos la llamaban la ciudad más rica del mundo, y puede que fuera cierto durante un tiempo. Metales preciosos, arte, joyas, cristal, marfil y alabastro entraban y salían constantemente de los grandes puertos de Cartago. La élite era, por encima de todo, asombrosamente rica. De hecho, no era necesario poseer tierras para formar parte de la aristocracia; bastaba con ser extremadamente rico. Por lo tanto, es posible que individuos emprendedores pudieran hacer uso de los vibrantes mercados de Cartago y enriquecerse para luego convertirlo en poder político. Aristóteles pensaba que la preocupación por la riqueza era malsana.

Los aristócratas también controlaban la vida religiosa de Cartago. El jefe de los sacerdotes era también miembro del Senado y formaba parte del Consejo de los 104. Ese cargo increíblemente poderoso solo podía ostentarlo alguien con una gran riqueza y el respaldo de otras familias aristocráticas. Sin embargo, los cargos sacerdotales eran a menudo hereditarios y exigían una vida austera.

Los sacerdotes destacaban por llevar la cabeza rapada. Sin embargo, debido a la destrucción de Cartago en 146 a. e. c., desconocemos cuáles eran los rituales de iniciación de los sacerdotes o si ejercían de por vida. También había mujeres sacerdotisas, pero se sabe muy poco de ellas. Es posible que los sacerdotes participaran en la educación o en el mantenimiento de las bibliotecas de Cartago, pero se trata de especulaciones.

Los ciudadanos eran exclusivamente varones y podían participar en la Asamblea Popular, relativamente impotente hasta el ascenso de los Bárcidas. Sin embargo, los cargos políticos no eran remunerados en Cartago, por lo que cabe preguntarse quién podía permitirse dedicarse a la política y renunciar a un oficio. Los ciudadanos estaban separados en varios grupos, posiblemente familias o si luchaban juntos en una batalla.

Sin duda, también había poderosos gremios comerciales en la ciudad. Estos grupos celebraban banquetes con regularidad, donde discutían asuntos importantes y disfrutaban de la compañía de los demás. A diferencia de otras sociedades antiguas, los cartagineses no debían realizar el servicio militar, salvo los miembros de la Legión Sagrada.

A pesar de algunos casos mencionados anteriormente, los cartagineses, por regla general, no recurrían a la rebelión muy a menudo. Existen muchas teorías al respecto. Lo más probable es que, dado que Cartago fue relativamente próspera durante gran parte de su historia, la población nunca se sintiera especialmente motivada para desafiar a la oligarquía que la gobernaba. Es posible que los ciudadanos ni siquiera tuvieran que pagar impuestos, por lo que no se les exigía mucho. Podían trabajar y ganar lo suficiente para vivir con bastante comodidad, por lo que nunca sintieron la necesidad de derrocar al gobierno que les protegía. Además, se ha sugerido que, dado que los cargos políticos no eran remunerados y el servicio militar no era obligatorio, los cartagineses no habrían sabido realmente cómo efectuar cambios, aunque lo hubieran deseado. Por supuesto, esto es, de nuevo, solo especulación. Dado que carecemos de registros de la historia cartaginesa escritos por las propias manos de los ciudadanos, desconocemos la naturaleza exacta de las luchas a las que podría haberse enfrentado la ciudadanía.

Cartago era sin duda una sociedad dominada por los hombres. Las mujeres no podían ser ciudadanas, y las inscripciones que se refieren a ellas suelen mencionarlas en relación con su padre o marido. Las mujeres carecían no solo de voz en la historia cartaginesa, sino también de nombres.

En Cartago había muchos artesanos, trabajadores del metal, alfareros y vidrieros. Las materias primas podían proceder de diversos lugares del imperio, pero se les daba forma y moldeaban dentro de los muros de la capital. Los artesanos fabricaban armas, estatuas y pilares. Fabricaban telas y las teñían de la famosa púrpura. Muchos trabajadores vivían en el mismo barrio, en un distrito de alfareros o en un cónclave de metalúrgicos. Los talleres utilizaban mano de obra ciudadana y esclavos. Cartago era famosa por las máscaras sonrientes de ojos grandes que producía.

Igual de importantes eran los marineros, estibadores y porteros que trabajaban en los distintos puertos y a bordo de las enormes flotas de barcos comerciales que viajaban de puerto en puerto dentro y fuera del imperio. Había cocineros, escribas, tenderos, médicos y pescadores en todos los rincones del Imperio cartaginés. También había intérpretes que ayudaban a los extranjeros y a los de lengua púnica a hacer negocios.

Los esclavos eran una parte normal de la sociedad cartaginesa. Se utilizaban en el campo y en la ciudad para tareas serviles e importantes; incluso sirvieron en la armada durante la segunda guerra púnica. Los ciudadanos no podían convertirse en esclavos, como ocurría en Roma. Pero los esclavos podían ser libres, aunque lo más probable es que nunca disfrutaran de las ventajas de ser ciudadanos. Los esclavos gozaban de autonomía general y dirigían negocios para sus amos. Las inscripciones cartaginesas indican que los esclavos podían acumular su propia riqueza, ya que algunas inscripciones fueron pagadas por esclavos. Al final de la tercera guerra púnica, los esclavos fueron liberados para ayudar a proteger la ciudad condenada.

Quizá el mayor éxito de Cartago fue su comercio. Al igual que sus antepasados fenicios, los cartagineses se centraron especialmente en establecer redes comerciales por todo el Mediterráneo para acumular riqueza. Eran famosos por su capacidad para vender cualquier cosa a cualquier persona a un precio que les reportara beneficios. La ubicación de Cartago se debió probablemente a su excelente puerto y al hecho de que se encontraba en dos rutas comerciales increíblemente importantes. Una iba de España a Levante y la otra del norte de África a Sicilia e Italia. Estar en un lugar así significaba que Cartago tal vez estaba destinada a la prosperidad, pero los cartagineses no se conformaron solo con eso. Desde la fundación de la ciudad, se embarcaron en expediciones comerciales por todo el Mediterráneo e incluso por el Atlántico. Establecieron rutas comerciales desde el norte de África hasta Cerdeña, España, Córcega, Malta, Chipre y Sicilia.

Gracias a la expedición de Hannón el Navegante por la costa occidental africana, Cartago pudo comerciar con los pueblos indígenas de África occidental y, posiblemente, hasta Gran Bretaña, si nos atenemos a la historia de Himilcón. Estos territorios proporcionaron a Cartago gran cantidad de bienes importantes, ninguno más importante que la plata, que era la moneda estándar de la Antigüedad. Cartago siguió lo que se convertiría en la norma de comercio hasta nuestros días. Los cartagineses eran capaces de comprar cosas como metales a precios muy bajos, enviarlos a algún lugar que no tuviera tales recursos naturales y venderlos con un beneficio notable. Mantuvieron esta estrategia durante toda su historia. Y funcionó excepcionalmente bien.

Cartago formó colonias donde se extraían estas materias primas. El único propósito de la colonia era asegurar que el flujo de los productos básicos continuara sin cesar. Las rebeliones y revueltas interrumpían el flujo, al igual que las guerras con enemigos exteriores. Tal vez por eso Cartago resolvía más rápidamente los problemas con la diplomacia y aceptaba pagar multas independientemente de que el resultado fuera justo, ya que era más importante que el comercio continuara.

Los cartagineses no solo exploraron el mar; también se sabe que establecieron rutas comerciales a través del Sáhara. Asimismo, comerciaron con Grecia, Egipto, los reinos helenísticos y Roma. ¿Acaso había un lugar mejor para vender plata y bronce que lugares como Grecia, que dependía de la plata y el bronce, pero tenía muy poca en su propio país? Los cartagineses aparecían por todas partes. Comerciaban en los mercados de Atenas, Roma, Delos, Rodas y Siracusa. Vendían sus mercancías en Tiro, Sidón y Biblos, convirtiéndose en el niño que gana a su padre en su propio juego.

Las monedas cartaginesas son de especial interés para los investigadores, ya que son uno de los pocos artefactos de Cartago que se conservan. En tiempos de bonanza, las monedas cartaginesas eran de oro, plata, electrum (una combinación de oro y plata) y bronce. En tiempos difíciles, las monedas eran de bronce, aunque parece que a los soldados siempre se les pagaba en bronce. También parece que el comercio no solo lo llevaban a cabo particulares, sino también el Estado. La poderosa armada cartaginesa se utilizaba para proteger los barcos comerciales y las rutas comerciales. Si la armada encontraba un barco extranjero en lo que se creía que eran aguas exclusivamente cartaginesas, ese barco era hundido. Lo mismo ocurría con los piratas.

Lo más probable es que los cartagineses comerciaran con una gran variedad de artículos. Este hecho se utilizó con efectos cómicos en una obra griega, en la que se dice que un personaje cartaginés, Hanno, llevaba un cargamento de pipas, correas de zapatos y panteras. Los cartagineses comerciaban con oro, estaño, plata, cobre, plomo, hierro, lana, ámbar, marfil e incienso. También comerciaban con esclavos. Eran conocidos por sus artículos de lujo, como obras de arte, tejidos, muebles, alfombras y cojines. Asimismo, comerciaban con aceitunas, aceite de oliva, pescado salado, vino, granadas, nueces, hierbas y especias. El problema, por supuesto, era la competencia. Como consecuencia de la competencia, perdieron la guerra de Sicilia y luego las guerras púnicas, y lo perdieron todo.

Conclusión

La historia de Cartago es la de una ciudad que alcanzó grandes alturas para luego caer de ellas. Sin embargo, su completa destrucción a manos de Roma no descarta su dominio del Mediterráneo occidental durante siglos.

Quizá el mejor ejemplo de su historia sea el cartaginés más famoso de todos: Aníbal Barca. Aníbal, que era inteligente y orgulloso, asumió tareas que parecían imposibles, pero las llevó a cabo y siguió cosechando victorias. Sin embargo, Aníbal finalmente se encontró con Escipión y perdió en una sola batalla todo lo que su familia había construido y todo lo que Cartago había ganado a través de largos años de lucha y perseverancia. Es lo que está escrito en cada lápida y en cada esfera de reloj: todas las cosas llegan a su fin. Y al igual que Roma supuso el fin de Cartago, también esta se dirigía hacia su propia desaparición.

Aunque la historia de Cartago puede haber acabado mal para cualquiera que se llamara a sí mismo cartaginés, y aunque esa historia se ha ofuscado casi más allá de lo comprensible, todavía hay grandeza que brilla. Todavía existe, en algún lugar de la noche de los tiempos, una gran ciudad de comerciantes, artistas, aristócratas y sacerdotes, y todavía hay puertos llenos de barcos que se adentran en el oscuro mar destinados a hacer fortuna.

Tercera Parte: Mitología africana

Apasionantes mitos, fábulas y leyendas de África

Introducción

Empecemos con dos hechos importantes sobre África: África es enorme y muy variada. Los casi doce millones de millas cuadradas de África son suficientes para que quepan EE. UU. y China, y aún quede espacio para media Europa. (El mapa Mercator del globo, que es el que se utiliza mayoritariamente en los atlas, subestima enormemente el verdadero tamaño de África).

El paisaje africano es también increíblemente variado. Hay desiertos inmensos, como el Kalahari y el Sáhara, y una larga franja fértil llamada valle del Nilo. Hay sabanas, humedales como el delta del Okavango y altas montañas como el Kilimanjaro y el Drakensberg. Hay selvas tropicales, ricas llanuras aluviales, el dramático paisaje del valle del Rift y los Grandes Lagos. Los cuentos africanos reflejan esta variedad de paisajes y sus criaturas, así como la variedad de alimentos que crecen en las distintas regiones, como ñames, tubérculos, plátanos, mijo y arroz.

África también cuenta con una inmensa diversidad de pueblos. Hay más de seis mil grupos distintos que hablan dos mil lenguas diferentes (muchas personas son multilingües, hablan varias lenguas locales y también francés o inglés). Aunque a menudo pensamos en África como un continente virgen, a diferencia de Europa o Norteamérica, ha recibido la influencia de numerosas culturas a lo largo del tiempo. Hubo griegos y romanos en Egipto, culturas islámicas a partir de la Edad Media y el cristianismo a través de las iglesias ortodoxas copta y etíope, los misioneros del siglo XIX y los evangelistas pentecostales modernos.

A menudo, las historias tradicionales se han adaptado a una nueva cultura o religión, y los ritos tradicionales se han reconciliado con el cristianismo o el islam. Por ejemplo, muchos curanderos *sangoma* de Sudáfrica practican ritos zulúes, pero también pertenecen a una iglesia, y dicen: «Dios es Dios, pero nuestros antepasados son nuestros antepasados».

Incluso antes del siglo XX y de la llegada de las megaciudades africanas, África había desarrollado culturas urbanas como el Imperio de Malí, la ciudad-estado de Benín y culturas comerciales en el Sáhara y el Sahel. En Zanzíbar, una cultura comercial cosmopolita unía África, Arabia e India. Pero los cazadores-recolectores joisán, los ganaderos fulani y los pastores keniatas siguen viviendo de forma tradicional, aunque, en muchos casos, sus estilos de vida se ven amenazados por el desarrollo invasor y, a veces, por el cambio climático.

Aunque muchos exploradores del siglo XIX veían África como un continente atemporal y eterno en el que nada cambiaba ni se había creado civilización alguna, África ha visto surgir numerosas grandes civilizaciones, empezando por el antiguo Egipto y el reino kushita de Meroe. África albergó el reino etíope de Axum, el Imperio de Ghana, el Imperio de Malí, el Imperio songhai y la cultura cortesana de Ife. En Ife se fabricaron estatuas y cabezas talladas de gran delicadeza hace casi mil años; algunas de ellas aún se exhiben en altares, y todos los años se celebra un festival en su honor. El Gran Zimbabue fue construido por los antepasados del pueblo shona en el siglo IX y abandonado hacia 1500; el enorme Gran Recinto de piedra era el centro de una ciudad en la que vivían unas dieciocho mil personas.

Sin embargo, muchas de estas civilizaciones no sabían leer ni escribir. Los mitos y las historias se transmitían oralmente, y algunos mitos se transmitían en forma de representaciones, como los bailes de máscaras. A menudo, los cuentos y las canciones eran interactivos, con la participación del público, y transmitían lecciones morales. Los proverbios también se inmortalizaban en diseños, como los motivos textiles adinkra de Ghana, y a través de rituales como la adivinación.

El islam generalizó la alfabetización en árabe, lo que permitió escribir las historias, pero también pudo haber modificado algunos de los mitos para hacerlos más aceptables al público musulmán.

La tradición oral no era en modo alguno una batalla campal, sino que contaba con guardianes y custodios: narradores, *griots* (músicos y poetas de la corte) y miembros de sociedades sagradas. En algunos casos, los aspectos secretos y esotéricos de los mitos se guardaban celosamente de los forasteros; en otros, las historias se contaban públicamente para subrayar la importancia de un linaje o deidad. Por ejemplo, los *griots* malienses aún cantan la *Epopeya de Sundiata*, transmitida a través de la familia Kouyate que se remonta al *griot* de Sundiata Keita, Balla Fasséké, a principios del siglo XIII.

Sin embargo, rara vez una autoridad central ha intentado crear una «versión autorizada», ya que son muchos los mitos africanos que existen en formas diferentes y a veces contradictorias. Por ejemplo, en un culto, se dice que el dios Eshu Elegbara es hijo de Oggun, el dios del hierro, pero se trata de una opinión minoritaria. Según otra historia, nació de un hombre llamado Osunsun y su mujer cuando se dirigían al mercado. En otra historia, se dice que el *enfant* terrible Eshu nació milagrosamente de la anciana Ketu. Pero también es cierto que Eshu y Oggun fueron creados por Olorun, el creador. Los mitos africanos se escurren, se deslizan y se enredan.

Incluso cuando la historia es la misma, los detalles pueden variar. Existen más de cuarenta transcripciones diferentes de la epopeya de Sundiata (*African Myths of Origin*), y continuamente se crean más versiones en forma de películas o novelas, en libros infantiles e incluso en libros como este. Las grafías suelen variar y, a veces, un mito es contado por varias personas, pero con ligeros cambios en los nombres o en los acontecimientos detallados de la historia. Esto se vuelve aún más confuso con los mitos africanos que llegaron al Nuevo Mundo; los dioses nigerianos aparecen en Brasil y Cuba, por ejemplo, pero las diosas muestran una desconcertante tendencia a fusionarse con aspectos de la Virgen María. Algunos dioses adoptan atributos de santos cristianos, mientras que las diosas de los ríos tienden a convertirse en diosas del mar. Las historias de embaucadores sobre Anansi y Br'er Rabbit (Hermano Rabito en español) pasaron a formar parte de las culturas afroamericana y antillana y, en algunos casos, se adaptaron a su nuevo entorno.

Por lo tanto, no hay que esperar que todo quede bien atado. La mitología africana es un universo fluido que sigue evolucionando hasta nuestros días. Pero sus raíces se remontan muy, muy atrás. Empecemos por el principio, con la historia de cómo se creó el mundo.

Capítulo 1: Mitos africanos de la creación

El más simple de todos los mitos de la creación es que hubo un tiempo en que no había nada, y entonces un dios creó el mundo para que hubiera algo. Así lo creen los banyarwanda de Ruanda.

Pero otros mitos del origen son más complejos. En algunos casos, la creación es un proceso en varias etapas llevado a cabo por varias deidades diferentes. A menudo, el mito de la creación no solo ayuda a comprender el mundo, sino que también explica por qué existe la muerte y por qué los reinos espiritual y físico ya no son iguales.

Los senufo de Costa de Marfil cuentan cómo Kolotyolo (Kolocolo), un dios de la luz y el cielo, creó el mundo para que lo habitaran animales y entidades inmortales conocidas como los madebele. Cuando los madebele desafiaron su autoridad, Kolotyolo los desterró del cielo y creó a los seres humanos. Estos nuevos seres persiguieron a los madebele hasta el monte y se apoderaron de sus granjas y casas.

Desde entonces, los adivinos han sido necesarios como intermediarios para aplacar a los madebele y utilizarlos como mensajeros hacia y desde el mundo de los espíritus. Los senufo son exclusivamente agricultores (sus herreros, talladores de madera y fundidores de latón viven en sus aldeas, pero pertenecen a otros grupos étnicos), por lo que la distinción entre la aldea, con sus campos cultivados, y la naturaleza salvaje del monte es crucial para su concepción del mundo.

Muchos mitos de la creación explican por qué el cielo es ahora tan lejano. En Sudán se cuenta la historia de Abradi, el creador que vivía en el cielo. Al principio, el cielo estaba cerca de la tierra y era fácil ir y venir entre ambos. Pero como el cielo estaba tan cerca, la gente de la Tierra tenía que agachar la cabeza. Una mujer, enfadada por tener que agacharse para cocinar, empujó el cielo con su varilla y Abradi, enfurruñado, lo alejó todo lo que pudo.

Los efik nigerianos tienen un creador supremo similar, Abassi. Creó el mundo y luego hizo un hombre y una mujer. Pero no quería que el hombre y la mujer vivieran en la Tierra, pues temía la competencia. Cuando por fin su mujer lo convenció para que los dejara vivir en la Tierra, puso dos condiciones: debían aceptar la comida que les daba, comiendo con él todas las noches, y no debían tener hijos. Sin embargo, la mujer empezó a cultivar los campos para fabricar su propia comida y, con el tiempo, ella y su marido dejaron de comer con Abassi. También empezaron a tener hijos. Abassi temió ser olvidado.

La mujer de Abassi, Atai, que debía de sentirse responsable de su decepción, quiso encontrar una forma de asegurarse de que nunca jamás sería olvidado. Así que creó la muerte. Los hombres nunca han olvidado esto.

Resulta curioso que el pueblo dinka de Sudán tenga un mito que combina elementos de las dos historias anteriores. El creador supremo solo permitió a la mujer primordial Abuk plantar un grano de mijo al día. Sintiéndose rebelde, decidió plantar más, pero azadonó demasiado fuerte y golpeó al dios con la azada. El dios se enfadó tanto que cortó la cuerda entre el cielo y la Tierra.

El pueblo Uduk de Etiopía tiene un mito similar en el que el creador Arum creó los cielos y la Tierra y los unió con un enorme árbol, con sus raíces en la tierra y sus ramas en el cielo. Pero un día, una anciana cortó el árbol. Los humanos ya no podían visitar el cielo, y la muerte llegó al mundo. (Los asentamientos tradicionales de Etiopía y Somalia tienen árboles en su centro, y las iglesias etíopes suelen estar rodeadas de bosques amurallados, por lo que quizá no sorprenda que un árbol tenga un papel tan importante).

La mitología shona habla de Mwari, el creador; también se le llama Musikavanhu, «hacedor de personas», Mutangakavara, «existía al principio», o Dzivaguru, «el gran lago». Llenó el mundo de criaturas, y su poder aún puede verse en la generación de nueva vida y en la bendición de la lluvia. Es masculino y femenino, y une otros opuestos, como la luz y la oscuridad y la tierra y el cielo. Pero, como tantos otros dioses creadores, es distante. Nadie puede pedir ayuda a Mwari sin pasar por la intercesión de un médium espiritual poseído por los antepasados o por otros espíritus.

Curiosamente, cuando los misioneros cristianos tradujeron la Biblia al shona, utilizaron «Mwari» para designar a Dios.

Un relato mucho más complejo de la creación procede del pueblo Dogon. Hay versiones sencillas, versiones más complejas y una versión bastante esotérica que el antropólogo francés Marcel Griaule recibió de un cazador ciego y santón dogón llamado Ogotemmeli.

La versión corta afirma que Amma creó la tierra, el cielo y los espíritus Nommo antes de crear otros espíritus, animales y personas. La tierra y el cielo estaban separados por un poste de metal, y estaban muy juntos. La gente no crecía en altura y la hiena ponía sus huellas en la luna. Cuando la tierra y el cielo se peleaban, Amma tiraba el poste.

Las mujeres eran responsables de la separación del cielo y la tierra. Un día, una mujer golpeó el cielo con el mortero mientras machacaba mijo. Amma envió a un herrero a la tierra con una cadena para que enseñara a los hombres a hacer fuego. Cuando Amma se enfadó y provocó una sequía, el herrero golpeó su yunque para hacer llover.

Otra versión cuenta cómo el dios del cielo Amma creó al Nommo. El Nommo se dividió en cuatro grupos de gemelos. (Los dogon creen que los gemelos son mágicos, como gran parte de África.) Uno de los gemelos se rebeló contra Amma, y otro fue sacrificado para expiar el pecado. Su cuerpo fue desmembrado y esparcido por todo el territorio, y donde cayeron trozos de su cuerpo hay ahora santuarios.

Los antepasados no murieron, sino que se transformaron en serpientes. Sin embargo, el hijo de Lebe se convirtió en serpiente antes que su padre, rompiendo el orden natural. Como consecuencia, cuando llegó el momento de que Lebe se convirtiera en serpiente, no pudo realizar el cambio. Murió y fue enterrado. Cuando los Dogon decidieron emigrar, quisieron desenterrar los huesos de Lebe, pero, en su lugar, encontraron una enorme serpiente en la tumba; esta serpiente los condujo a la escarpadura de Bandiagara, donde viven ahora.

Existe una versión aún más compleja en la que intervienen el incesto primordial, tres palabras sagradas y muchas más historias, que fue relatada a Griaule por Ogotemmeli. También incluye la afirmación de que los dogones conocían la estrella invisible Sirio B, lo que ha sido interpretado por el autor Robert K. G. Temple como una prueba de que estaban en contacto con una civilización extraterrestre. (La mayoría de los historiadores no consideran plausible esta teoría).

Aunque Griaule ya era un experto en la vida y la religión dogon cuando mantuvo su serie de entrevistas con Ogotemmeli, basar el análisis de toda una cultura en las palabras de un hombre es como basar toda la historia del cristianismo en un único texto, como las *Confesiones* de Agustín de Hipona. No son pocos los eruditos que discrepan profundamente de algunas de las ideas de Griaule, ¡y aún más de las de Robert Temple!

Otros mitos africanos se hacen eco de la preocupación del pueblo dogón por cómo llegó la muerte al mundo. Una historia zulú cuenta cómo el creador decidió que los hombres vivieran para siempre y envió a un camaleón para darles la buena noticia. Sin embargo, al ver cómo se multiplicaban los humanos y cómo se hacían la guerra entre ellos, se lo pensó mejor. Entonces, convocó al lagarto.

—He decidido que los hombres deben morir después de todo —le dijo—. Ve y avísales.

El lagarto es rápido y el camaleón lento, así que el lagarto llegó primero. Así, los humanos nunca tuvieron una oportunidad; siempre han sido mortales.

Los bambara de África Occidental remontan la creación al sonido raíz *Yo*, que fue pronunciado en el vacío y dio origen a los creadores: Teliko, Faro y Pemba. El espíritu del agua Faro creó siete cielos y luego llovió para fertilizarlos. El espíritu del aire Teliko creó a los gemelos, que fueron los antepasados de los primeros humanos. Y Pemba creó la tierra, y de la tierra se hizo una esposa, Musokoroni.

Sin embargo, Musokoroni era un espíritu desordenado y se rebeló contra Pemba. Entre otras maldades, trajo la muerte al mundo. Finalmente, Faro tomó el relevo de Pemba como gobernante del equilibrio cósmico, ya que Pemba había sido incapaz de mantenerlo. (Otros relatos dicen que el dios supremo envió un diluvio para limpiar la tierra y Faro rescató a los humanos en su canoa).

El mito de la creación mandigá es diferente, aunque comparte algunos aspectos con el relato bambara. El creador Mangala creó un huevo, que contenía semillas y dos parejas de seres, macho y hembra. Pemba, uno de estos seres, salió del huevo y descendió a la Tierra con las semillas, que plantó. Sin embargo, la tierra era impura y estéril porque no había humedad, y utilizó su propia sangre para fertilizarla. El aspecto masculino del otro ser fue sacrificado, creando el agua; este era Faro, representado por dos siluros gemelos. Trajo consigo plantas, animales y cuatro parejas de humanos. El antepasado de los *griots* y el antepasado de los herreros descendieron entonces por separado del cielo y, finalmente, la gemela femenina de Pemba, Muso Koroni, se unió a Pemba.

Pemba siguió siendo rebelde y destructiva, más aún tras la llegada de Muso Koroni. Al final, Faro tuvo que vérselas con él. El río Níger muestra el camino que siguió hacia el escondite de Pemba en el delta.

Mucho más encantadora es la historia de la creación de Kono, de Sierra Leona. No había luz en el mundo hasta que Sa dio a los pájaros la capacidad de cantar. El sonido del canto de los pájaros trajo la luz al mundo.

La historia judía de la creación no da a Dios ninguna motivación para la creación. Dios simplemente crea. Pero los dioses creadores africanos suelen estar motivados por el aburrimiento. Los pigmeos bambuti dicen que Khvum (Khonvoum) el creador se aburría de estar solo. No había nadie que hiciera o compartiera su comida, así que llenó su bolsa de nueces nkula y las convirtió en personas.

Los bunyoro, que viven cerca del lago Victoria, también ven en el aburrimiento la motivación de la creación, aunque esta vez hay dos seres primordiales implicados. Cuentan que, al principio, había dos hermanos, Ruhanga y Nkya. Nkya se aburría, así que Ruhanga separó la tierra de los cielos e hizo el sol. La Tierra y el cielo permanecieron juntos, con Nkya viviendo en la Tierra y Ruhanga en el cielo. Nkya se quemó, así que Ruhanga hizo nubes para cubrir el sol y luego hizo la luna para que hubiera luz en la oscuridad. Nkya quería sombra, así que Ruhanga hizo árboles y arrojó agua del cielo en forma de lluvia. Pero Nkya se quejaba de que la lluvia era fría, así que Ruhanga le hizo un refugio y le enseñó a usar herramientas.

Nkya tuvo cuatro hijos. El mayor era Kantu. Los otros no tenían nombre, así que Nkya los envió a Ruhanga para que les diera nombres. Ruhanga los puso a prueba y luego nombró a los chicos Siervo, Pastor y Rey. Sin embargo, Kantu estaba enfadado porque Ruhanga no le había dado el reinado, así que los hijos se pelearon entre sí. Nkya, harto de la vida en la Tierra, volvió a vivir con Ruhanga y derribó los soportes que mantenían unidos el cielo y la Tierra.

Los yoruba tienen varias explicaciones diferentes de la creación. En primer lugar, hay una historia que cuenta cómo Orisa-nla, el creador, vivía con su esclavo Atunda en un vacío amorfo. Pero un día, Atunda, harto de ser un segundón, se rebeló contra su amo. Hizo rodar una enorme roca colina abajo. El dios se partió en una miríada de fragmentos, cada uno de los cuales se convirtió en un dios u orisha distinto.

También se cuenta que Olodumare, el ser supremo, pidió a Orisa-nla que creara un mundo con tierra mágica. Orisa-nla lo hizo, pero fue Olodumare quien insufló el alma en cada animal y humano para completar la creación.

O la historia de cómo Olorun (dios supremo) eligió a Oduduwa como su ayudante, dándole un gallo (una cría de gallo), un puñado de tierra y una nuez de palma. Oduduwa bajó del cielo en una cadena y encontró una masa de agua. Tiró la tierra para crear el suelo y luego dejó al gallo, que arañó la tierra para crear ríos, mares, colinas y valles. Después, Oduduwa plantó la nuez de palma, que creció hasta convertirse en un árbol de dieciséis ramas, cada una de las cuales representaba un reino yoruba.

Sin embargo, la creación no fue demasiado bien. Según una historia, Eshu Elegbara estaba celoso. Pensaba que Olorun lo elegiría a él para ayudar a crear el mundo y le disgustaba que Oduduwa hubiera sido elegido en su lugar. Así que emborrachó demasiado a su rival para que pudiera hacer bien el trabajo.

También hay una interesante historia yoruba que sugiere que las mujeres desempeñaron un papel mucho más importante en la creación que en el canon judeocristiano. Diecisiete *odu* (dioses) bajaron a la Tierra y trabajaron para preparar una arboleda sagrada para cada uno de ellos. Sin embargo, dejaron fuera a Osun. Se sentó en silencio, trenzándose el pelo con un peine. Como la dejaron fuera, nada de lo que hacían tenía éxito, así que volvieron al cielo y se quejaron a Olodumare de su falta de éxito. Olodumare, contándolas, solo encontró dieciséis *odu*.

— ¿Qué le ha pasado a Osun? —les preguntó y les dijo que tenían que reconocerla.

En otra historia, el dios supremo en realidad no pretende crear nada, sino que vomita el universo en la creación. Los kuba del Congo cuentan que el dios Mboom (también conocido como Bumba o Mbombo) estaba en la oscuridad y vomitó el sol, la luna, las estrellas, los animales, los pájaros, los peces y los humanos. Estos animales, a su vez, vomitaban a otros. El cocodrilo vomitó serpientes, la cabra vomitó animales con cuernos, un hombre vomitó hormigas y otro vomitó plantas.

Incluso esta historia tiene diferentes versiones. Algunos dicen que Mboom trabajó inicialmente con el dios Ngaan, pero se pelearon. Ngaan creó entonces criaturas acuáticas y dañinas, como cocodrilos y serpientes. Y hay episodios posteriores en los que los nueve hijos de Mboom, cada uno llamado Woot, crean las artes y oficios, así como el conocimiento humano. Por ejemplo, uno forja el hierro.

Si nos remontamos al antiguo Egipto, encontraremos diferentes relatos de la creación. Al parecer, con el paso del tiempo se desarrollaron o adquirieron importancia distintos mitos, a medida que las dinastías gobernantes adoptaban diferentes dioses. Los cultos locales también tenían mitos diferentes, que tuvieron que reconciliarse (o no) una vez que Egipto se unificó.

En Heliópolis, por ejemplo, el dios del Sol, Atum, escupió (o, según otros relatos, se masturbó) en el agua, lo que creó a Shu y Tefnut (aire y agua). Sus hijos fueron Geb y Nut (tierra y cielo), y sus hijos Osiris, Isis, Set y Neftis. Estos ocho dioses, junto con Atum, formaban la Enéada o Gran Nueve.

Pero en Hermópolis era la Ogdóada: ocho dioses, o más bien cuatro pares de deidades masculinas y femeninas. Los dioses tenían cabeza de rana y las diosas de serpiente. La Ogdóada habitaba en las aguas primitivas. La unión de la Ogdóada creó el montículo del que emergió el sol, Ra, para iluminar el mundo. La Ogdóada se parecen a otros múltiples africanos como los Nommo y los Woot, y al igual que ellos, la Ogdóada no se distinguen de ninguna manera, aunque esto no ha impedido que los estudiosos intenten atribuirles funciones diferentes.

En Tebas (la actual Lúxor), fue Amón quien creó el universo. Su llamada rompió el silencio y, a su grito, surgió el montículo primigenio, junto con la Ogdóada y el panteón de los dioses. (El sacerdocio de Amón asumió cuidadosamente la tradición de Hermópolis, pero colocó a su dios en la cima).

En Menfis, Ptah era el dios creador. Se decía que había «diseñado el mundo en su corazón», según un himno, y que lo había hecho realidad hablándolo en voz alta.

También se cuenta que Ra, el dios del Sol, existía solo en un vacío acuoso. Surgió el montículo de Benben (más tarde visto como una pirámide), con una flor de loto de la que Ra salió. Entonces creó las deidades del aire (dios Shu) y del agua (diosa Tefnut) mediante la unión con su propia sombra. Creó la vida pronunciando el nombre secreto de cada planta y animal. Los humanos fueron creados a partir de sus lágrimas y sudor.

Los mitos de Atum y Ra se reconciliaron con el de Ptah mediante la idea de que Ptah había creado a Atum y Ra a través de su pensamiento original. Esto parece típico de otros mitos africanos, ya que hay diferentes niveles del creador, con un dios creador original más distante que delega gran parte del trabajo específico de la creación en dioses menores.

Por cierto, Atum también es el dios de los finales. En los *Textos de los sarcófagos* del primer periodo intermedio, bastante temprano en la historia egipcia, le dice a Osiris que después de un millón de años, el universo volverá al estado de las aguas primordiales. Solo él y Osiris, de entre todos los dioses, permanecerán, haciéndolo en forma de serpientes de agua.

En todos estos mitos, el estado original del ser es el agua primigenia. Eso parece apropiado para Egipto, una tierra cuya existencia misma se basaba en la crecida del Nilo. Pero ¿cuál de estas historias es la correcta? A los egipcios no parece haberles preocupado demasiado; sus historias eran tan fluidas como el propio Nilo.

Pero muchos mitos africanos aceptan que hay más de una forma de explicar la creación. Por ejemplo, los fang de Camerún dicen que el primer ser, Mebege, creó el mundo, pero también dicen que el mundo fue creado por una araña que vino del cielo en su propia tela de araña. Puede que para nosotros no tenga sentido, pero para ellos sí.

Capítulo 2: Dioses y diosas I

África tiene una gran variedad de dioses y diosas, y así ha sido durante los últimos cinco milenios, al menos. Los primeros dioses que podemos identificar definitivamente en África son los del antiguo Egipto. Hay más de 1.500 de ellos, algunos ampliamente venerados y otros restringidos a una sola localidad. A menudo (aunque no siempre) tienen cabezas de animales sobre cuerpos humanos. También se suelen presentar en forma de un conjunto definitivo de mitos, pero en realidad la mitología egipcia se desarrolló con el tiempo, y las distintas localidades tenían versiones diferentes. El Alto y el Bajo Egipto, que originalmente eran reinos separados, a menudo tenían deidades o dioses distintos con diferentes énfasis o diferentes atributos.

Algunos dioses se identificaban con un lugar concreto, como Montu en Tebas, Sobek el dios cocodrilo en Kom Ombo (donde hay una impresionante colección de cocodrilos momificados en el museo del templo) y en Fayún, y Jnum el dios con cabeza de carnero en Elefantina. (Montu fue finalmente degradado por Amón como dios principal en Tebas, siendo descrito como hijo de Amón y la diosa Mut).

El primer dios egipcio bien documentado es Ra o Re, el dios del Sol. Aparece en inscripciones del Reino Antiguo de la V Dinastía, tras la construcción de las pirámides de Guiza. A menudo se representa a Ra como un halcón que lleva el disco solar en la cabeza o simplemente como un disco solar. Se dice que fue el primer faraón de Egipto.

Como dios del sol, Ra transporta el sol en su barca solar (nave) durante su viaje diario por el cielo y luego por el horizonte (*akhet*) hacia el inframundo (Duat) al atardecer. Emerge de nuevo al amanecer tras una noche de lucha con Apep, la serpiente del inframundo.

Más tarde, Ra se fusionó con otros dioses, existiendo dioses como Amón-Ra, Ra-Atum y Ra-Horakhty (fusionado con Horus, otro dios con cabeza de halcón). Tenía como manifestaciones matutinas y nocturnas a Jepri (escarabajo) y Jnum (carnero).

Amón era un dios creador y el dios patrón de Tebas. Su culto cobró importancia en el Reino Nuevo con la XVIII dinastía, que estableció su capital en Tebas y amplió enormemente el templo de Amón en Karnak. Amón aparece con la piel azul y se lo asocia con el aire. Es trascendental y autocreado. Su nombre significa «oculto» o «invisible». Entre sus títulos se incluyen señor de la verdad, padre de los dioses, hacedor de los hombres, creador de todos los animales, señor de las cosas que son y creador del bastón de la vida.

Ptah aparece como un hombre momificado de rostro verde y forma parte de la tríada de Menfis, junto con su esposa, Sekhmet, con cabeza de león, y su hijo, Nefertem[97]. Ptah, como creador, incuba la idea del mundo y es capaz de manifestarla pronunciándola, lo que lo convierte en un dios venerado por los artesanos. De hecho, es un buen padre para un arquitecto, ya que simboliza la transformación de los planes mentales en realidad física.

Más adelante en la historia de Egipto, el dios Osiris adquirió importancia, junto a su esposa Isis y su hijo Horus. Osiris es específicamente un dios faraónico; el faraón se convierte en Osiris cuando muere, y muchos templos mortuorios de faraones incluyen estatuas del faraón-como-Osiris, por ejemplo en Abu Simbel. Originalmente, Osiris era venerado en Abidos, que fue una importante necrópolis real muy al principio de la historia egipcia, junto con Anubis, el dios con cabeza de chacal.

Osiris es el dios de la muerte, con el título de «Señor del Silencio» (es decir, del inframundo), pero también es un dios de la fertilidad. Su piel verde simboliza la putrefacción y el verde del crecimiento. Se lo representa con la barba postiza de un faraón y con los brazos cruzados, sosteniendo un báculo y un mayal.

---

[97] El sabio Imhotep, autor de la magnífica pirámide escalonada y del complejo funerario de Zoser, acabó convirtiéndose en un dios. Como procedía de Menfis, surgió la idea de que era otro hijo de Ptah.

La historia de Osiris es una historia de muerte y resurrección. Fue asesinado por su malvado hermano Set (o Seth), que lo cortó en pedazos y los esparció por todo Egipto. Esto, según el pensamiento egipcio, habría impedido que Osiris pudiera ir al más allá. Sin embargo, Isis, la esposa de Osiris, viajó por todo Egipto para encontrar los trozos de su cuerpo. Consiguió revivir el cadáver y se quedó embarazada, dando a luz a Horus.

Las pequeñas figuras de Osiris se rellenaban con tierra y luego se plantaban con trigo y se regaban. Una de ellas se encontró en la tumba de Tutankamón. Estas figuras simbolizaban la nueva vida.

Isis, la esposa de Osiris, era la madre de Horus y del faraón. Incluso se muestra al faraón Seti I siendo amamantado por Isis en su templo de Abidos, y otros faraones también se mostraban de este modo. Isis lleva un trono en la cabeza y es, en cierto modo, una personificación del trono, un símbolo del poder de la realeza.

Durante el periodo ptolemaico y con los romanos en el dominio, el culto a Isis se popularizó fuera de Egipto, ya que se la consideraba una de las diosas madre más importantes. En un himno de este periodo, se la describe como la creadora «por lo que su corazón concibió y sus manos crearon»[98].

Set, hermano de Osiris, era el dios de las tormentas, los desiertos y el desorden. Egipto se dividía en la Tierra Negra y la Tierra Roja: tierra fértil y desierto. Set era el señor de la Tierra Roja. Sin embargo, también tenía un papel positivo, ya que acompañaba a la barca de Ra durante la noche para protegerlo de la serpiente Apep. Set era el padre de Anubis, el juez del inframundo. Pocos relieves muestran a Set, pero cuando aparece, se lo muestra de negro, con una cabeza de animal de orejas chatas y cola bífida.

Horus vengó a su padre, Osiris, y expulsó a Set de Egipto, convirtiéndose en faraón. Representado como un halcón o como un hombre con cabeza de halcón, Horus era un dios del cielo asociado con la realeza y la curación. Su templo de Edfu tenía una azotea para rituales del cielo y estrechas escaleras por las que se subía al ídolo dorado del dios para «recargarse».

---

[98] Žabkar, Louis V. "Hymns to Isis in Her Temple at Philae". Brandeis University Press. 1988.

El faraón gobernante era visto como una manifestación de Horus, y uno de sus nombres oficiales era conocido como el «nombre de Horus». En algunos relatos antiguos, se menciona a Horus como hijo y ayudante de Ra. Otras inscripciones dicen que era hijo de Nut y Geb (la tierra y el cielo), lo que lo convertiría en hermano y no en hijo de Isis y Osiris. Sin embargo, en la época ptolemaica, la versión de Osiris se había convertido en definitiva.

Isis encargó a Horus que protegiera al pueblo de Egipto contra Set, expulsado del trono egipcio. En otras palabras, se le encargó proteger la tierra fértil y el orden civilizado contra el desierto estéril y los bárbaros nómadas. Es probable que la historia de esta lucha represente las primeras luchas de poder entre diferentes reinos menores. Horus se asocia a menudo con el Bajo Egipto (el delta del Nilo y El Cairo), mientras que Set se asocia con el Alto Egipto (el resto del valle del Nilo).

Estos eran los principales dioses egipcios; había muchos otros, pero normalmente se consideraban menos importantes. Thot, representado normalmente con la cabeza de un ibis, pero a veces con la cabeza de un babuino, era el hijo de Set. Era el dios de la luna, la sabiduría, los escribas y la palabra escrita. Junto con su esposa Ma'at, se encuentra en la barca solar de Ra. Thot era considerado un mago y el juez de los muertos. En muchos sentidos, Thot representaba el equilibrio, y Ma'at la verdad, el orden y la ley. De hecho, la palabra Ma'at significa medida u orden.

Ma'at aparece a menudo como una figura diminuta que acompaña a un rey o como un jeroglífico. Lleva una sola pluma en la diadema. Su tarea consistía en regular las constelaciones en el cielo y las estaciones en la Tierra. Su pluma era importante porque servía para equilibrar la balanza de la Duat cuando se pesaban las almas de los muertos. Los reyes a menudo utilizaban su nombre como parte de su nombre real. Por ejemplo, Ramsés II tomó el nombre de Usermaatre Setepenre (la Ma'at de Ra es poderosa, elegida de Ra), mientras que su padre Seti I tomó el nombre de Menmaatre (la Ma'at de Ra está establecida).

Ma'at fue la primera deidad creada por Ra. Era tarea del rey mantener la Ma'at (justicia o, más generalmente, el orden) en los reinos dobles de Egipto. Así que, aunque no se le preste mucha atención en la mayoría de los libros de mitología egipcia, Ma'at era en realidad un dios muy importante.

Anubis, el dios del inframundo con cabeza de chacal, es siempre de color negro, que era un color auspicioso en Egipto y simbolizaba la regeneración, como el suelo fértil del valle del Nilo. En el Reino Antiguo, Anubis era el dios más importante de los muertos, pero con el tiempo Osiris adquirió más importancia. Anubis se convirtió en el patrón de la momificación y en un psicopompo (aquel que conduce el alma del muerto al inframundo). Cuando Set se transformó en un leopardo furioso para atacar a Osiris, Anubis cogió una barra de hierro caliente y marcó la piel de Set; así es como el leopardo obtuvo sus manchas y también es la razón por la que los sacerdotes que celebraban ritos funerarios llevaban pieles de leopardo.

Hathor era una diosa importante. A veces se la representaba como una vaca y otras como una mujer con orejas de vaca, cuernos de vaca y un disco solar. Era la diosa del sol, la sexualidad y la música. En su culto se utilizaba el sistro tintineante. (También se utiliza intrigantemente en el culto de la Iglesia etíope).

Hathor es conocida como el Ojo de Ra y es la contraparte divina de la reina (o gran esposa, para darle el título egipcio). Se decía que era la consorte de Ra y la madre (o consorte) de Horus. Como Ojo de Ra, tenía un aspecto iracundo, cumpliendo las órdenes de Ra.

En una historia, Ra envía a Hathor para castigar a los humanos por rebelarse contra él. En su ira, se convierte en la diosa con cabeza de león Sekhmet y masacra a miles de personas. Al ver esto, Ra decide salvar al resto de la humanidad. Para ello, tiñe la cerveza de rojo para que parezca sangre. Sekhmet, sedienta de sangre, bebe la «sangre», se emborracha y se desmaya. Mientras duerme, vuelve a convertirse en la pacífica Hathor.

Jnum, un dios con cabeza de carnero, estaba asociado con el agua y la procreación. Se decía que moldeaba niños humanos a partir del limo del Nilo y los colocaba en el vientre de sus madres. Era venerado en la isla de Elefantina (Asuán) junto con su consorte, Satis, y su hija, Anuket. Jnum era el guardián de las fuentes del Nilo.

Tauret era una diosa muy popular, aunque no tenía un estatus elevado. Era la diosa de los hipopótamos y la protectora de las mujeres en el parto. (Es lógico, ya que los hipopótamos son madres muy protectoras.) Se han encontrado muchos amuletos de Tauret, que habrían dado confianza a muchas mujeres cuando se acercaba la fecha del parto.

Por último, Atón era originalmente un atributo de Ra, el disco solar que llevaba en la cabeza. Sin embargo, con Akenatón y sus sucesores inmediatos, Atón se convirtió en un dios trascendente. Ya era venerado bajo Amenhotep III, pero Akenatón hizo su culto obligatorio y exclusivo. Los templos de Atón, a diferencia de los oscuros santuarios de otros dioses, estaban al aire libre, y Atón no se mostraba como un ser humano, sino como un simple disco, que a veces extendía múltiples rayos que terminaban en manos en señal de bendición. Tanto si la abstracción de este dios era demasiado para los egipcios como si la familia de Akenatón perdió una lucha de poder contra el sacerdocio de Amón, Atón no perduró. Los dioses regulares fueron restablecidos poco después de la muerte de Akenatón.

Nubia, más al sur del valle del Nilo, formó parte de Egipto. En un momento dado, Nubia proporcionó a Egipto una dinastía de faraones (los kushitas o faraones negros). No es de extrañar que la religión nubia estuviera muy influenciada por la egipcia, ya que ambas religiones compartían muchos de los mismos dioses. Por ejemplo, Amón era venerado en la capital kushita de Napata, y Mut (una diosa madre) era especialmente popular.

También había una serie de dioses específicamente nubios. Dedwen, o Dedun, era el dios de las cuatro direcciones y del incienso. Bajo los kushitas, se unió a Osiris. Apedemak, con cabeza de león, fue especialmente popular en el periodo meroítico (300 a. e. c.-350 e. c.), cuando los nubios intentaron deshacerse de las influencias egipcias en su cultura. Era el dios de la guerra y la realeza.

En el Cuerno de África, Axum (Etiopía) es hoy una de las principales sedes de la Iglesia etíope, pero antes de la conversión al cristianismo en el siglo IV, Axum tenía su propia religión. Solo se dispone de información fragmentaria, pero parece que la religión de este primitivo imperio era originalmente una religión semítica similar a las religiones paganas del sur de Arabia. La tríada original del sol, la luna y Venus se modificó ligeramente en Axum y se convirtió en mar, tierra y Venus (Behr, Medr y Ashtar). También había un dios de la guerra llamado Mahram, que era específicamente el protector del gobernante aksumita. Así que, en cierto modo, los mitos aksumitas no eran «africanos», sino de Oriente Próximo. (Más tarde, Arabia ejercería una influencia mucho más profunda en África a través de la expansión del islam).

Los bereberes o, para darles su nombre propio, los imazighen son hoy mayoritariamente musulmanes, pero la arqueología ha encontrado vestigios de sus creencias originales. El culto a los antepasados era una parte fundamental de su religión. A menudo, pasaban la noche en las tumbas, donde creían tener sueños que predecían el futuro[99].

El historiador griego Heródoto menciona que los bereberes adoraban al sol y a la luna, y san Agustín de Hipona dice que adoraban a las rocas. Parecen haber sido un pueblo ecléctico e incluso urraca, tomando dioses de Egipto y más tarde de Grecia y Roma.

Algunos ghaneses siguen practicando la religión akan del pueblo ashanti de Ghana, aunque el país es mayoritariamente cristiano. Muchas personas mezclan algunos aspectos de la religión y el pensamiento akan con una creencia cristiana profesada.

Los ashantis creen que el dios supremo, Nyame, creó el mundo, pero ya no está involucrado en él. Tiene otros dos nombres —Onyankopon Kwame y Odomankoma— y a veces se lo ha confundido con la Trinidad cristiana. Sin embargo, es un dios único con tres aspectos, no tres divinidades interrelacionadas.

La consorte de Nyame es la madre tierra Asase Yaa o Afua. Es la madre de la tierra y la madre de los muertos, por lo que tiene dos aspectos diferentes, uno como anciana y otro como una hermosa joven. A Asase Yaa se la venera en campo abierto, no en templos.

Hay varias historias sobre por qué Nyame se retiró de la tierra. Una dice que le molestó que alguien machacara ñame y subió de nuevo al cielo. Asase Yaa intentó llegar hasta él haciendo una torre de morteros, pero la torre se derrumbó. Nyame y su esposa han estado separados desde entonces, al igual que la tierra y el cielo.

De importancia más directa en la religión akan son los abosom, las deidades inferiores, que son similares a los lwa (loa o loi) del vudú o a los orishas de la religión yoruba. Entre ellos se encuentran el dios del río Tano, el dios del trueno Bobowissi y el dios de los arbustos Bia. Anansi, la araña, es otro de los dioses inferiores.

Por debajo de los dioses están los distintos espíritus. Están los espíritus de los árboles, los espíritus de los animales y los espíritus que animan los amuletos. Por debajo de estos, pero de gran importancia para los

---

[99] Su uso de las tumbas como centros de culto puede haber dejado huella en el culto a los morabitos, santos musulmanes, cuyas tumbas visitan a menudo los fieles y que es específico del norte y oeste de África.

individuos, están los espíritus de los antepasados, Nsamanfo. Se los venera, a menudo derramando libaciones sobre sus tumbas, y pueden ser una fuente de consejo o ayuda, pero solo para su propio linaje (excepto en el caso de los antiguos reyes, cuyo reino entero es su «familia»).

Los dogon reconocen a Amma, el dios del cielo, pero está alejado de ellos. Más relevantes para la vida cotidiana son los espíritus primordiales conocidos como Nommo y Lebe, el primer antepasado y el primer hombre que murió. Lebe, como una enorme serpiente, condujo a los Dogon a su hogar en la escarpa de Bandiagara. Se les rinde culto mediante sacrificios.

Algunos dioses son de naturaleza dual. Los efik se refieren a Abassi Onyong (el dios de arriba) y Abassi Isiong (el dios de abajo), y los lugbara de Uganda, Sudán y el Congo tienen dos dioses similares: Adroa y Adro. Adroa es el dios trascendente del cielo, mientras que Adro es un dios de la tierra y, como el «Adro malo», está asociado con la muerte. Los hijos del Adro malo son espíritus que siguen a la gente por la noche; nunca se debe mirar hacia atrás cuando se camina de noche, o pueden matarnos.

El hecho de que el dios supremo esté tan alejado del mundo hace necesario contar con adivinos o sacerdotes que tiendan puentes mediante sacrificios o a través de visiones y trances. Los turkana de Kenia creen que el contacto entre Akuj y el pueblo solo puede hacerse a través de un adivino llamado *emuron*. Todos los adivinos proceden del mismo clan, aunque el cargo no es hereditario. Akuj es el proveedor de la lluvia y tiene un doble aspecto, ya que es a la vez un dios benévolo que trae la lluvia para fertilizar los cultivos y un dios peligroso que trae los truenos, los relámpagos y las inundaciones.

Capítulo 3: Dioses y diosas II

Uno de los panteones más complejos y desarrollados de la mitología africana es el de los orishas del pueblo yoruba. Muchos de sus dioses también son conocidos fuera de África, ya que, junto con los dioses akan, su conocimiento cruzó el Atlántico con los esclavos. Son conocidos en vías espirituales del Nuevo Mundo como el candomblé y el vudú. En cierto modo, el panteón yoruba rellena el eslabón perdido entre el lejano dios creador y las deidades subsidiarias que se ocupan de la vida en la tierra, lo que lo convierte en una creación teológicamente compleja.

También es un panteón fluido. Algunos dioses tienen nombres diferentes en distintas zonas de tierra Yoruba, así como nuevos nombres en América. En algunas tradiciones, la diosa Olokun es masculina. Las distintas sociedades religiosas cuentan historias diferentes sobre los dioses y les asignan tareas distintas. Por eso es difícil condensar el panteón yoruba en una estructura rígida. No obstante, aunque los detalles difieren, la forma general del panteón es la misma, sea quien sea el que cuenta la historia.

Olorun u Olodumare es el dios creador y principal impulsor que infundió al mundo *ase*, o fuerza vital. Como otros dioses creadores, se ha retirado del mundo. Su descendiente, Orisa-nla, es el hacedor que creó la parte física del mundo para que Olodumare le diera vida.

Orunmila, el dios del destino, estuvo presente en la creación y conoce todo lo que es y lo que será. Es el dios de la sabiduría y se encarga de la adivinación. Osanyin es el dios de las hierbas medicinales y la curación, y Oggun es el dios del hierro, el acero y la guerra. Se hacen juramentos con un machete en nombre de Oggun, y es el patrón de cazadores, herreros y guerreros. En la actualidad, se ha convertido en el dios de taxistas y camioneros.

Shango es un dios iracundo y enérgico que crea el trueno y el relámpago. También es un antepasado real de los yoruba y el más temido de los dioses yoruba, por lo que siempre se lo invoca en la coronación de los reyes yoruba. Aunque la dama Oshun estaba casada con Orunmila y compartía con él el patronazgo de la adivinación, se enamoró de Shango en un festival de tambores y se convirtió en su tercera y más favorecida esposa.

Un dios importante es Eshu, mediador entre el creador Olodumare y su mundo. Informa a Olodumare de lo que ocurre en la Tierra y comprueba que se hagan los sacrificios adecuados. Siempre ocupa un lugar en un santuario yoruba, independientemente del dios al que esté consagrado. Eshu también es un embaucador, aunque suele tener una razón para sus trucos. Por ejemplo, sus trucos muestran a la gente que su comportamiento no es el correcto.

Oshun es la diosa del río y una mujer seductora, rica y generosa. Le regalan pulseras y adornos de latón en Nigeria, donde antaño era un metal caro e importado. En América, donde el latón no es tan valioso, se le da oro. Su color es el amarillo. Oshun representa los poderes curativos del frescor y el agua, y se la venera en una arboleda sagrada a orillas de su río. También es la diosa del amor y el placer.

A veces, Oshun es conflictiva. Una vez se negó a hacer sacrificios, así que Eshu le vendió tres muñecas llenas de magia que las hacían bailar. Ella le dio todo el bronce que tenía para comprar las muñecas, pero cuando llegó a casa, descubrió que Eshu le había quitado la magia. Las muñecas no eran más que madera. De algún modo, el dinero nunca le dura mucho a Oshun, pero siempre se las arregla para conseguir más; como el río, siempre está fluyendo.

A veces también es imprudente, por no decir otra cosa. En la ciudad de Oro, Oshun tenía tantos hijos que en su casa no había sitio para sentarse. Sin embargo, está dispuesta a hacer todo lo posible para defender a su pueblo. Cuando la ciudad de Ido fue asediada por los enemigos y se llevaron a la gente como esclavos, Oshun rescató a su pueblo. No conocían el camino de vuelta a Ido, así que Oshun se convirtió en un río y volvió Ha ido, arrastrando a la gente por el agua.

Yemoja es otra diosa del agua, la deidad del río Oggun. También es la patrona de las mujeres embarazadas. Mientras que Oshun es coqueta y sexy, Yemoja es madre. Su nombre significa «madre de los niños pez» y es la madre de todos los orishas. A veces se la muestra como una sirena, aunque en Nigeria es estrictamente una diosa del río y cede el mar al dios Olokun. En Cuba y Brasil, en cambio, Yemoja se ha convertido en la diosa del mar. Su color en Yorubalandia suele ser blanco; en el Caribe y América, azul claro.

El panteón yoruba cuenta con más de mil divinidades. Según algunas fuentes, el número asciende a seis mil. Algunos de estos dioses son locales, como las diosas de los distintos ríos: Oya (el río Níger), Yemoja (el río Oggun) y Otin. Algunos son seres humanos divinizados; puede tratarse de gobernantes de ciudades-estado o personas que hicieron grandes cosas, como Moremi, la mujer que salvó la ciudad de Ife. No queremos faltar al respeto a los dioses que se han omitido, pero el espacio es limitado.

Los igbo, que viven alrededor del río Níger en el sur de Nigeria, profesan la religión odinani. Chukwu es su dios creador supremo, pero como suele ocurrir en las religiones africanas, se lo considera un dios distante que no se ocupa mucho de los asuntos del mundo. Su hija, Ala, es una diosa de la tierra y de la fertilidad. También es la soberana del inframundo, así como la madre y reina de los antepasados. Esta combinación de funciones de fertilidad e inframundo no es inusual en la mitología africana y es otra forma en que muchas diosas africanas (y algunos dioses, como Osiris) tienen aspectos duales.

Los dioses pueden ser peligrosos. Ala suele ser benévola, pero puede volverse violenta si se la ofende. Vela por la justicia y la moralidad, y puede infligir graves castigos. Su emblema es la pitón real, muy respetada por los igbo. A las pitones se les permite vagar por donde quieran, incluso en las aldeas y hasta en las casas. Si una muere por accidente, recibe un funeral apropiado.

El naturalista J. A. Skertchly, en el relato de sus viajes a Dahomey, habla de la «casa fetiche» donde vivían las pitones reales. Si alguien mataba a una pitón, aunque fuera por accidente, lo metían en una cabaña a la que prendían fuego. Si el hombre intentaba salvarse huyendo de las llamas, las mujeres que custodiaban el santuario lo apaleaban hasta matarlo. Cualquiera que se encontrara una pitón por la calle debía adorarla vertiendo vino de palma en el suelo, y si una pitón se arrastraba hasta un bebé, el niño era entregado a la serpiente como su nuevo sacerdote y criado en el templo. En resumen, las pitones dirigían el lugar.

Los agbara o arusi son espíritus menores que representan fuerzas naturales. Amadioha aparece a veces como consorte de Ala y es el dios del trueno y el relámpago. Al igual que Ala, es un dios que hace justicia a los malhechores, ya sea con rayos o enviando un enjambre de abejas tras ellos. Su color es el rojo y suele aparecer como un hombre de piel clara y alto rango. Aporta riqueza a sus devotos personales y a menudo se le reza para obtener reparación, ayuda contra la infertilidad y mejora material.

Ikenga es un dios con cuernos, y en muchos hogares igbo hay una estatua suya. La imagen de Ikenga representa el poder de alcanzar el éxito. Mientras un estadounidense lee libros de autoayuda para salir adelante, un igbo hace sacrificios por su Ikenga (y a veces por el suyo)[100]. Ikenga es también el patrón de los herreros y la industria.

Sin embargo, no siempre se respeta a Ikenga. La relación entre dioses y humanos es diferente de la sumisión a Dios que se espera en las religiones abrahámicas. Ikenga tiene que trabajar para mantenerse; de lo contrario, es probable que la gente diga: «¡Si el Ikenga no trabaja, que lo corten para leña!».

Njoko Ji es el dios del ñame. No es una tarea sin importancia, ya que el ñame es uno de los principales alimentos en Igbolandia, y el Festival del Nuevo Ñame es uno de los principales acontecimientos del año. Aunque hoy en día la mayoría de los igbo son cristianos, se siguen celebrando festivales igbo como la Fiesta del Nuevo Ñame (Iri ji) y los bailes de máscaras. A veces, se tratan como «tradiciones» más que como religión para conciliarlas con la fe cristiana.

Un gran imperio al oeste de Yoruba era el de Dahomey (actual Benín), habitado por el pueblo fon. El panteón fon, o vodún, tiene ciertas similitudes con los dioses yoruba, pero está organizado de forma más compleja, con varios panteones diferentes bajo el dios supremo Nana Buluku, que es a la vez masculino y femenino.

El panteón celeste está encabezado por el dios gemelo Mawu-Lisa, creador del mundo material. Mawu es femenino y representa la tierra, el oeste, la luna y la noche. Su hora es el amanecer. Es gentil, indulgente, nutritiva y fértil. Lisa es masculino y representa el cielo, el este, el sol y el día. Su tiempo es el ocaso, y puede ser fuerte y despiadado. Agè, hijo de

---

[100] Aunque el Ikenga se encuentra sobre todo en los santuarios masculinos, las mujeres de alto estatus también pueden tener un Ikenga.

Mawu-Lisa, es el dios de la naturaleza, el bosque y la caza.

Gu es otro dios del panteón celeste. Es el quinto hijo de Mawu-Lisa. Es el dios del hierro, las armas, las herramientas, la artesanía y la guerra; se trata de una potente combinación en África Occidental, donde el Reino Edo de Benín, el Reino Yoruba de Oyo y el Reino Fon de Dahomey llegaron al poder entre 1400 y 1700 gracias a agresivas conquistas. Las tres culturas comparten un dios similar del hierro y las armas (Oggun en las culturas yoruba y Edo), lo que demuestra la importancia de la fundición del hierro para el armamento y la expansión de estos estados[101].

Los panteones del trueno y del mar están encabezados por Sogbo, o Hevioso, un dios andrógino que habita en el cielo. Sogbo dio a luz a todos los demás dioses del panteón del trueno y los envió a vivir al mar, gobernado por Agbè y su esposa gemela, Naètè. Los dioses del mar controlan las tormentas y la lluvia, y el más joven de ellos, Gbade, es un embaucador que disfruta haciendo el ruido de los truenos.

Luego está el panteón de la tierra, encabezado por Sagbata, hijo de Mawu-Lisa. Sagbata se llevó a la Tierra todo lo que pudo de las riquezas del cielo, pero no pudo llevarse la lluvia, que Sogbo mantenía bajo su control. Por eso la Tierra no siempre recibe la lluvia que necesita, ya que los dos dioses no siempre se llevan bien.

Sin embargo, Legba, el hijo menor de Mawu-Lisa, se enteró por Sagbata de que había sequía en la Tierra. Envió a un pajarillo (Wututu) a decirle a Sagbata que encendiera un gran fuego. Mientras tanto, le dijo a Mawu-Lisa que la Tierra se estaba quemando y que también se quemaría el cielo si él no lo impedía. Mawu-Lisa le dijo a Sogbo que dejara caer toda la lluvia acumulada lo antes posible. Desde entonces, Wututu vive en la Tierra y puede ser enviado como mensajero a Mawu-Lisa si no llueve lo suficiente.

Legba es un dios embaucador impredecible. Aunque en la historia anterior parece actuar con benevolencia, también se dice que fue el responsable de la sequía porque antes le había dicho a Sogbo que se aprovisionara de lluvia. Debido a su imprevisibilidad, es uno de los dioses a los que los fon siempre propician para mantenerlo de su lado.

---

[101] Barnes, Sandra T y Ben-Amos, Paula. "Benin, Oyo, and Dahomey: Warfare, State Building, and the Sacralization of Iron in West African History". *Expedition Magazine* 25.2 (1983). Penn Museum, 1983.

Los masáis, nómadas ganaderos de Kenia, tienen una visión bastante diferente de las cosas en comparación con los complejos panteones de África Occidental. Esto puede deberse a que su mundo es menos complejo que el de las ciudades-estado, los centros comerciales y los imperios de Occidente. Solo tienen dos dioses: el dios supremo En-kai y su esposa Olapa, que representan el sol y la luna. Algunos dicen que En-kai es un dios andrógino.

En-kai creó al primer hombre, Naiteru-kop, y le dio la tierra para vivir. Una noche, En-kai dijo a toda la gente que dejaran sus *kraals* (recintos) abiertos. Algunos lo hicieron, pero otros no. Los que lo hicieron encontraron ganado en sus recintos por la mañana, y se convirtieron en los masáis. Los demás no tenían ganado y se convirtieron en los antepasados de otros pueblos. Pero quizá no le sorprenda saber que hay otras versiones de la historia de cómo los masáis consiguieron su ganado. De hecho, ¡habrá otra en el próximo capítulo!

Capítulo 4: Fábulas de animales

Si examinamos los libros primeros de cuentos populares africanos, encontraremos que muchos de ellos están repletos de historias sobre animales. Eso no significa que los cuentos de animales sean una parte importante de la mitología y el folclore africanos; probablemente tenga más que ver con el hecho de que a los primeros coleccionistas europeos les resultaban más fáciles de simpatizar y comprender que los cuentos históricos o los mitos de dioses y héroes africanos. Los relatos sobre seres humanos hacen suposiciones sobre normas sociales, muchas de las cuales, como la poligamia, la prevalencia de las relaciones entre hermanastros, la veneración de los antepasados y las ceremonias de iniciación, eran antipáticas para los primeros africanistas y diferían ampliamente de la sociedad occidental.

Los animales de las historias africanas solían interesar a los europeos porque eran animales característicamente africanos. Los primeros africanos de la zona habitada por los joisán (bosquimanos) pintaron elands (antílopes con cuernos en espiral) y mantis religiosas en las rocas hace treinta mil años, y la mitología san/joisán sigue centrándose en estas criaturas. Khaggen, la mantis religiosa, es un embaucador que cambia de forma, con una esposa jirafa de las rocas (un animal parecido al conejo) y una hija puercoespín adoptada. El eland, por su parte, es un animal poderoso que puede ayudar a un chamán san a entrar en trance.

Los animales de poder eran a menudo «animales maestros», el principal animal de alimentación de un pueblo. Por ejemplo, el búfalo era el animal maestro de los baronga sudafricanos, que creían tener un pacto o alianza especial con él. Romper ese pacto traía consecuencias nefastas.

Algunos animales eran maestros. Los griegos tenían las fábulas de Esopo, en las que se utilizaban historias de animales para transmitir una moraleja. Por ejemplo, Esopo alaba a la hormiga por su laboriosidad. Pero la historia bereber y cabila cuenta cómo una hormiga enseñó a los hombres a cultivar la tierra. Un hombre y una mujer vieron a una hormiga que intentaba quitar la cáscara de un grano de trigo y aprendieron de ella a trillarlo, a hacer harina, a cocerlo y a sembrarlo. Sin embargo, lo sembraron en la época equivocada del año y las semillas no brotaron, por lo que la hormiga tuvo que volver y decirles cuál era la época correcta para sembrar.

A veces, los animales tenían conocimientos que los hombres deseaban, pero no estaban dispuestos a enseñarles. Según los bambuti (pigmeos) de las selvas centroafricanas, los chimpancés fueron una vez humanos, pero se pelearon con los demás y se retiraron a la selva. Esto no habría importado si no fuera porque solo los chimpancés tenían el secreto del fuego. Un bambuti decidió hacerse amigo de los chimpancés y los visitaba a menudo. Los chimpancés le daban plátanos y le dejaban calentarse junto al fuego, algo que él apreciaba mucho. Sin embargo, nunca se ofrecieron a enseñarle a hacer fuego.

El bambuti ideó un plan para robar el fuego. Un día se presentó en la aldea de los chimpancés con una larga cola falsa. Se sentó a comer unos plátanos y a charlar, pero al sentarse junto al fuego, su cola —hecha de corteza de árbol machacada— empezó a arder. Saltó de dolor como si la cola fuera de verdad. «¡Socorro! Socorro!», gritó. Los chimpancés pensaron que era lo más gracioso que habían visto en mucho tiempo, y estaban tan impotentes de la risa que no se dieron cuenta cuando empezó a correr. Llegó hasta su aldea antes de que los chimpancés comprendieran lo que había hecho. Había robado el secreto del fuego, y los bambuti lo tienen desde entonces.

Las serpientes son a menudo importantes en las historias africanas, como la pitón real de los igbo. Los lunda creían que la pitón Chinawezi gobernaba la tierra y todas las masas de agua, incluidos ríos, arroyos, estanques y abrevaderos. Los woyo del Bajo Congo ven a Bunzi, la serpiente hija de la Gran Madre Mboze, como el arco iris (que parece una serpiente) y el hacedor de lluvia.

Una historia fulani del Sahel cuenta que una mujer tuvo gemelos. Uno era un niño y el otro una serpiente que tenía 94 escamas, cada una del color de un tipo diferente de ganado. El niño se llamaba Ilo. A la serpiente no le puso nombre, pero la escondió debajo de una maceta[102]. Cuando ella murió, muchos años después, Ilo le construyó a su hermano una cabaña para vivir y le llevaba leche todas las mañanas para desayunar. Ilo cuidaba de su ganado. Los hermanos se hicieron ricos y llegaron a tener un gran rebaño.

La serpiente le dijo a Ilo que nunca debía casarse con una mujer de pechos pequeños, porque si una mujer así veía alguna vez a la serpiente, tendría que marcharse. Por supuesto, Ilo se enamoró de una mujer de pechos pequeños, pero no olvidó lo que le había dicho su hermano la serpiente. Construyó un gran muro alrededor de la cabaña de la serpiente. Nadie podía ver por encima, y la serpiente estaba feliz y segura.

Pero un día, la curiosidad se apoderó de la mujer de Ilo. Cogió una maceta grande y la utilizó para mirar por encima del muro. Allí vio a la enorme serpiente tumbada en el suelo, tomando el sol.

La serpiente se deslizó hasta el río, seguida por todo el ganado del recinto de su hermano. Le explicó a Ilo lo ocurrido y le dijo que tenía que irse y que el ganado le seguiría. Sin embargo, repartiría equitativamente con su hermano; Ilo podría quedarse con todo el ganado que pudiera tocar con un palo. El resto seguiría a la serpiente hasta el agua.

Ilo cortó un palo de un árbol de madera negra que había cerca y tocó todas las reses que pudo antes de que el rebaño desapareciera en el río. Por eso, los pastores fulani siempre utilizan un bastón de madera negra.

Una serpiente también figura en la historia alternativa de cómo los masáis consiguieron su ganado. Al principio, los masáis no tenían ganado. Los dorobo (pueblo no masái) lo poseían todo. Un hombre dorobo vivía con una serpiente, un elefante y su cría. Un día, el dorobo encontró una vaca. La serpiente estornudó y le produjo un sarpullido, lo que enfureció al hombre, que la mató. El elefante y su cría utilizaron la charca y enturbiaron el agua. La vaca no pudo beber. El dorobo se enfadó y mató al elefante. Pero la cría escapó y encontró a un hombre masái llamado Le-eyo. La cría de elefante llevó a Le-eyo de vuelta a la cabaña del dorobo.

---

[102] Otra versión de la historia da un nombre a la serpiente: Tyanaba.

El dios Naiteru-kop bajó y le dijo al dorobo que se levantara temprano a la mañana siguiente para hacer un recinto, buscar un ternero y sacrificarlo. Le-eyo lo oyó, así que se levantó más temprano e hizo un compuesto y un sacrificio. Una cuerda de cuero bajó del cielo, y un rebaño de ganado empezó a bajar por la cuerda hacia el recinto. El ganado dorobo salió de su recinto y se mezcló con los demás. Como los dorobo no tenían forma de demostrar cuáles eran suyas, Le-eyo se las llevó todas. Desde entonces, los dorobo se dedican a la caza y los masáis al pastoreo.

Es una historia interesante, ya que la cuerda del cielo se parece a muchas historias africanas de la creación, pero el motivo del «mundo en una cuerda» también recuerda bastante a Jack y las habichuelas.

En Ruanda se cuenta una historia similar sobre Gihanga, uno de los primeros reyes de Ruanda. Descubrió que de un lago salían vacas y partió con sus hombres para capturarlas. Sin embargo, advertido por sus adivinos de que no se llevara a su hijo Gafomo, lo envió a hacer un recado. Gafomo sospechó y siguió la expedición de su padre en secreto. Cuando llegaron al lago, Gafomo se escondió en un árbol.

Los hombres de Gihanga capturaron a muchas de las vacas que salían del lago. Pero cuando salió el toro, Gafomo se asustó y gritó. El toro volvió al lago con el resto de las vacas.

Los san, sin embargo, tienen otra historia que contar. Antiguamente, el rey Mamba, la serpiente, era el dueño de todo el ganado. Heise era amigo del rey Mamba, pero nada de lo que hiciera conseguiría que el rey le diera ni una sola vaca. Así que Heise encendió una gran hoguera y retó al rey Mamba a saltar por encima. Para demostrárselo, Heise saltó primero, superando fácilmente el fuego y aterrizando al otro lado del mismo con un golpe seco.

El rey Mamba era bastante arrogante y pensó que podía hacer cualquier cosa mejor que este enclenque humano, así que juntó sus anillos y saltó directamente al centro del fuego. Después de todo, a las serpientes no se les da bien saltar. Una vez que Heise vio a la mamba completamente calcinada, ¡se agarró a las vacas!

También hay animales en la mitología egipcia. Por ejemplo, la gran serpiente Apep habita el mundo nocturno e intenta impedir que el dios del sol Ra navegue en su barca hacia la mañana. Apep es una fuerza del mal o del desorden. Sin embargo, la diosa serpiente Wadjet es la protectora del Bajo Egipto. A menudo se la muestra en la parte frontal de la corona del faraón para simbolizar su protección de la tierra y de su gobernante.

El hipopótamo también es frecuente. Normalmente, el hipopótamo era visto como una criatura peligrosa perteneciente a los pantanos acuáticos, símbolo de desorden y destrucción. A menudo se mostraba al faraón arponeando a un hipopótamo, signo de su misión de mantener el orden en la tierra. Pero la diosa Tauret muestra el lado positivo del hipopótamo: la protección de la madre.

Hay un cuento nigeriano que cuenta por qué el hipopótamo vive en el agua. Antaño, los hipopótamos vivían en tierra como los demás animales. El rey Hipopótamo era el segundo después del rey Elefante, y tenía siete esposas grandes, gordas y maravillosas. Era un anfitrión generoso y siempre daba grandes banquetes.

En uno de estos banquetes, el rey Hipopótamo impidió que sus invitados se sentaran.

—Ninguno de ustedes sabe siquiera mi nombre —dijo—, pero aun así vienen a comer aquí.

(Esto era cierto. Solo sus siete esposas sabían su nombre, y no lo decían).

Así que los invitados se marcharon avergonzados. Todos menos Tortuga.

—Si descubro tu nombre, ¿qué harás? —preguntó Tortuga al rey Hipopótamo.

—Me daría mucha vergüenza si lo supieras. Tendría que esconderme en el río.

Tortuga sabía que el rey y sus mujeres bajaban al río por la mañana para bañarse. Así que cavó un agujero en medio del camino que seguían y se escondió bajo la arena. Cuatro de las esposas pasaron con el rey, y Tortuga apareció justo delante de la quinta, que se golpeó el dedo del pie con su duro caparazón.

—¡Ay! —aulló—. ¡Isantim, ven a ayudarme!

El rey regresó torpemente para ver qué pasaba, pero no vio a Tortuga, que había vuelto a excavar bajo la arena.

Un mes más tarde, el rey Hipopótamo celebró otro festín. Dispuso comida excelente y enormes jarras llenas de vino de palma e invitó a todos a participar libremente.

Sin embargo, Tortuga gritó:

—¡Sé cómo te llamas, Isantim!

Y el hipopótamo tuvo que irse a vivir al río, junto con sus siete engorrosas pero encantadoras esposas. Pueden salir del río por la noche, ¡pero les da vergüenza salir de día!

Aunque en los mitos africanos aparecen criaturas reales como elands, serpientes, elefantes y vacas, África también tiene un montón de criaturas míticas. Algunas son monstruos (a las que dedicaremos un capítulo más adelante), pero otras son benévolas, como Chipfalamfula, el «obturador de ríos», un gran pez del que se dice que tiene la capacidad de controlar el caudal de un río. Puede provocar inundaciones, pero también salva a personas que se ahogan. En una historia de Mozambique, salvó a una niña dejándola subir a su vientre cuando estaba a punto de ahogarse en el agua. Más tarde, la misma niña fue perseguida por ogros en tierra. Al ver esto, Chipfalamfula envió una gran ola para ahogar a los ogros, y la niña escapó.

Capítulo 5: Cuentos de embaucadores

Los cuentos de embaucadores africanos son muy populares. Este tipo de cuentos no son puramente africanos, por supuesto; los nativos americanos cuentan historias sobre el coyote, el cuervo y la liebre Nanabozho, y Japón tiene un zorro embaucador, Kitsune. Los vikingos tenían al dios embaucador Loki, que intenta sacar a Odín de un apuro robando el oro del Rin, y es posible que haya leído cuentos de Br'er Rabbit cuando eras niño.

¿Por qué tantos cuentos de embaucadores africanos? Una vez más, la respuesta no es necesariamente que constituyan un porcentaje inusualmente alto de la tradición oral (aunque parece que tres de cada cinco cuentos populares yoruba son cuentos de embaucadores). Más bien parece que son muy atractivos. A todo el mundo le gustan los cuentos de embaucadores, sobre todo cuando hablan de una criatura diminuta o de un individuo desfavorecido que sale adelante gracias a su ingenio y, tal vez, a una o dos mentirijillas. A veces, los embaucadores son pequeños animales inteligentes; otras, son humanos. La tortuga, la liebre, el chacal, la araña y la gacela suelen ser animales embaucadores. Los embaucadores pueden ser avariciosos, glotones, bufonescos o incluso (como Legba) sexualmente insaciables.

En muchos cuentos yoruba, la tortuga, llamada Ijapa, es el héroe embaucador. Hace algunas cosas que parecen bastante estúpidas. Por ejemplo, una vez retó al hipopótamo a un juego de tira y afloja. Una tortuga nunca ganaría a un animal tan grande. Pero, por supuesto, la tortuga lo sabía. El hecho es que ya había conseguido que el elefante aceptara tirar del otro extremo de la cuerda. Naturalmente, la tortuga ganó.

Pero la tortuga también es codiciosa. Una historia cuenta que, cuando su mujer intentaba quedarse embarazada, Tortuga visitó a un herborista. El herborista le preparó un caldo de olor delicioso y lo puso en una calabaza.

—Dáselo a tu mujer —le dijo el herborista—. Y no caigas en la tentación de comértelo tú.

Tortuga se puso en camino con la calabaza a cuestas, pero aquel caldo olía tan bien. Era picante, carnoso, y se dio cuenta de que iba cada vez más despacio hasta que, por fin, la tentación pudo con él. Tortuga engulló todo el contenido de la calabaza sin dejar nada para su mujer.

Sabía a gloria. Por supuesto, tuvo que contarle algunas mentirijillas a su mujer, pero Tortuga es un gran mentiroso, así que no hubo problema.

Salvo que, unas semanas más tarde, notó que su barriga aumentaba y se redondeaba día a día. Así es: Tortuga estaba encinta. Incluso Tortuga tendría dificultades para explicar *eso* a su mujer.

Tortuga, como mucha gente que se cree lista, también puede ser muy tonta a veces. Un día, decidió que quería reunir todo el conocimiento del mundo en una calabaza y colgarla de un árbol donde nadie pudiera cogerla. Pero ató la calabaza delante de él y no conseguía subir al árbol.

Entonces, un niño se echó a reír.

—¡Átate la calabaza detrás, estúpido! —le gritó—. ¿Es que no sabes nada?

Tortuga se enfadó tanto que tiró la calabaza al suelo y la rompió. Menos mal; si no, ninguno de nosotros sabría nada.

En un cuento del pueblo tsonga, dos embaucadores se enfrentan. La liebre y la tortuga roban batatas a un granjero. Consiguen una gran pila de batatas, pero la liebre empieza a preocuparse de que el granjero los atrape.

—Ve a ver si no está el granjero no está cerca —le pidió a Tortuga.

Tortuga empieza a sospechar de inmediato. ¿Por qué quiere la liebre que se aleje? Se lo piensa y le dice a la liebre que hay dos caminos para entrar en el campo. Por lo tanto, si él revisa uno, la liebre tiene que revisar el otro, o de lo contrario ,podrían ser atrapados.

A la liebre le parece bien. Es más rápida que Tortuga, así que volvería para llevarse todas las batatas antes de que Tortuga llegue a la puerta. Se va tan rápido como puede.

Tortuga no comprueba la otra puerta. En cambio, se mete en la bolsa de la liebre y se esconde.

La liebre comprueba la puerta y vuelve. La tortuga no aparece por ninguna parte.

—¡Ja, ja! Las batatas son mías —exclama.

La liebre empieza a echar las batatas en la bolsa. Luego, coge la bolsa y se va con todas las batatas. No tendrá que compartirlas con Tortuga.

Mientras tanto, Tortuga está dentro del saco, mordisqueando metódicamente las sabrosas batatas. Esta historia demuestra que la liebre no siempre gana a la tortuga.

Quizá el embaucador africano más conocido sea Anansi, la araña de la tradición Ashanti. Se respeta mucho a *Kwaku Anansi*, el padre Anansi, que es una especie de héroe cultural además de embaucador. A veces trabaja como mensajero del dios supremo Nyame, y también es el creador del sol, la luna, las estrellas, el día y la noche. Anansi trae la lluvia y enseña a sembrar el grano. Aunque puede ser demasiado listo para su propio bien —como Tortuga, que intentó acaparar todo el conocimiento del mundo, pero no pudo trepar al árbol—, es admirado por su ingenio y sabiduría.

Sin embargo, algunas historias de Anansi son muy graciosas. Una vez tenía hambre, pero el granjero no quiso darle judías. Fue a jugar con los hijos del granjero, pero tampoco le dieron judías. Así que se fue y se cubrió de chicle, volvió y se revolcó por el suelo con los niños. Pronto quedó cubierto de judías, que se habían pegado al chicle. Anansi fue a casa, se las quitó y las puso en una olla.

En otra ocasión, Anansi decidió que quería ser el dueño de todas las historias que se habían contado. Nyame era el dueño de las historias, pero estaba dispuesto a vendérselas a Anansi. El precio era alto: Anansi tenía que entregar Mmoboro (los avispones), Onini (la pitón) y Osebo (el leopardo) a Nyame.

Una araña contra un enjambre de avispones no es un combate parejo. Pero Anansi estaba preparado para el desafío. Cogió una gran calabaza con un tapón. Luego saltó al agua y se mojó a conciencia. A continuación, pasó junto al avispero.

—¿Qué te pasa? —le preguntaron los avispones—. Estás todo mojado.

—Se acerca una gran tormenta —respondió Anansi. Entonces, dio un respingo como si se le acabara de ocurrir algo—. Oigan, deberían meterse en esta calabaza. Es mucho más impermeable que su nido.

Por supuesto, una vez que los avispones estuvieron en la calabaza, puso el tapón y listo.

La siguiente fue la pitón. De nuevo, en una batalla de araña y pitón, lo más probable es que la araña perdiera. Pero Anansi vino equipado con una larga vara de bambú. (¿Qué es esto? ¿Va a proponer una competición de salto con pértiga?)

Anansi se paró con el palo y miró a la serpiente. Esta le devolvió la mirada. Luego le dijo a Onini:

—Mi mujer cortó este palo y me dijo: «¡Eh, este palo es más largo que la pitón! Y creo que tiene razón».

Onini se enfadó. El palo no le parecía muy largo, y así se lo dijo a Anansi. Anansi le dijo que no, que él *seguía* pensando que el palo era más largo. Entonces, Onini se estiró a lo largo del bambú para demostrar lo largo que era.

Anansi señaló que las serpientes son movedizas y el bambú crece recto, así que tendría que atar la pitón al palo en varios sitios para asegurarse de que la medida era correcta. Onini, sin sospechar nada, dijo:

—De acuerdo, pero hazlo rápido.

Y eso fue todo.

¿Pero un leopardo? ¿Cómo podría una araña capturar algo así?

Bueno, Anansi cavó un hoyo y lo camufló con ramas. Entonces, solo era cuestión de esperar a que Osebo cayera dentro.

Pero, ¿cómo iba Anansi a llevar el leopardo que había atrapado a Nyame? Al fin y al cabo, ése era el trato.

Anansi se acercó al borde de la fosa y se agachó.

—Hola —dijo amistosamente—. ¿Qué es todo esto? ¿Se ha caído alguien en este agujero?

El leopardo se puso furioso, azotando su cola, pero se calmó cuando Anansi sugirió una forma de ayudarle a salir. Anansi llevaba una cuerda, y si Osebo pudiera atar el extremo a su cola, podría sacarlo del agujero.

Pero Anansi ya había atado el otro extremo de la cuerda a un árbol elástico que había doblado. Así que, cuando el leopardo se ató la cuerda a la cola, Anansi soltó el árbol y el leopardo salió volando por los aires. ¡Estaba atrapado!

Incluso entonces, Nyame no quiso darle el cuento. Algunos dicen que le pidió a Anansi que atrapara a un espíritu de los arbustos. Anansi pensó durante mucho tiempo. Era imposible. ¿Seguro que era imposible? Y entonces tuvo una idea.

Anansi se fue al monte con una muñeca, un bote de pegamento y su desayuno. Encontró un árbol donde a los espíritus de los arbustos les gustaba pasar el rato y colocó el muñeco debajo del árbol. Anansi esparció el pegamento por todo el muñeco, puso su desayuno delante del muñeco y se escondió detrás del árbol. Pronto pasó por allí un espíritu de los arbustos.

—Hola —dijo Anansi desde su escondite—. ¿Quieres desayunar?

—Muchas gracias —respondió el espíritu de los arbustos, que se sentó con el muñeco y empezó a comer. Pronto terminó de desayunar. Cortésmente, dijo—: Gracias.

El muñeco no dijo nada.

—Buenos días —dijo el espíritu de los arbustos. Y el muñeco siguió sin decir nada—. Puedes desearme un buen día —refunfuñó el espíritu de los arbustos. El muñeco siguió sin decir nada.

El espíritu de los arbustos se estaba enfadando bastante. Y el muñeco seguía mirándolo con lo que seguramente era una mirada insolente. Así que el espíritu de los arbustos le dio una bofetada. Su mano se pegó al muñeco. Intentó apartarse, pero no pudo, así que empujó al muñeco en el estómago con el pie, y su pie también se pegó al muñeco.

Una vez que el espíritu de los arbustos estuvo bien pegado, Anansi se lo llevó a Nyame. Y así, todas las historias jamás contadas pertenecen ahora a Anansi.

Una vez, hubo una hambruna donde vivía Anansi. Pudo ver una isla en la costa con una enorme palmera. Pero, ¿cómo podía llegar a ella? Su barca estaba rota y vieja. Aun así, Anansi decidió intentarlo. Seis veces las olas lo empujaron de vuelta a la orilla, pero la séptima logró atravesar las rompientes y llegar a la isla, donde trepó al árbol y arrancó las nueces de la palmera.

Como era perezoso, pensó que sería más fácil tirarlas al bote que cargar con todas las nueces. Sin embargo, todas las nueces cayeron al agua, ¡no a la barca! Anansi se lanzó al agua desesperado, pero en lugar de hundirse y ahogarse, se encontró frente a una casa en el fondo del mar. Allí se encontró con el viejo Trueno. Tras escuchar la triste historia de Anansi, le dio una olla.

—Todo lo que tienes que hacer —le dijo Trueno a Anansi—, es decirle a la olla que haga por ti lo que solía hacer por su amo.

Anansi lo probó en cuanto llegó a la orilla.

—Olla, olla —le dijo—, lo que hacías por tu amo hazlo por mí.

La olla produjo al instante toda clase de buena comida y bebida para él, y se lo comió todo. Y entonces Anansi pensó en su hambrienta familia. Podría usar la olla para alimentarlos. Pero eran muchos y la magia podría acabarse. Si guardaba la olla para él, podría comer bien todos los días. Así que escondió la olla y solo la usaba cuando estaba solo.

Por desgracia, la familia se dio cuenta de que Anansi estaba engordando mientras el resto se moría de hambre. Su hijo Kweku Tsin decidió seguir a Anansi para averiguar por qué. Kweku Tsin tenía un superpoder. Podía convertirse en una mosca, así que le resultó fácil seguir a su padre sin que Anansi sospechara nada. Vio cómo Anansi sacaba la olla de su escondite y devoraba como un cerdo todo lo que la olla podía producir. Luego, se fue zumbando para que toda la familia se enterara del secreto.

Cuando Anansi se marchó, Kweku Tsin fue a buscar la olla.

—Olla, olla —dijo, como había oído decir a Anansi—. Lo que hiciste por tu amo, hazlo por mí.

Y la olla dio a la familia toda la comida que pudo. Pero se recalentó porque había muchas bocas que alimentar, y dejó de funcionar. Kweku Tsin volvió a esconderla. La siguiente vez que Anansi usó la olla, no tenía magia.

Anansi fue de nuevo a la casa de Trueno. Esta vez, fue mucho más fácil pasar los rompientes. Trueno escuchó atentamente la historia de Anansi, que era una historia ligeramente editada, y luego le dio a Anansi un palo.

—Funciona igual que la olla —dijo Trueno—. Solo dile que haga por ti lo que hace por mí.

Pero una olla es una olla, y un palo es un palo. Cuando Anansi dijo: «Palo, palo, lo que hiciste por tu amo, hazlo por mí», el palo empezó a golpearle. Lo golpeó hasta que consiguió atraparlo y tirarlo al mar.

Kweku Tsin era en realidad más listo que su padre Anansi. Descubrió los mejores lugares para cazar, pero no le dijo a su padre dónde estaban. Anansi lo rastreó haciendo un pequeño agujero en su bolsa de caza y poniendo cenizas en él. La siguiente vez que Kweku Tsin salió de caza, Anansi se limitó a seguir el rastro de ceniza. Conocedor de los mejores lugares de caza, Anansi llegó el primero al día siguiente y advirtió a Kweku Tsin.

—Esta es mi tierra de caza ahora —se dijo Anansi.

Kweku Tsin se dio cuenta de cómo le habían engañado y decidió vengarse. Sabiendo que Anansi iría a vender la carne y las pieles de los animales al mercado, Kweku Tsin llegó al cruce principal y colocó en lo alto de un árbol una imagen diminuta con cascabeles alrededor del cuello. Ató una larga cuerda a la imagen y se escondió entre los arbustos. Cuando llegó Anansi, Kweku Tsin hizo saltar y bailar a la pequeña imagen tirando de la cuerda.

"Los dioses están enfadados" —pensó Anansi—. "Será mejor que le dé algo de carne a este dios".

Pero el dios no estaba contento. Anansi le dio más carne.

El dios seguía sin estar contento. No estuvo contento hasta que Anansi le dio toda la carne y huyó. Kweku Tsin se llevó la carne para venderla. Se hizo rico y, finalmente, celebró un gran banquete. Contó la historia de su astucia y de cómo había vencido a Anansi. Tan avergonzado estaba Anansi que prometió abandonar sus engaños y trucos. (Naturalmente, eso no duró mucho, ¡pero esa es otra historia!).

A veces, los embaucadores están asociados a la obra de la creación. Recuerde que Anansi ayudó a Nyame. Otra araña, Ture, ayudó a la gente a conseguir agua y fuego, según las historias del pueblo Zande en África central.

Una anciana cultivaba ñames y construyó una presa para almacenar toda el agua del mundo. Cuando la gente pasaba por su choza, ella les ofrecía ñames, pero nada para beber, de modo que se ahogaban con los ñames secos. Cuando se ahogaban, los mataba.

Ture fue a buscar agua detrás de la presa y llenó su calabaza con toda el agua que pudo. Luego, cortó una caña hueca para usarla como pajita y poder chupar el agua a escondidas. Luego pasó por delante de la cabaña de la anciana.

Ella le ofreció un ñame. Se lo comió y, cuando ella no lo vio, bebió un sorbo de agua para no ahogarse. Tomó otro ñame. Su reserva secreta de agua evitó que se ahogara. Comió otro ñame. Y otro más. Luego de comerse todos los ñames, corrió a la presa y la rompió, dejando salir el agua para que corriera por los campos. Por eso hay agua en el mundo.

El clan de los herreros era el único que tenía fuego. No dejaban que nadie más lo tuviera. Ture decidió que eso no estaba bien, así que fue a visitar a los herreros. Antes de ir, se vistió con una vieja tela de corteza, que era muy frágil y estaba muy seca. Cuando se sentó junto al fuego de los herreros, el paño de corteza se prendió fuego y huyó llevándose consigo el secreto del fuego.

Pero Ture, como otros embaucadores, podía ser tonto. Se suponía que iba a cazar termitas para alimentarse, pero sedujo a su suegra mientras estaba en el monte. Su mujer se puso furiosa cuando volvió a casa sin termitas. Para Ture, eso no supuso ningún problema: le contó un cuento chino sobre cómo habían ido las cosas.

Por desgracia, en ese momento, el pene de Ture decidió hablar por sí mismo. Cuando dijo la verdad sobre lo que Ture había hecho, su mujer se puso aún más furiosa.

Otro animal embaucador es Agemo, un camaleón que lleva mensajes para el dios yoruba Olorun. Una vez, la diosa del mar Olokun se jactó de que podía tejer mejor que Olorun. El dios decidió enviar a Agemo para comprobar esa afirmación.

Cada vez que Olokun sacaba un paño, Agemo caminaba sobre él y conseguía cambiar su color para igualarlo. La diosa empezó a probar patrones y diseños cada vez más complejos, pero cuando el camaleón consiguió repetir el patrón exactamente incluso en su tejido más complicado, la diosa se dio por vencida.

—Si ni siquiera puedo vencer al mensajero —se lamentaba—, ¿cómo podré vencer a su amo?

Los cazadores malienses cuentan una historia sobre Sirankomi, el gran cazador. Nunca volvía de la selva sin una presa. Los animales temían que los matara a todos, así que enviaron al búfalo disfrazado de mujer para conocer sus secretos.

Sirankomi cayó en la trampa. La mujer búfalo lo sedujo y se la llevó a su cabaña, donde aprendió todos sus trucos. Sirankomi podía transformarse en un termitero, un tocón o un mechón de hierba para que los animales no lo vieran. Pero mientras hablaban, la madre de Sirankomi pasó por delante de la cabaña y advirtió al cazador que no revelara sus secretos a una mujer de una noche.

Al día siguiente, la mujer búfalo pidió a Sirankomi que la acompañara a su recinto. Ella había contado los secretos a los demás animales, así que cuando Sirankomi se convirtió en un termitero, los jabalíes lo desenterraron con sus colmillos. Cuando se convirtió en un tocón de árbol, los elefantes lo arrancaron. Cuando se convirtió en un matojo de hierba, todos los animales herbívoros empezaron a devorarlo.

Pero como había oído la advertencia de su madre, a Sirankomi le quedaba un truco. Se transformó en un demonio de polvo y se marchó a casa dando vueltas.

Otro cazador embaucador es el héroe khoi-khoi (bosquimano) Heitsi-eibib, que era embaucador y cambiaba de forma. Nació de una vaca y se convirtió en un poderoso toro. Huyó cuando vio que el carnicero iba a matarlo y se transformó en hombre. Cuando llegó el carnicero, encontró a Heitsi-eibib tallando calabazas.

—¿Has visto un toro?

—¿Qué toro?

Haber escapado él mismo de la olla no lo convirtió en vegetariano. Cuando se enteró de que en un pueblo iban a sacrificar una vaca, se convirtió él mismo en una enorme olla. Cocinaron la carne, pero Heitsi-eibib se bebió toda la grasa, de modo que la carne que quedó en la olla estaba seca y sin sabor.

En sus viajes, se encontró con ogros que mataban a todos sus visitantes. El primero, Gama-Gorib, retó a Heitsi-eibib a luchar. Gama-Gorib arrojó a su oponente a un gran pozo, donde perecería. Sin embargo, Heitsi-eibib le dijo al hoyo que lo levantara para que pudiera seguir luchando. Finalmente, derribó a Gama-Gorib en el agujero, y el ogro murió. El siguiente, Han-Gai-Gaib (también conocido como Ga-Gorib en algunas versiones), solía retar a los visitantes a lanzarle una piedra. Sin embargo, la piedra era mágica, por lo que rebotaba y mataba a la persona que la lanzaba. Así que Heitsi-eibib le dijo a Han-Gai-Gaib que cerrara los ojos mientras lanzaba la piedra. En lugar de lanzar la piedra, golpeó a Han-Gai-Gaib en la cabeza y lo mató.

Muchos embaucadores son niños prodigio. Los zulúes cuentan la historia de Uhlakanyana, que cortó su propio cordón umbilical con la punta de lanza de su padre y anunció su propia llegada. Como muchos embaucadores, Uhlakanyana era codicioso y a menudo lo pillaban.

Por ejemplo, una vez, un ogro lo sorprendió robando los pájaros de sus redes de caza. El ogro se disponía a comerse a Uhlakanyana crudo, pero este le convenció de que sabría mejor cocido. El ogro se lo llevó a casa y se lo dio a su madre para que lo cocinara.

—Tienes que conseguir que el agua esté en su punto —dijo Uhlakanyana—. No creo que esté suficientemente caliente.

—¿No?

—¿Por qué no la pruebas?

La ogresa metió un dedo.

—Eso no es suficiente —dijo Uhlakanyana—. Tienes que meterte en la olla para ver si está lo suficientemente caliente.

Tontamente, la ogresa se metió en la olla, y Uhlakanyana cerró la tapa de golpe y salió corriendo.

Otra historia muestra cómo Uhlakanyana «cambió». Uhlakanyana encontró una raíz sabrosa y se la llevó a casa a su madre para que la cocinara mientras él iba a una boda. Sin embargo, ella la probó y le gustó por lo que volvió a probarla hasta que se la comió toda.

Uhlakanyana protestó, así que ella le dio una calabaza.

Pasó junto a unos muchachos que estaban ordeñando su vaca, pero no tenían calabaza. Así que les prestó la calabaza. Pero la rompieron y él protestó. Así que le dieron una pequeña lanza de caza. Siguió su camino.

Después, pasó junto a unos chicos que intentaban cortar carne, pero no tenían cuchillo. Así que les prestó la lanza, pero uno de ellos la rompió. Protestó, le dieron un hacha y se fue.

Mientras caminaba, se encontró con unas mujeres que recogían leña, pero no tenían hacha. Así que les prestó la suya, pero una de las mujeres rompió el mango. Protestó. Tenían una manta y se la dieron.

Más tarde, se encontró con dos cazadores que dormían desnudos en el suelo y se ofreció a prestarles la manta. Pero durmieron mal y, al tener pesadillas, consiguieron romper la manta. Uhlakanyana protestó, le dieron un gran escudo y siguió caminando.

Poco después, vio a unos cazadores que habían acorralado a un leopardo. Pero este siseaba y golpeaba con sus garras, y no podían acercarse lo suficiente para matarlo. Así que les prestó el escudo. Mataron al leopardo, pero rompieron el mango del escudo.

Uhlakanyana se enfadó mucho.

—Han roto el mango del escudo que me regalaron los cazadores que rompieron mi manta, que me regalaron las mujeres cuando rompieron mi hacha, que me regalaron los chicos que rompieron mi lanza, que me regalaron los chicos que rompieron mi calabaza, que me regaló mi madre después de comerse mi cena mientras yo estaba fuera en una boda.

Esta historia debió de impresionar a los cazadores, porque le regalaron una enorme lanza de guerra y se la llevó a casa.

No todas las historias de embaucadores son divertidas. La historia bakongo de Moni Mambu es dura y desagradable. En primer lugar, encontró a dos hermanos que nunca se peleaban; uno era pescador, y el otro golpeaba palmeras para hacer vino. Moni Mambu puso las trampas para peces en las palmeras y las calabazas en el agua, y los dos hermanos llegaron a las manos. Moni Mambu se reía al verlos pelear.

Luego, visitó un pueblo y pidió hospitalidad. Una mujer le dijo:

—Puedes comer estofado de cacahuete con mis hijos.

Él se tomó sus palabras al pie de la letra; asó a los niños y se comió el guiso de cacahuetes con la carne.

Moni Mambu se fue de caza con el jefe.

—Dispara a todo lo que se mueva —le dijo el jefe—. No quiero que quede nada más que las babosas y los caracoles.

Así que Moni Mambu disparó a los lagartos, pájaros, serpientes, antílopes, perros de caza, niños y a la mujer favorita del jefe.

El jefe condenó a muerte a Moni Mambu, pero dijo que solo podía morir de una manera: ahogado. La gente lo llevó al río con una gran trampa para peces para ahogarlo, pero por el camino, Moni Mambu consiguió convencer a un extraño de que era un sacerdote ritual y que estaba esperando con la trampa para peces para ungir a un rey. El desconocido, que pensaba que ser rey sería estupendo, se metió en la trampa para peces. Moni Mambu le cerró la tapa y escapó. El extraño murió ahogado.

Moni Mambu acabó mal. Encontró una calavera parlante, y estaba tan emocionado que se lo contó a los ancianos de la aldea. Fueron a ver la calavera, pero no hablaba con los ancianos, así que acusaron a Moni Mambu de mentirles y lo mataron.

Ahora echemos un vistazo a Eshu, un dios yoruba que es algo más que un embaucador, pero definitivamente es tramposo (muchos de los cuentos que se cuentan de Eshu también se cuentan de su homólogo Legba). Para empezar, Eshu es el dios del azar, la suerte, los accidentes y lo impredecible de la vida. También es el mensajero de Olorun en la tierra, el dios de las encrucijadas y de la adivinación.

Érase una vez dos hombres que eran muy buenos amigos. Eran tan felices que decían que su amistad duraría para siempre. Pero Eshu los oyó.

Al día siguiente, los dos amigos vieron pasar a un hombre mientras trabajaban en sus granjas. Más tarde, cuando estaban sentados bajo un árbol y charlando, uno de ellos mencionó el amistoso saludo que les había hecho el hombre del sombrero rojo.

—¿Rojo? —dijo el otro hombre—. ¡Era negro!

—¡No soy ciego! Era rojo!

Cada vez estaban más acalorados y, al final, llegaron a las manos por el asunto.

En realidad, Eshu había pasado entre los dos llevando un sombrero que era negro por un lado y rojo por el otro. Los engañó para que tuvieran esa discusión. ¿Por qué? Porque su idea de una amistad para siempre era jactanciosa y orgullosa, y él quería demostrarles que en la vida todo es cambio y azar.

Un embaucador menos conocido procede de los cuentos árabes de *Las mil y una noches* a través de Zanzíbar, un puesto comercial donde los árabes no solo comerciaban, sino que también se establecían y se casaban con los lugareños de habla swahili. Abu Nuwas se naturalizó como un embaucador que vivía en un entorno urbano y se valía de su ingenio.

Por ejemplo, cuando Abunuwasi (como se le conoce en Zanzíbar) toma prestada una cacerola grande de su vecino, se la devuelve junto con otra mucho más pequeña.

—¿Qué es esto? —le pregunta su vecino—. Solo te he prestado una cacerola.

—Ah —responde Abunuwasi—. Creo que la cacerola grande estaba embarazada cuando me la prestaste. Este es su bebé.

El vecino piensa que Abunuwasi no es muy listo, pero se alegra de tener una cacerola más. Sin embargo, Abunuwasi no es tan tonto como parece.

La siguientes vez que necesita que le presten la cacerola grande, se la queda. Al cabo de unos meses, el vecino se pregunta dónde está la cacerola.

—¿Te acuerdas de la cacerola grande? —le pregunta a Abunuwasi. Abunuwasi rompe a llorar. Solloza y solloza. Llora lágrimas de verdad.

—La cacerola murió —se lamenta.

—Las cacerolas no se mueren —exclama el vecino enfadado—. No seas estúpido.

Abunuwasi mira a su vecino.

—Me creíste cuando te dije que la cacerola tenía un bebé, ¿verdad? Y si nacen, pueden morir.

Abunuwasi incluso fue más listo que el sultán. El sultán le había dado a Abunuwasi una joven y bella esposa junto con un regalo de mil piezas de oro. Abunuwasi y su esposa fueron felices durante un tiempo, pero el dinero se acabó. Es difícil ser feliz cuando se tiene hambre.

Así que Abunuwasi pensó en un plan. Fue a ver al sultán, llorando, y le dijo que su mujer había muerto. Lo peor era que no tenía dinero para el funeral. El sultán le dio su pésame y, más concretamente, veinte piezas de oro.

Al mismo tiempo, la mujer de Abunuwasi fue a ver a la mujer del sultán y le dijo que Abunuwasi había muerto y que había sido tan mal marido que no le quedaba dinero para enterrarlo. La sultana dio a la muchacha sus condolencias y veinte piezas de oro.

Cuando el sultán cenó con su esposa, mencionó cómo había muerto la mujer de Abunuwasi y qué lástima que Abunuwasi no pudiera encontrar la felicidad en la vida.

—Te equivocas —le dijo su mujer—. Es Abunuwasi quien ha muerto. He visto a su mujer esta mañana.

Así que decidieron que era mejor averiguar quién tenía razón. Enviaron a un criado a casa de Abunuwasi. Abunuwasi hizo que su mujer se escondiera bajo una sábana.

|—No respires —le advirtió. Luego, mostró al criado a su esposa «muerta».

La sultana no estaba contenta. Envió a su propio mensajero a la casa. La mujer de Abunuwasi reconoció a la enviada, así que hizo que Abunuwasi se tumbara bajo la sábana. Le tocaba hacerse el muerto.

El sultán y su esposa estaban ahora completamente confundidos. No podían confiar en que sus propios sirvientes les dijeran la verdad, así que decidieron ir juntos a casa de Abunuwasi. Por supuesto, el sultán siempre iba precedido de sus tamborileros y jinetes, así que Abunuwasi estaba bien avisado. Esta vez, tanto Abunuwasi como su mujer se metieron bajo la sábana. Cuando el sultán y su esposa entraron en la casa, vieron inmediatamente los dos cadáveres.

—Esto es un misterio —dijo el sultán—. Hay que aclararlo. Daré mil piezas de oro a quien pueda decirme qué está pasando.

El Abunuwasi «muerto» se incorporó y gritó:

—¡Adelante! Dame el oro y te lo explicaré.

Capítulo 6: Monstruos y bestias míticas

Si observamos un mapa medieval, veremos que África está llena de monstruos: unicornios, grifos, basiliscos y manticoras, así como elefantes, cocodrilos y leones. Había hombres sin cabeza y hombres con un solo pie enorme, que utilizaban como paraguas (aunque también se encontraban en la India, según los textos). Para los europeos medievales, África era un lugar fascinante pero peligroso. Lo conocían sobre todo por los textos escritos por griegos y romanos, ya que muy pocos occidentales habían estado allí. Los europeos dejaban volar su imaginación. Sin embargo, como sabemos hoy, África no es así.

Aun así, África tiene sus propios monstruos, aunque son muy diferentes de los que los monjes medievales describen con tanto esmero. De hecho, los monjes se equivocaron por completo en una cosa: les faltaron los legendarios vampiros. Y hay muchos vampiros en África.

Por ejemplo, está el adze, que vive en Togo y Ghana. Parece una inocente luciérnaga, pero puede transformarse en forma humana. También puede poseer a las personas, convirtiéndolas en brujas (*abasom*). El adze chupa la sangre de la gente mientras duerme, y es especialmente peligroso porque, en su forma de luciérnaga, puede colarse por las grietas de las paredes o por debajo de las puertas. Sus víctimas favoritas son los niños con su dulce sangre joven.

Si eso le hace pensar en mosquitos, puede que esté en lo cierto; algunos académicos especulan con la posibilidad de que el adze se creara como metáfora de la malaria. Asegúrese de dormir en un lugar bien protegido y estará a salvo tanto del adze como de los insectos.

El Asanbosam, o Sasabonsam, es otro vampiro que aterroriza al pueblo akan de Ghana. Vive en los árboles y ataca desde arriba. Tiene dientes de hierro, ganchos de hierro en lugar de pies y manos, y alas de murciélago, como el conde Drácula. Los Asanbosam son espíritus del bosque que lo defienden de los humanos. Uno no debe adentrarse en el bosque salvaje los jueves, que es un día reservado para que el bosque se renueve, o será cazado. Básicamente, el Asanbosam es un guardián moral que vela por que la gente cumpla las normas que permiten que el ecosistema funcione correctamente. Los misioneros del siglo XIX, por supuesto, no lo entendieron y en su lugar interpretaron que el Asanbosam era el Diablo cristiano.

El Ramanga de Madagascar mezcla una realidad bastante desagradable con un mito aterrador. El mito dice que el Ramanga es un vampiro que come recortes de uñas y bebe sangre. Sin embargo, la realidad es que existía una clase de practicantes rituales cuyo trabajo consistía en asegurarse de que las brujas no pudieran hacerse con la sangre, los recortes de uñas o la saliva de sus jefes para hacer magia maligna con ellos. Solo había una forma de hacerlo: comerse los recortes de uñas y chupar la sangre derramada (por ejemplo, en un accidente de caza).

Es curioso que, ahora que la mayoría de la tribu Betsileo es cristiana y ya no cree en esa brujería, haya surgido un monstruo más parecido a la idea occidental de vampiro.

En el folclore ashanti, el obayifo es a la vez un vampiro y una bruja, un binomio bastante común en los mitos africanos. Puede habitar cualquier cuerpo humano y está obsesionado con la comida. Se puede reconocer a un obayifo por la luz que emana de sus axilas y ano. Los obayifo pueden cambiar de forma y volar, y también pueden poseer animales; por ejemplo, uno puede poseer un toro y hacer que mate a la gente en un ataque de furia ciega.

Las mujeres que practican la brujería suelen convertirse en obayifo. Les gusta chupar la sangre de los niños y pueden recorrer grandes distancias de noche. Pero se puede disuadir a los obayifo poniendo un plato de carne cruda a la entrada del pueblo; se lo comerán y no irán más lejos en el asentamiento. Los ashanti también comparten un poco de comida con los demás en caso de que la persona que la pida sea un obayifo. Si uno da comida a un obayifo, le sacará los dientes.

También hay varias historias de caníbales. Los fulani cuentan que Debbo Engal tuvo diez hijas y que cada una de ellas tomó un amante para poder chuparle la sangre. Los bantúes aterrorizan a sus hijos con la historia de Tshikashi Tshikulu, la vieja del bosque que acecha a mujeres y niños para comérselos.

Además de los devoradores de hombres y los bebedores de sangre, África cuenta con varios tipos de monstruos acuáticos. El Gbahali, por ejemplo, es la versión liberiana del monstruo del lago Ness escocés; se trata de una enorme criatura parecida a un cocodrilo que, según se dice, vive en los ríos de la selva tropical y tiende emboscadas a sus presas. Puede medir hasta nueve metros de largo. Algunos han sugerido que se parece al dinosaurio *Postosuchus*, extinguido hace doscientos millones de años. Pero nadie parece haber visto uno desde hace tiempo; después de todo, puede que solo fuera un gran cocodrilo.

El Ninki Nanka es otro reptil legendario que vive en los pantanos de África Occidental. Sale de noche para cazar y devorar todo lo que encuentra. Los relatos sobre él varían: es un dragón, tiene cabeza de caballo, mide diez metros o es tan largo como una palmera. Es inimaginablemente enorme, o parece una pitón con una cresta de plumas y escamas como espejos. Puede que originalmente fuera un dios serpiente preislámico, pero hoy en día se utiliza más como hombre del saco para asustar a los niños y evitar que salgan de la aldea. Algunos gambianos, sobre todo en las ciudades, creen que es un mito o que se ha extinguido, mientras que otros no están tan seguros. Al menos un guarda del parque nacional afirma haberlo visto. El gran problema para encontrar pruebas es que cuando la gente ve al Ninki Nanka, suele morir poco después, por lo que hay pocos testigos vivos.

Otro «monstruo del lago Ness» es el Inkanyamba, una legendaria serpiente, anguila o monstruo acuático del que se dice que vive, entre otros lugares, en las cataratas de Howick, en la provincia sudafricana de KwaZulu-Natal. Según los xhosa, solo los *sangomas* (curanderos tradicionales) pueden acercarse a salvo a las cataratas. El Inkanyamba se asocia con la lluvia y se dice que puede salir del agua en forma de tornado o tromba de agua. En realidad, el Inkanyamba es más un dios que un monstruo; recordemos que muchos otros dioses están asociados a serpientes (como Lebe o Ala con su pitón real).

Los bosques de África central están defendidos por los Biloko (en plural; uno de ellos se llama Eloko). Estos enanos habitantes de los bosques son espíritus ancestrales que defienden ferozmente sus territorios de caza. Viven en árboles huecos, se visten con hojas y tocan campanillas que hechizan a quien las oye. (Afortunadamente, un talismán o fetiche puede ser eficaz contra esta magia). Si esto no le parece especialmente feroz, debe saber que se comen a la gente si pueden.

Hay un cuento sobre una mujer que obligó a su marido a llevarla de caza. Él tenía una cabaña en el bosque que utilizaba en sus expediciones, y la dejó allí mientras iba a comprobar sus trampas. Le advirtió sobre los Biloko y sus campanillas por lo que le dijo que mantuviera la puerta bien cerrada y que no la abriera a nadie más que a él.

Sin embargo, cuando la mujer oyó las campanillas, se olvidó de la advertencia y dejó entrar a un Eloko en la cabaña. Cuando el cazador regresó, solo encontró sus huesos.

Otro animal del Congo es un misterio. El Abada es similar al unicornio occidental, ya que sus cuernos son un antídoto contra el veneno y tienen otros poderes curativos. La única diferencia es que, a diferencia del unicornio, el Abada tiene dos cuernos y aparentemente es más del tamaño de un burro que de un caballo.

También se lo conoce como Nillekma, nombre con el que aparece en el *Zoological Journal* de 1829. Sin embargo, no hay mucha información disponible sobre la criatura, y es posible que el Abada no sea un monstruo en absoluto y solo un antílope ordinario. Según un relato, es muy sabroso.

Si hoy viajamos a Etiopía, tendremos suerte si encontramos a alguien que conozca al Pegaso etíope. Sin embargo, el naturalista romano Plinio el Viejo (que, por cierto, fue un mártir de la ciencia, ya que decidió quedarse en Pompeya para observar de cerca la erupción del Vesubio) nos lo cuenta todo sobre esta criatura. Según él, eran caballos alados con dos cuernos y no procedían de Etiopía, sino que se criaban en una isla frente a las costas de Eritrea.

Aunque Plinio era, en algunos aspectos, un buen científico, estaba demasiado dispuesto a creer los cuentos de los viajeros y los mitos urbanos. Esto se agravó cuando los monjes medievales se hicieron con sus obras y las utilizaron como base para los bestiarios, recopilaciones de lo que se sabía sobre el mundo animal. Si busca un Pegaso etíope, lo mejor es que encuentre una biblioteca con una buena colección de manuscritos medievales iluminados.

Otro habitante del Congo es quizá más célebre fuera de África. Kongamato, «rompedor de barcos», aparece en el videojuego *Final*

Fantasy XIV. Los kaonde describían a este monstruo como una especie de pterosaurio —un enorme lagarto de alas rojas— que disfrutaba volcando canoas y podía hacer que una persona muriera con solo mirarla. En el juego, sin embargo, el Kongamato resulta ser una montura útil y puede invocarse utilizando un silbato especial Kongamato.

Sudáfrica tiene dos animales míticos especialmente interesantes. El primero es el Impundulu, el pájaro relámpago de los zulúes, que a menudo se identifica con el *hamerkop* («cabeza de martillo»), de aspecto extraño. Se trata de un enorme pájaro blanco y negro que invoca el trueno y el relámpago.

Aunque el Impundulu es un fenómeno natural, su asociación con las brujas, que pueden transmitir el control del ave a su familia, ha contribuido a convertirlo en un pájaro de mal agüero. Puede ser forzado a convertirse en el sirviente de una bruja, que puede utilizarlo para atacar a sus enemigos, y también puede convertirse en un vampiro que bebe sangre humana. No puede ser matado por ningún medio excepto, curiosamente para un pájaro relámpago, por el fuego.

Menos nocivo, pero aún muy molesto es el Tikoloshe o Tokoloshe, un espíritu travieso que tiene el poder de la invisibilidad. Es un coco común al que se puede invocar para asustar a los niños (arrancará de un mordisco los dedos de los pies cuando estén dormidos, o eso se dice). También puede provocar enfermedades graves o incluso la muerte de los enemigos. A diferencia del Impundulu, el Tokoloshe es fácil de eliminar, ya que cualquier pastor cristiano puede desterrarlo. Además, son enanos diminutos, así que si se pone las patas de la cama sobre ladrillos, no podrán hacer nada.

En la cultura urbana sudafricana, el Tokoloshe se ha convertido en una figura divertida, como el *gremlin* o el Grinch; aparece en las tiras cómicas y se le culpa de todo tipo de desgracias comunes.

Terminemos este capítulo con una historia del pueblo san y su héroe cultural Khaggen, «Mantis», que creó la tierra, el cielo y los animales. Demuestra que para algunos pueblos africanos no hay distinción entre el mundo animal y el humano, al menos en el mito.

La hija de Khaggen huyó para vivir con las serpientes. Su hijo, Cogaz, fue a buscarla y ella se mostró dispuesta a volver, pero le advirtió de que las serpientes intentarían morderlos. Así que se ataron tallos de hierba alrededor de las piernas para protegerse, y así consiguieron escapar de las serpientes.

Khaggen se enfadó porque las serpientes habían intentado morder a sus hijos, así que envió una inundación para ahogarlos. Sin embargo, el jefe de las serpientes y sus seguidores sobrevivieron. Khaggen los golpeó con su bastón y se convirtieron en hombres.

Más tarde, Khaggen oyó hablar de un grupo de gigantes que bebían sangre de mujer. Decidió enviar a Cogaz a matar a los gigantes, dándole uno de sus dientes para que se lo llevara. Cogaz encontró a una mujer prisionera de los gigantes y la liberó, pero los gigantes los persiguieron. Para escapar, Cogaz arrojó al suelo el diente de Khaggen, que creció hasta convertirse en una montaña. Desde lo alto de la montaña, Cogaz podía lanzar flechas envenenadas. Al darse cuenta de que Cogaz estaba en apuros, Khaggen decidió ayudarle. Cortó su bolsa de caza de cuero en tiras, que se convirtieron en perros y ahuyentaron a los gigantes.

Cuando los babuinos vieron a Cogaz recogiendo madera para fabricar arcos, decidieron matarlo antes de que pudiera utilizarlos. Colgaron su cuerpo en un árbol. Luego, cantaron canciones que degradaban a Khaggen. Sin embargo, cuando llegó Khaggen, cambiaron la letra, esperando que no hubiera oído lo que habían estado cantando. Sin embargo, una cría de babuino, que no sabía nada mejor, siguió cantando las viejas palabras. Khaggen se enfadó. Les taponó el trasero con una clavija de madera y los desterró a las montañas; por eso los babuinos tienen el trasero rojo y viven en el desierto.

Khaggen creó en secreto un eland a partir de la sandalia desechada de su yerno, frotándola con miel para que creciera. Su yerno se enteró y, como la sandalia era suya, pensó que el eland también debía ser suyo. Así que mató al eland para comer su carne. Khaggen encontró la hiel del eland, pero reventó y lo cubrió de mucosidad maloliente. Khaggen cogió una pluma de avestruz para limpiarse y, cuando se hubo deshecho de la mucosidad, arrojó la pluma al cielo, donde se convirtió en la luna.

Capítulo 7: Los héroes en el mito africano

Además de dioses y antepasados, en África abundan los héroes. A menudo se solapan con los otros reinos del mito, así como con la historia real. Algunos héroes tienen elementos en sus historias que recuerdan mucho a los cuentos de embaucadores, mientras que Sundiata Keita es el héroe arquetípico de Mali, pero también fue una figura histórica real.

El reino de Luba, en el sur de la República Democrática del Congo, se fundó en el siglo XVI y sus orígenes se remontan al príncipe Kalala Ilunga.

El déspota Nkongolo gobernó en el Congo. Casó a sus dos hijas con un cazador del este, Ilunga Mbidi Kiluwe, pero tras sentirse amenazado por el joven, persiguió a Ilunga hasta el exilio. El hijo de Ilunga, Kalala Ilunga, creció en el exilio junto con Mijubu wa Kalenga, el primer adivino. Con el tiempo, el joven príncipe decidió ir a ocupar su lugar en la corte de su abuelo.

Nkongolo invitó a Kalala Ilunga a bailar para él. Sin embargo, Mijubu advirtió al muchacho de que Nkongolo había cavado un pozo oculto y lo había llenado de lanzas donde Kalala Ilunga debía bailar. Así que, cuando Kalala Ilunga fue llamado, destapó la fosa oculta con su propia lanza y derrocó al tirano Nkongolo.

Desde entonces, la danza de la lanza (*kutomboka*) se baila al final de cada investidura de un nuevo jefe para conmemorar el acontecimiento.

¿Quién es el héroe de esta historia? Al parecer, depende de quién la cuente; para algunos, es el joven príncipe, pero para otros, es el adivino, Mijubu wa Kalenga.

(Por cierto, se dice que Kalala Ilunga introdujo el trabajo avanzado del hierro entre los luba. Las hachas finamente fabricadas se convirtieron en símbolos de poder y prestigio, aunque a veces están tan adornadas que podrían no haber sido utilizables como hachas).

En el recodo del río Congo, los mongo tienen un héroe que, como Kalala Ilunga, tenía una misión justiciera. La madre de Lianja se quedó embarazada y no pudo dar a luz durante mucho tiempo. Cuando por fin lo hizo, dio a luz a varios niños, hormigas, pájaros y tribus enteras de hombres. Lianja se negó a nacer de la forma normal, alegando que el conducto de parto de su madre ya había sido utilizado por demasiada gente. En su lugar, él y su hermana Nsongo nacieron de una herida hecha en el muslo de su madre.

El malvado Sausau había matado al padre de Lianja, e incluso antes de que se cortara el cordón umbilical de Lianja, esta empezó a hacerle la guerra a Sausau. Primero envió un enjambre de moscas y avispas, pero Sausau se protegió con nubes de humo. Después, envió varios clanes de hombres, pero Sausau mató a sus líderes, incluido el hermano de Lianja.

Finalmente, Lianja entabló un combate singular contra Sausau. Este último lanzó lanzas contra Lianja. Las lanzas lo atravesaron, pero volaron por el aire hacia Sausau. Las heridas de Lianja sanaban al instante, por lo que Sausau lanzaba lanza tras lanza sin efecto.

Finalmente, Lianja tiró a Sausau al suelo, pidió a Nsongo que le diera su cuchillo y le cortó la cabeza.

Hasta aquí, la típica historia de héroes, pero ahora da un giro extraño. Nsongo se había enamorado de Sausau. Después de que su hermano le ofreciera una recompensa por su participación en la guerra, ella le pidió que devolviera la vida a Sausau. Así lo hizo Lianja y entregó a Sausau a su hermana como esclavo.

A continuación, Lianja devolvió la vida a todos los soldados muertos de ambos bandos y, junto con Nsongo, los condujo a través del bosque hasta la tierra que le habían prometido.

Otro relato cuenta cómo Lianja y Nsongo tuvieron que refugiarse de un ogro en un árbol baobab. El árbol los protegió, pero el ogro llamó a sus amigos para que le ayudaran. Los ogros desgarraron la corteza y las ramas del árbol antes de rendirse y marcharse. Antes de volver a partir,

Lianja curó el baobab. Es un héroe que tiene a la vez tendencias guerreras y pacíficas; en otras palabras, es un sanador y un guerrero.

Jeki la Njambe de los duala, en la costa de Camerún, era un medio hermano menor despreciado por los otros ocho hijos de su padre, Njambe. La única hija de su madre había sido robada por un chimpancé y, aunque estaba muy embarazada, no pudo dar a luz. En una ocasión, cuando la obligaron a apilar leña, Jeki saltó de su vientre para ayudarla y luego volvió a saltar. En otra ocasión, las nueve esposas habían estado buscando gambas en los bajíos de la costa, pero la marea empezó a subir. De nuevo, saltó del vientre de su madre y las rescató a todas antes de volver a saltar dentro.

Finalmente, Jeki pensó que había llegado el momento de nacer. Antes de salir, su madre dio a luz telas tejidas, lingotes de metal, instrumentos musicales, amuletos, una canoa y, finalmente, al propio Jeki, junto con su amuleto especial, Ngalo.

Jeki era odiado por su padre y sus hermanos. Su padre lo ponía a prueba mostrándole un gran cofre de madera y preguntándole qué contenía. Jeki recibía una paliza por cada respuesta incorrecta. «Tela», decía. No, no era tela, y todos sus hermanastros lo pegaron. «Oro», dijo a continuación, pero también era incorrecto, así que lo volvieron a pegar.

Finalmente, dio la respuesta correcta, que había sabido desde el principio:

—Un solo piojo de tu cabeza, padre. Ah, y es hembra. —Pero ahora sabía cuánto lo odiaban sus hermanos.

Poco después, Jeki fue llamado por su padre y se le ordenó lavar un gran cofre de madera. Cuando su padre llegó al poder, invocó a varios animales mágicos y los encerró, lo que se convirtió en el secreto de su poder. En este cofre había un feroz leopardo que había aprisionado mágicamente.

Jeki estaba a punto de abrir el cofre, pero su amuleto Ngalo le advirtió que no lo hiciera, diciéndole que primero lo llevara al río y lo lavara por fuera. Jeki llevó el cofre a las profundas aguas y lavó todo el exterior. Cuando estuvo listo para sacarlo del río y limpiar el interior, el leopardo se había ahogado.

Otra de las defensas mágicas de Njambe era un cocodrilo gigante. Propuso una tercera prueba para Jeki. Este debía traerle el cocodrilo. Jeki cogió su canoa, que había nacido justo antes de aparecer del vientre de su madre, e invitó cortésmente al cocodrilo a un consejo en la aldea. A continuación, convocó una gran ola que arrastró al cocodrilo hasta la aldea, donde se comió unas cuantas vacas para desayunar antes de que Njambe pudiera deshacerse de él.

Por último, Njambe pidió a Jeki que se subiera a la enorme palmera en busca de nueces. En la copa de la palmera vivía otra criatura mágica, el feroz pájaro kambo. Así que Jeki pidió a sus hermanastros que subieran al árbol primero, y así lo hicieron. El pájaro kambo mató a uno tras otro. Cuando todos murieron, Jeki subió al árbol, protegido por su amuleto Ngalo, y recogió las nueces. Atrapó al pájaro kambo y lo quemó hasta matarlo.

Luego, encontró la medicina y devolvió la vida a sus hermanos.

Más tarde, fue a la tierra de los chimpancés para encontrar a su hermana. Los chimpancés le mostraron docenas de mujeres encantadoras, todas iguales, y le dijeron que eligiera. Por suerte, Ngalo había vuelto a dar un buen consejo a Jeki. Así, Jeki envió a una abejita, que pudo distinguir fácilmente a la verdadera hermana de las falsas.

Los héroes trágicos también existen. En Benín se cuenta la historia de Aruan. Era uno de los dos hijos que le nacieron el mismo día al rey Ozolua del pueblo kyama. Pero Aruan no gritó, mientras que su hermanastro Esigie sí lo hizo. Por eso, todos pensaron que Esigie había nacido primero, y se convirtió en el heredero. Sin embargo, Ozolua favoreció a Aruan y le dio una espada mágica. Le dijo a Aruan que la plantara en la tierra donde estaría su capital. Ozolua quería ser enterrado allí cuando muriera.

Pero Esigie engañó a Aruan para que plantara la espada en un mal lugar. Uno de los sirvientes de Aruan cavó una fosa y la llenó con sus lágrimas para crear un enorme lago. Cuando Ozolua murió, Esigie robó el cuerpo y lo enterró en Benin. Aruan se fue a la guerra llevando una campana en el pectoral. Dijo a sus sirvientes que si oían la campana, significaba que había perdido, y que debían arrojar toda su casa y todas sus posesiones al lago.

Aruan ganó la guerra, pero mientras celebraba su victoria, la campana cayó al suelo y se apagó. Cuando regresó, encontró su hogar devastado. Afligido, se arrojó al lago y se ahogó.

Los fulani cuentan la historia de otro príncipe despreciado, Goroba-Dike, que era hijo menor. No tenía herencia, así que se disfrazó de campesino y consiguió trabajo de herrero.

La princesa Kode Ardo declaró que solo se casaría con un hombre cuyos dedos fueran lo suficientemente pequeños como para que pudiera llevar un diminuto anillo que ella llevaba en el dedo meñique. Muchos lo intentaron, pero solo Goroba-Dike podía llevarlo. Así que la princesa tuvo que casarse con el hijo del herrero.

El rey y todos sus guerreros partieron para hacer la guerra a los tuaregs, que habían asaltado su ganado. Goroba-Dike fue con ellos, montado en un burro. Sin embargo, cuando salieron de la ciudad, se equivocó de dirección. Todos se rieron de él, especialmente los otros yernos del rey.

En secreto, Goroba-Dike se transformó en un espléndido jinete y se reincorporó al ejército. Dijo a los yernos del rey que lucharía por ellos si cada uno le daba una de sus orejas, y así lo hicieron.

La esposa de Goroba-Dike, Kode Ardo, fue secuestrada por los tuaregs, y él la rescató, luciendo aún su espléndido aspecto. Lo habían herido en el brazo, y ella utilizó un trozo de su vestido para vendar la herida.

Esa noche, apareció de nuevo en la corte como mozo de herrero. Kode Ardo vio de pronto que su marido «campesino» había sido herido exactamente en el mismo lugar que el espléndido guerrero y que su herida estaba vendada con el paño que ella le había dado. Contó su historia, pero los yernos se mostraron desdeñosos; dijeron que se lo había inventado todo.

Entonces contó que cada uno de los yernos le había regalado una oreja. Mostró el collar de orejas, y cuando el rey miró a sus yernos, vio que a todos, excepto a Goroba-Dike, les faltaba una oreja.

Kobe Ardo supo ahora que tenía un marido real, y el rey quedó tan impresionado que entregó todo su reino a Goroba-Dike en agradecimiento.

Muchos de estos héroes tienen un nacimiento y una infancia atípicos. Aiwel Longar, de los dinka/bor de Sudán, es otro enfant terrible. Nació cuando un dios del río oyó llorar a una anciana viuda por no tener un hijo. El dios se apiadó de ella y le dio un hijo. Aiwel Longar nació con una dentadura completa, lo que indicaba que tendría un gran poder espiritual. Además, ya era capaz de caminar y hablar. Le ordenó a su madre que no contara a nadie su nacimiento o moriría, pero ella hizo caso omiso. Ella murió, así que Aiwel se fue a vivir con su padre, el dios del río, hasta que creció.

Cuando Aiwel regresó a la aldea, tenía un buey de cada color y se hizo cargo del ganado del difunto marido de su madre. Llegó una sequía al campo, y mientras el ganado de todos los demás adelgazaba, el de Aiwel seguía gordo. Cuando tocaba la tierra, brotaba agua y crecía la hierba. Con el tiempo, gracias a estos dones, se convirtió en el jefe de la aldea. Su lanza era el signo de su divinidad, y los sacerdotes maestros de la lanza aún remontan sus orígenes a él y sacrifican bueyes en su honor.

Las mujeres solteras suelen ser problemáticas en los cuentos africanos. En muchos de estos cuentos, las mujeres no quieren ser solteras, y se acepta que las mujeres son criaturas sexuales. Pero a veces, se convierten en heroínas. Yennenga, la hija de un rey, tenía edad suficiente para casarse, pero su padre no le encontró marido. Así que se buscó un compañero. Sin embargo, al rey no le gustó que se quedara embarazada y ordenó su muerte. Sus amigas se enteraron de la orden y la advirtieron. Juntas, robaron caballos de los establos reales y escaparon. Pero Yennenga cabalgó tanto que sufrió un aborto.

Tras muchas aventuras y cabalgar mucho, llegó a la tierra de Rialle, el cazador de elefantes. Al principio, Rialle creyó que Yennenga era un hombre joven, ya que cabalgaba vestida de hombre y sus amigos la trataban como si fuera un jefe. Pero más tarde, ella le contó la verdad y se casaron. Llamó a su hijo Semental en recuerdo del caballo cuya velocidad le salvó la vida. Se cree que la casa real de los Mossi de Burkina Faso desciende de ella.

Los Sereer de Senegal cuentan una historia similar sobre su casa aristocrática de Guelowar. Los Guelowar son matrilineales y la herencia se transmite por línea femenina. ¿Cómo surgió?

Una princesa mande se enamoró de un músico *griot*. Las princesas y los *griots* no se llevan bien, son de clases diferentes. Ella sabía que su padre nunca la dejaría casarse con el *griot*. Pero estaba perdidamente enamorada. Cuando se quedó embarazada, tuvo que huir y acabó viviendo en una cueva al borde del océano.

El rey de aquella tierra oyó hablar de la hermosa mujer de la cueva y fue a comprobar por sí mismo si era tan bella como le habían contado. Se enamoró inmediatamente y le pidió que se casara con él. Ella estaba embarazada y pensó en su hijo por nacer. Aceptó casarse con él si lo convertía en su heredero. Él aceptó y ella se fue con él.

Cuando nació su hijo, era una niña. Inmediatamente, el rey hizo proclamar que los hijos de la niña gobernarían la tierra después de él, razón por la cual los Guelowar siguen transmitiendo la herencia a través de la madre, no del padre.

Por último, en una encantadora historia shona encontramos un héroe de otro tipo: un músico que tocaba la kalimba (mbira), o piano de pulgares, como lo llaman algunos. Era el hijo mayor de un padre pobre, y solo habían ahorrado lo suficiente para que un hijo se casara. El hijo menor encontró esposa, así que el mayor tuvo que partir en busca de fortuna. Se llevó su kalimba para pasar el tiempo durante el viaje.

Primero llegó a la tierra de las liebres, pero estas le taponaron las orejas y no le dejaron pasar. Como no podía ir más lejos, se sentó y tocó la kalimba. Para su sorpresa, las liebres empezaron a bailar al son de la música, y él pudo pasar a su tierra y seguir su camino.

Luego tuvo que atravesar el territorio de los antílopes, pero estos le amenazaron con sus cuernos retorcidos. Una vez más, se sentó y tocó su kalimba, y los antílopes empezaron a bailar. Siguió adelante.

Entonces se topó con una manada de leones, que le rugieron y le enseñaron sus enormes dientes. Pero ahora confiaba en que su kalimba haría magia, y así fue. Los leones se revolcaron con las patas en alto y acabaron durmiéndose.

Por fin, el músico llegó a un lago, se sentó a descansar y empezó a tocar solo para su propio placer.

Pero los espíritus del agua que vivían en el lago se reunieron para escuchar y decidieron que el músico debía tocar para su rey. Lo llevaron bajo el agua hasta el palacio del rey y tocó delante de la corte real. Al rey le encantó la música y le dio una esposa y un pueblo en la tierra submarina.

El hermano mayor, aún lleno de amor por su familia, fue a contarles la buena fortuna que había encontrado, pero su hermano pequeño no quiso ir. Entonces, el músico regresó bajo el lago, y nadie lo ha vuelto a ver desde entonces.

Capítulo 8: Reyes y reinas míticos y legendarios

Como se ha visto en el último capítulo, hay diversos grados de «mítico», desde la invención pura y simple hasta la historia recordada oralmente. Los historiadores no siempre se ponen de acuerdo sobre el grado de mitificación de estas figuras. Por ejemplo, la reina de Saba podría haber sido la reina de Yemen, que compartió gran parte de su cultura con el Cuerno de África en la antigüedad y ni siquiera se encuentra en África. Por otro lado, Akenatón es conocido por sus propios monumentos, y se puede ver la coronación de Ras Tafari en un noticiario de 1930.

Akenatón fue el décimo gobernante de la XVIII dinastía de Egipto. Llegó al trono en 1353 a. e. c. como Amenhotep IV, pero pronto cambió su nombre por el de Akenatón, incorporando el nombre del disco solar Atón. A su vez, Atón se convirtió en el dios patrón de su casa real, sustituyendo a Amón-Ra y a todos los demás dioses.

Akenatón trasladó su capital a Amarna, donde patrocinó un nuevo estilo de arte egipcio, más alargado y realista que los estilos precedentes. Convirtió a la familia real en el único vínculo entre Atón y el pueblo, y los relieves lo muestran a él, a Nefertiti y a sus hijas en escenas íntimas de la vida familiar, no en las procesiones jerárquicas del arte anterior[103].

---

[103] El arte egipcio rara vez muestra a los hijos varones del rey, a menos que hayan recibido un alto cargo.

Las reformas de Akenatón podrían haber tenido como objetivo demostrar la primacía de su dios particular, debilitando a otros sacerdocios que eran fuentes de poder rivales del faraón; sin embargo, muchos expertos creen que sus opiniones se acercaban más al monoteísmo.

Su esposa, **Nefertiti**, o Neferneferuatón Nefertiti en su forma completa, es bien conocida por su majestuosa belleza. El busto de Nefertiti en el Museo de Berlín se considera una de las obras maestras del arte egipcio, y su belleza contrasta extrañamente con las representaciones casi deformadas de su marido.

Nefertiti podría no haber sido solo un rostro hermoso. Es muy posible que gobernara por derecho propio. Según una interpretación de las pruebas, cinco años antes de la muerte de Akenatón, este nombró a Nefertiti cogobernante de Egipto y la rebautizó como Anjjeperura Neferneferuatón. A la muerte de Akenatón, Nefertiti adoptó un nuevo nombre regio, reinando como Anjjeperura Semenejkara y actuando como regente de su hijastro, Tutankamón.

Nefertiti debió de intentar mantener vivos los sueños de su marido, pero las cosas empezaron a desmoronarse. Nadie sabe muy bien cómo, pero el niño rey Tutankamón reintrodujo a los antiguos dioses, y cuando murió, le tocó gobernar Egipto al padre de Nefertiti, Ay, y luego al general Horemheb. La capital de Akenatón se perdió bajo las arenas y sus monumentos fueron desfigurados. Su nombre se borró de las inscripciones y las listas de reyes de los faraones posteriores no lo mencionan.

Hatshepsut fue otra mujer faraón. Fue la quinta faraona de la XVIII dinastía. Egipto estaba entonces en la cúspide de su poder, y Hatshepsut se encontraba en la cima del árbol. Era hija de Tutmosis I y la gran esposa real de su hermanastro Tutmosis II. Este último murió joven, hacia 1479 a. e. c. A su muerte, su hijastro se convirtió en faraón con el nombre de Tutmosis III, y ella asumió el poder primero como regente (ya que él era solo un niño) y más tarde como cogobernante. Cuando Hatshepsut asumió el poder, se la representó como un faraón masculino con un paño de *jat* en la cabeza y una barba postiza.

Hatshepsut se convirtió en una gran mecenas de obras de construcción en Tebas (Lúxor) y otros lugares, especialmente en Karnak y Deir el-Bahari, donde construyó su propio templo mortuorio. También financió una misión a la tierra de Punt, en el Cuerno de África; los detalles de la expedición se muestran en los relieves de Deir el-Bahari y muestran cómo se plantaron árboles de incienso procedentes de Punt en las explanadas del templo.

Al igual que Akenatón, Hatshepsut sufrió una campaña dedicada a borrar su memoria tras su muerte. Es posible que lo hiciera su nieto Amenhotep II, cuyo derecho al trono no era especialmente seguro. También pudo estar motivada por el deseo de borrar la memoria de las mujeres gobernantes (y lo que es peor, desde el punto de vista patriarcal, de una mujer gobernante exitosa).

La **reina Amina** fue una reina hausa de Zazzau, con capital en la ciudad de Zaria, en Nigeria. Es una figura controvertida. Algunos historiadores creen que es solo una figura mítica y que las leyendas populares sobre su reinado pueden no reflejar la realidad. Nació a mediados del siglo XVI y era hija del rey de Zazzau. Cuando su hermano se convirtió en rey, ella dirigió su caballería. (Las mujeres guerreras están bien documentadas en tiempos históricos, como se verá más adelante en este capítulo).

Cuando el rey murió, Amina ocupó el trono. Se negó a casarse y puso a Zazzau en marcha un programa expansionista. En aquella época, había siete estados hausa diferentes; ella se enfrentó a los otros seis y creó un imperio mayor. Se cuenta que, en cada ciudad que conquistaba, se casaba con un nuevo amante, pero a la mañana siguiente lo ejecutaba para que no pudiera desafiar su dominio. *Probablemente* no sea cierto.

Sea cual sea la verdad de su historia, Amina ha servido de poderosa inspiración para la cultura negra del siglo XXI. Aparece en el videojuego *Age of Empires III*, y su historia es leída por el recién alfabetizado Kingsley Smith a su familia en la película *Education*, de Steve McQueen.

Kandake o Candace no era un nombre, sino el título dado a las reinas (o más bien reinas madres) de Kush. El Imperio kushita tenía su sede en la ciudad de Meroe, en Sudán, que era un rico centro comercial en el Nilo. La sucesión era matrilineal: la hermana del rey se convertía en kandake y su hijo en el siguiente gobernante. La primera kandake que gobernó por derecho propio parece haber sido Narhiqo, en torno al año 170 a. e. c., y al menos siete kandakes gobernantes la sucedieron a lo largo de los años.

La kandake Amanirenas fue una de las más famosas. Nacida hacia el año 40 a. e. c., dirigió los ejércitos kushitas contra los invasores romanos y aparece mencionada por el geógrafo griego Estrabón, contemporáneo suyo. Al parecer, era ciega de un ojo, lo que no le impidió ser una guerrera formidable y negociar una paz ventajosa con Roma. El Imperio kushita no se desintegró hasta la posterior aparición de Axum.

En los romances medievales sobre Alejandro, que a menudo tienen muy poco que ver con los hechos históricos de las campañas de Alejandro Magno, Candace aparece como reina de Etiopía e incluso se casa con Alejandro. Así se menciona en la Biblia a «Candace, reina de los etíopes», cuyo eunuco se convirtió al cristianismo (Hechos 8:27-39).

Makeda es conocida como la reina de Saba, y su historia se relata en el texto etíope *Kebra Nagast*, o *Gloria de los reyes*, escrito hacia 1321. Se dice que reinó en torno al año 1000 a. e. c.

El padre de Makeda era un extranjero que llegó a Etiopía y descubrió que el pueblo estaba oprimido por una serpiente malvada. Mató una cabra, la llenó las tripas de veneno y se la dejó a la serpiente. La serpiente se la comió y murió, y en agradecimiento, el pueblo lo nombró rey.

El rey tuvo una hija, Makeda, que le sucedió como gobernante de Saba. Habiendo oído hablar de la riqueza del reino de Salomón a los mercaderes etíopes que comerciaban con Israel, se dirigió a Jerusalén. Recorrió los monumentos, estudió con el sabio rey Salomón e incluso aceptó su fe judía.

La noche antes de regresar a Saba, Salomón le ofreció un banquete de despedida muy condimentado y salado. Con astucia, no le dio nada de beber. Luego la convenció para que durmiera con él en la misma habitación, pero le hizo jurar que no le quitaría nada por la fuerza. Él le hizo jurar lo mismo a cambio.

Como parte de su plan, Salomón había colocado un cuenco de agua clara en medio de la habitación, entre sus camas. Makeda tenía cada vez más sed, pero cuando se acercó de puntillas al cuenco y empezó a beber, Salomón se despertó y la acusó de haber cogido el agua a la fuerza, rompiendo su promesa.

Le dijo que, puesto que ella había faltado a su palabra, la suya ya no era válida, y se acostaron juntos como Salomón había planeado. Por la mañana, Salomón le dio un anillo a Makeda. Le dijo que si tenía un hijo varón, debía enviarlo a Jerusalén con el anillo como símbolo. A pesar de su oposición, su hijo, Bayna Lejem, consiguió su permiso para ir a Jerusalén. Salomón amaba a Bayna Lejem y quería que sucediera en el trono del reino de Israel, pero el joven insistió en regresar a Etiopía. Algunos dicen que Salomón le regaló el Arca de la Alianza, mientras que otros afirman que Bayna Lekhem la robó del templo, colocando un duplicado perfecto en su lugar. Algunos creen que Etiopía aún conserva el Arca de la Alianza, o el Tabot, en la iglesia de Santa María de Sion en Axum.

Bayna Lekhem, o en árabe Ibn al-Hakim, «hijo del sabio», se convirtió en el primer emperador de Etiopía. Tomó el nombre regio de Menelik I, que es simplemente una traducción de Ibn al-Hakim y subraya la ascendencia de la casa real etíope desde el rey Salomón. Menelik fue el primer emperador de la dinastía salomónica que gobernó Etiopía hasta la época de Haile Selassie, depuesto en 1974.

La verdad es más prosaica. Los historiadores creen que la dinastía salomónica se fundó en 1262 e. c., cuando fue depuesto el último gobernante Zagwe de Etiopía. Yekuno Amlak tomó el poder en Amharaland (la provincia central de Etiopía) como emperador Tesfa Iyasus. Y, como ya se ha dicho, algunos expertos creen que la reina de Saba gobernó en Yemen, no en Etiopía, mientras que otros creen que nunca existió.

Un rey africano que entró en la mitología europea, pero que nunca se encontró en África fue el Preste Juan. En un principio se pensó que gobernaba la India, pero en 1250 los occidentales empezaron a creer que gobernaba Etiopía, ya fuera como rey o como cabeza de la Iglesia etíope. En 1441, el emperador Zara Yaqob de Etiopía envió delegados al Concilio de Florencia, un concilio ecuménico de la Iglesia católica. Aquellos delegados se quedaron atónitos al descubrir que representaban al «Preste Juan». Para ellos, era Kwestantinos I (Zara Yaqob) de la Casa de Salomón. No era la última vez que los europeos se mostraban incapaces de distinguir entre la realidad africana y la ficción.

Algunos mitos africanos sobre la fundación de reinos incluyen referencias al mundo musulmán y árabe. Djenne, en Malí, es conocida por su inmensa mezquita de adobe y otras construcciones de adobe. Era una ciudad importante en la ruta comercial sahariana, como Tombuctú. Un hombre del país cercano a Djenne había ido a Arabia, donde luchó en nombre del profeta Mahoma. El profeta se fijó en la valentía con la que luchaba aquel hombre y, tras la batalla, le preguntó quién era y de dónde venía.

El guerrero se lo contó y Mahoma le dijo: «Vuelve a tu país y fundarás una gran ciudad que se convertirá en una joya del islam».

El hombre regresó a Djenne, donde consiguió un emplazamiento para su nueva ciudad. Pero cada vez que intentaba construir las murallas, se derrumbaban. Finalmente, pidió ayuda a las tribus Bozo y Nono que vivían cerca. Le dijeron que allí vivía un espíritu que estaba derribando los muros. El espíritu tendría que recibir un sacrificio.

Algunos dicen que el jefe de la tribu Bozo entregó a su hija para que la enterraran viva en el lugar donde estaba la ciudad. Otros dicen que el propio guerrero tuvo que hacer ese sacrificio. Sea cual sea la versión que se acepte, la historia parece una mezcla bastante extraña de tradiciones africanas e historia islámica.

Yaa Asantewaa, a diferencia de la reina de Saba, es una figura histórica comprobada. Fue la líder guerrera del reino Ashanti de Ghana.

Yaa Asantewaa nació en 1840. Su hermano, Nana Akwasi Afrane Opese, gobernaba Edwesu, y ella se convirtió en reina madre de Ejisu. Durante el reinado de su hermano, los británicos presionaban al Imperio ashanti, al igual que a gran parte del resto de África. Al mismo tiempo, las recientes guerras civiles habían debilitado a los ashanti. Cuando el hermano de Yaa Asantewaa murió, ella nombró a su nieto gobernante de Edwesu y se convirtió en su regente cuando este, junto con el rey de Ashanti, fue exiliado por los británicos.

Los británicos exigieron el Taburete dorado de los ashanti, símbolo de su soberanía y realeza. Se celebró un consejo para discutir qué medidas tomar. Varios nobles ashanti propusieron acceder. Yaa Asantewaa no estaba de acuerdo; los ashanti habían sido humillados y había llegado el momento de luchar. Cogió un arma y la disparó al aire para mostrar su voluntad de liderar. Fue elegida para liderar el ejército ashanti contra los británicos.

Fue el último hurra del Imperio ashanti. Los británicos reclutaron nuevas tropas y Yaa Asantewaa fue exiliada a las Seychelles, donde murió en 1921. Pero es muy querida y respetada en Ghana como opositora al colonialismo británico y precursora de la independencia ghanesa, conquistada por fin en 1957.

Otra reina muy respetada fue la **reina Tin Hinane de los tuareg**. Huyó de las ricas tierras del Magreb (los actuales Marruecos y Argelia) al quedarse embarazada fuera del matrimonio. Su sirvienta Takamata la acompañó en su huida; Takamata también estaba embarazada.

Pero en medio del Sáhara, agotaron sus reservas de alimentos. Tin Hinane estaba exhausta y a punto de morir. Takamata no veía árboles, ni plantas, ni animales, pero encontró un hormiguero y lo abrió. En su interior encontró el grano que las hormigas habían almacenado y se lo llevó a su reina. La escasa comida devolvió la energía a Tin Hinane y pudieron continuar.

Cuando llegaron a Tamanrasset, la reina dio a luz a una hija y Takamata tuvo niñas gemelas. Fueron las madres fundadoras de los tuareg, que siguen siendo un pueblo matrilineal hasta el día de hoy.

Shaka Zulú fue el fundador del Imperio zulú y transformó la historia del pueblo zulú. Nació como Shaka kaSenzangakhona hacia 1787 y era hijo ilegítimo del rey Senzangakhona kaJama. Shaka luchó como jefe de unidad y después como general a las órdenes de Inkosi Dingiswayo, príncipe y más tarde rey del Imperio Mthethwa. Dingiswayo había consolidado su poder asimilando los cacicazgos cercanos, lo que influyó en la política de Shaka. Aunque Shaka creó un ejército enorme y temible, a menudo prefería hacerse con el poder a través de la diplomacia.

En 1816, a la muerte del padre de Shaka, este decidió reclamar el cacicazgo a su hermanastro Sigujana. Un año después, Dingiswayo fue asesinado en combate por Zwide de los Nxumalo. Shaka acogió lo que quedaba del ejército Mthethwa en su propia fuerza de combate y se dispuso a vengarse. Hizo encerrar a la madre de Zwide en una casa llena de hienas, que la mataron y se la comieron, pero no pudo atrapar a Zwide hasta mucho después.

Shaka convirtió al pueblo zulú en una nación de guerreros. Cambió su forma de luchar, introduciendo una lanza más corta en lugar de la *assegai* y enseñando a sus hombres a utilizar sus escudos para derribar los del enemigo, dejándolos desprotegidos. Se dice que hacía marchar a sus hombres sin sandalias para endurecerles los pies, y que su ejército podía moverse con rapidez cuando era necesario, marchando hasta ochenta kilómetros al día.

Shaka también parece haber inventado la famosa formación zulú de «cuerno de búfalo». El «pecho» o centro de su ejército luchaba cuerpo a cuerpo con el enemigo, y luego los «cuernos» entraban en la batalla, flanqueando al enemigo por ambos lados. En caso de que el enemigo irrumpiera, los «lomos» del toro esperaban entre bastidores, dando a los hombres de Shaka la confianza de que contaban con una fuerza de reserva fresca.

A pesar de su éxito, Shaka se granjeó serios enemigos, sobre todo tras la muerte de su madre, Nandi, en 1827. Parece que enloqueció de dolor;

ejecutó a miles de personas, ordenó que no se plantaran cosechas y que no se bebiera leche. Al año siguiente, cuando envió a la mayoría de sus tropas en campaña hacia el norte, sus hermanastros lo asesinaron. Dingane se hizo con el cacicazgo.

Oba Oduduwa era el Olofin (gobernante tradicional) de Ile-Ife y el rey divino de los yoruba. En la tradición yoruba, se dice que fue el primer gobernante del estado de Ife y el antepasado de las casas reales de Yoruba. Muchos dicen que todos los yoruba descienden de Oba Oduduwa.

Antes de la época de Oduduwa, la zona de Ife estaba dividida en trece estados diferentes, cada uno con su propio Oba (rey divino). Como Olofin de la ciudad de Ile-Ife, Oduduwa utilizó su influencia para reunir los trece estados en un solo reino, usurpando a su hermano Obatala y creando una dinastía que incluía no solo al primer Ooni de Ile-Ife (líder espiritual del pueblo yoruba), sino también a las casas reinantes de Benin y el Imperio de Oyo.

Sin embargo, algunos musulmanes prefieren creer que Oduduwa era un príncipe de La Meca exiliado en África.

Las cosas se ponen un poco confusas porque los yoruba consideran a Oduduwa y a su hermano Obatala no solo figuras históricas, sino también dioses primordiales u orishas. Eran tan antiguos como el tiempo y enviados por el creador Olodumare. Por tanto, si pertenecen al reino del mito, al mundo real o a ambos es una cuestión intrigante.

Lo mismo puede decirse de la historia de **Sundiata Keita**, fundador del imperio maliense. La epopeya de Sundiata ha sido cantada por *griots* durante siglos, y sabemos que Sundiata existió porque los viajeros-historiadores árabes ibn Battuta e ibn Jaldun corroboran ciertos elementos de su historia. Sin embargo, los historiadores sospechan que algunos detalles se añadieron posteriormente.

Según la epopeya, dos esposas, la bella Sassouma Bereté y el feo jorobado Sogolon Condé, del jefe Nare Famagan quedaron embarazadas al mismo tiempo. Sogolon dio a luz a Sundiata y envió a una anciana desde su choza para decirle a su marido que había llegado su tan esperado heredero. Sin embargo, la anciana se detuvo a comer de camino a la cabaña del rey, por lo que la noticia del nacimiento del hermanastro de Sundiata llegó primero. Dankaran Touman, hermanastro de Sundiata, fue aceptado como primogénito y nombrado heredero de Nare Famagan.

Sassouma Bereté sospechaba que Sogolon Condé no quería hacerle ningún bien, así que hizo que se lanzaran hechizos para lisiar a Sundiata. El niño tuvo que arrastrarse de pies y manos, y su madre se sintió humillada. Cuando le pidió a Sassouma Bereté que le diera unas hojas de baobab para una comida especial, su rival le dijo con maldad que le pidiera a Sundiata que se subiera a un árbol y las recogiera.

—¿Por qué no puedes levantarte? —preguntó enfadada Sogolon Condé a su hijo.

—Lo haré —respondió él y pidió a los herreros que le forjaran barras de hierro para usarlas como muletas.

Sin embargo, cuando intentó levantarse, las rompió. Entonces pidió un bastón de madera de jonba, que su madre cortó para él. Con él, Sundiata pudo levantarse y caminar.

A medida que caminaba, se hacía más fuerte y se dirigía hacia el baobab. Cuando llegó, se había hecho muy fuerte. Así que, en lugar de coger las hojas, cogió el árbol entero y se lo llevó a casa de su madre.

Dankaran Touman acabó convirtiéndose en rey. Sundiata se convirtió en un gran cazador, pero nunca desafió a su hermanastro por el trono. Sin embargo, Dankaran Touman seguía sintiéndose amenazado, así que pidió a las nueve brujas de la región de Manden que se deshicieran de su rival. A cambio de este favor, Dankaran Touman les dio un buey para que lo compartieran entre ellas. Cuando Sundiata se enteró de esto, dio a las brujas nueve búfalos —uno a cada una— y ellas prometieron no interferir nunca con Sundiata.

Entonces, viendo que nunca podría vivir con su hermano, Sundiata se exilió a Mema, junto con su madre y sus hermanos pequeños.

Dankaran Touman era un gobernante débil, y su reino acabó siendo invadido por Sumanguru, que se apoderó del país y gobernó como un tirano. Nadie sabía adónde había ido Sundiata, así que se envió una misión con especias desde el país de Manden. En cada ciudad y aldea, colocaron las especias en el mercado. Nadie sabía lo que eran. Entonces, en Mema, la hermana de Sundiata vio las especias y rápidamente las compró todas, invitando a los comerciantes a comer con ella. Sundiata estaba allí, por supuesto, y los miembros de la misión le pidieron que reconquistara el Manden. Sundiata dijo que su madre era demasiado vieja para viajar, y que tenía que quedarse con ella. Cuando su madre murió tranquilamente aquella noche, supo que estaba destinado a gobernar los 33 clanes del Manden.

Sundiata invadió, pero no pudo derrotar a Sumanguru, que estaba defendido por una potente magia. La hermana de Sundiata, Sogolon Kulunkan, que era una gran belleza, se dirigió al palacio de Sumanguru para seducirlo. Sumanguru quería acostarse con ella, pero ella no quiso entrar en la alcoba hasta que él le contara todos sus secretos.

La madre de Sumanguru pasaba por la tienda y le advirtió: «¡No le cuentes tus secretos a una aventura de una noche!». Por supuesto, este consejo enfureció a Sumanguru, que hizo exactamente lo contrario. Le dijo a Sogolon Kulunkan que lo único que podía matarlo era una flecha con la punta de la espuela de un gallo blanco. Sogolon Kulunkan accedió a entrar en la alcoba, pero dijo que primero tenía que lavarse. Tardó mucho. Sumanguru la llamó y ella respondió: «¡Espera un poco!». Esperó y volvió a llamar. De nuevo, ella le dijo que esperara. Harto de esperar, fue al retrete y descubrió que ella había huido, dejando dos amuletos mágicos que hablaban en su nombre y le daban tiempo para escapar.

Ahora, Sundiata tenía el secreto. Fabricó una flecha con punta de espuela de gallo y partió en busca de Sumanguru durante la siguiente batalla. Sumanguru huyó, haciendo saltar a su caballo el ancho río Níger, pero la flecha de Sundiata lo alcanzó justo cuando llegaba al otro lado.

Una vez que Sundiata hubo establecido su imperio, quiso caballos. Se dirigió al rey de Wólof para comprar algunos. Pero el rey se negó a venderlos y le envió trozos de cuero con el insultante mensaje: «Es un cazador, no un rey. Que se haga zapatos. Puede ir andando a donde quiera». Sundiata declaró la guerra al Imperio wólof y nombró a Tira Magan Traore su general. Cada vez que Tira Magan ganaba una batalla, decía: «Sirvo a un cazador; solo paseo a los perros». Finalmente, capturó al rey de Wólof y le cortó la cabeza, diciendo: «Los perros han tenido un buen paseo. Me voy a casa».

Sundiata murió en 1255 y fue sucedido a su vez por tres de sus hijos. Con el tiempo, la rama de su hermano se hizo cargo de la sucesión y, en 1312, el sobrino nieto de Sundiata, Mansa Musa, accedió al trono.

A menudo se hace referencia a **Mansa Musa** como el hombre más rico del mundo. Cuando heredó el imperio, Malí ya era inmensamente rico. Controlaba el comercio de sal del norte a través del Sáhara y el comercio de oro del sur de África. En toda la zona del delta del Níger había al menos cuatrocientas ciudades con un alto nivel de vida. El Imperio maliense se había convertido en una verdadera civilización urbana.

Musa incorporó las ciudades de Gao y Tombuctú al Imperio maliense, aumentando enormemente su tamaño. También estrechó lazos amistosos con los sultanatos musulmanes del norte e hizo de Tombuctú un centro de erudición musulmana, creando la Universidad de Sankore. La visión del mundo de Musa era muy cosmopolita y atrajo a eruditos y artistas de todo el mundo musulmán. Además, patrocinó proyectos de construcción, como mezquitas y madrasas.

En 1324, Musa realizó el *hach* a La Meca, llevando consigo un enorme séquito (algunas fuentes afirman que lo acompañaban sesenta mil sirvientes) y vastas provisiones de oro. En El Cairo, su liberal reparto de regalos provocó una hiperinflación. Consiguió que Malí se hiciera famoso en el extranjero como país rico y civilizado, y esta reputación llegó hasta Occidente. En el Atlas catalán, elaborado hacia 1375, Mansa Musa aparece con una corona y un orbe dorados, sentado en su estado en el centro del mapa de África.

Ras Tafari fue el último emperador de Etiopía, y aunque su vida abarca los siglos XIX y XX, también él difumina los límites entre la historia y el mito.

Nació como Lij Tafari Makonnen y fue bautizado como Haile Selassie. Se lo llama Ras Tafari por el título nobiliario «Ras» añadido a su nombre secular. Nacido en 1892, era hijo de Makonnen Wolde Mikael, gobernador de Harar. Se hizo influyente en la corte de la emperatriz Zewditu y parece que participó en algún tipo de golpe de estado contra Lij Iyasu, el heredero original al trono que, según se rumoreaba, se había convertido al islam.

En 1916, Zewditu nombró príncipe heredero a Ras Tafari, que parece haber actuado como primer ministro. A su muerte, en 1930, se convirtió en Negusa Nagast, «rey de reyes» de Etiopía. Aunque no pertenecía a la línea directa, tenía linaje salomónico a través de su abuela, lo que le permitió acceder al trono.

Como emperador Haile Selassie, emprendió la modernización cautelosa de lo que en aquel momento era todavía un estado feudal. Fue responsable de la admisión de Etiopía en la Sociedad de Naciones, predecesora de las Naciones Unidas, y se convirtió en una celebridad en sus giras por Europa, Egipto y Oriente Próximo. En Jerusalén, adoptó a cuarenta huérfanos armenios que habían perdido a sus padres en el genocidio armenio; se les enseñó música en Addis Abeba y se convirtieron en la banda de música imperial. También desempeñó un papel decisivo en la creación de la Organización para la Unidad Africana en 1963, precursora de la actual Unión Africana.

Reformar Etiopía fue difícil. Haile Selassie dotó al país de una constitución, pero no consiguió una democracia plena debido a las objeciones de los nobles. Incluso sus reformas fiscales tuvieron que diluirse. La invasión de Etiopía por los italianos en la década de 1930 lo obligó a exiliarse en Gran Bretaña y, cuando liberó el país, fue con la ayuda del ejército británico. Desgraciadamente, se enfrentó a un dilema; cualquier reforma era demasiado para los nobles, pero no lo suficiente para la generación más joven.

A principios de la década de 1970, Haile Selassie se enfrentó a grandes problemas. Eritrea había sido incluida en Etiopía tras la Segunda Guerra Mundial, pero estaba librando una guerra por la independencia, que acabó ganando en 1991. Este conflicto puso a prueba los recursos del país. Al mismo tiempo, había hambrunas en las zonas del norte: Wollo y Tigray. En 1974, Haile Selassie fue depuesto y encarcelado, y murió en 1975 en circunstancias sospechosas.

Hasta ahora, hemos hablado del jefe histórico de un Estado africano. Sin embargo, para un gran número de personas de todo el mundo, es mucho más. El movimiento rastafari nació en la década de 1930 en Jamaica como una rama del grupo panafricanista de Marcus Garvey. Según los rastafaris, Ras Tafari era el Mesías que guiaría a la diáspora africana hacia la libertad; en otras palabras, era Dios encarnado..

Haile Selassie visitó Jamaica en 1966, donde fue recibido por más de 100.000 rastafaris en el aeropuerto de Kingston. Nunca negó explícitamente su creencia en él como Dios y concedió a algunos rastafaris tierras para vivir en Etiopía.

* * *

En la actualidad, asistimos a la creación de nuevas «versiones» míticas de los gobernantes africanos. Por ejemplo, Netflix ha suscitado polémica al contratar a un actor negro para interpretar a Cleopatra VII Filopátor (*esa* Cleopatra). Descendía de una familia macedonia y probablemente, si no era blanca, tenía la piel ligeramente morena. Podría decirse que esto nos importa más a nosotros ahora que a los egipcios de la época de Cleopatra, que eran un grupo extraordinariamente cosmopolita y ya habían sido gobernados por libios, persas y nubios.

Los gobernantes africanos aparecen en muchos videojuegos y programas de televisión. Shaka Zulú aparece en *Civilization*, la reina de

Saba aparece como Bilquis en *American Gods* de Neil Gaiman, y Yaa Asantewaa ha tenido una serie de radio británica y un documental de televisión ghanés dedicados a ella. Mansa Musa aparece en *Civilization* y se enfrenta a Jeff Bezos en la serie de YouTube «Epic Rap Battles of History». (¡Merece la pena verlo!) Mientras tanto, el universo Marvel incluye el país Wakanda, que se inspira en la mitología africana y se representa como un centro tecnológico y una superpotencia africana.

Y, por supuesto, los gobernantes africanos modernos siguen haciendo historia. Nelson Mandela alcanzó el estatus de leyenda con su exitosa campaña contra el *apartheid* y su mandato como primer presidente de la «Nación del Arco Iris». Ellen Johnson Sirleaf se convirtió en la primera mujer elegida jefa de Estado en África al convertirse en la vigesimocuarta presidenta de Liberia (2006-2016). Quizá en el siglo XXII los niños vean en sus teléfonos móviles al superhéroe Mandela luchando contra las fuerzas del mal.

Capítulo 9: Historias chamánicas

El chamanismo es una tradición en la que los practicantes utilizan el trance o las drogas para alcanzar un estado alterado de conciencia y comunicarse con los seres espirituales. Por ejemplo, los chamanes siberianos y árticos utilizan el tambor para crear un estado de trance en el que pueden hablar con los espíritus de los animales, como el oso.

La posesión permite a las personas comunicarse con el reino de los dioses y los espíritus (incluidos, como siempre, los antepasados) y es habitual en la mayoría de las tradiciones religiosas africanas, incluidas las que se han extendido a América y el Caribe. Sin embargo, no siempre se llama «chamanismo». Los bailes con máscaras, por ejemplo, son una forma habitual de comunicarse con los dioses o los antepasados, y en muchas culturas africanas la adivinación es el aspecto más importante de la comunicación espiritual.

Por ejemplo, a menudo se considera que las enfermedades se deben a la brujería o a razones mágicas o religiosas, como el incumplimiento de rituales o tabúes. Esto no descarta las explicaciones científicas, sino que las complementa. Alguien puede sufrir un infarto porque tiene el corazón débil, pero también porque un compañero de trabajo le ha deseado el mal. Los curanderos recurren a la adivinación para encontrar las causas de enfermedades o problemas como la infertilidad, y luego suelen realizar una segunda adivinación para determinar el tratamiento adecuado.

En la religión kongo, un *nganga* (plural *banganga*) puede comunicarse con los espíritus y los antepasados. El trabajo del *nganga* es adivinar las causas de cualquier enfermedad y curar. Suelen llevar trajes aterradores. Algunos llevan máscaras blancas (el blanco es el color de los muertos), mientras que otros llevan una gruesa sombra de ojos blanca, junto con rayas rojas y amarillas en la cara. A veces se visten con pieles de animales salvajes y llevan collares de dientes de animales.

Los *banganga*, como otros chamanes, son religiosos y médicos al mismo tiempo, una dualidad reconocida en el nombre peyorativo de «médico brujo». De hecho, los sacerdotes cristianos de las zonas kongo solían llamarse *banganga*, al igual que los chamanes, se los consideraba intermediarios que transmitían mensajes entre el mundo humano y el espiritual.

Mientras que los chamanes siberianos fabricaban sus propios tambores como parte de su iniciación, los *banganga* creaban una escultura *nkisi* y la cargaban de poder espiritual. En el interior del *nkisi* se colocaba un botiquín, similar a la forma en que los curanderos nativos americanos crean su propio botiquín como fuente de poder y curación. El *nkisi* se activaba clavándole clavos o cuchillas y cantando.

En Sudáfrica hay dos tipos de practicantes. Los *inyanga*, similares a los *banganga*, y los *sangomas*, curanderos tradicionales. Sus ámbitos son diferentes, pero no se excluyen mutuamente.

Los *sangomas* siempre tienen una «llamada», a veces en un sueño o una visión. (Esta es, de nuevo, una característica común a casi todas las tradiciones chamánicas). Si la persona que ha recibido la llamada la ignora, tendrá mala suerte. Puede sufrir enfermedades graves hasta que acepte la llamada y busque un maestro. El periodo de aprendizaje implica vivir con un maestro, a menudo en condiciones austeras y en relativo aislamiento, durante un periodo que puede extenderse de varios meses a años.

La formación termina con un sacrificio y la prueba final de encontrar cosas que han estado ocultas. Los otros *sangomas* esconderán la piel y la vesícula biliar de una cabra sacrificada, así como los huesos sagrados de adivinación del aprendiz. El aprendiz de *sangoma* tiene que encontrar dónde están.

Los *sangomas* realizan su adivinación lanzando los huesos. Toda enfermedad es una forma de desarmonía, por lo que la tarea del *sangoma* es averiguar qué devolverá el equilibrio, la armonía y la salud. Puede ser en una persona, en una familia o en una comunidad. A continuación, el *sangoma* puede volver a arrojar los huesos para dar consejos específicos, que pueden incluir la reconciliación con parientes distanciados, hierbas medicinales o incluso medicina occidental.

Los *muthi*, o hierbas medicinales, que suelen ser drogas psicoactivas, se añaden a menudo al agua del baño o se cuecen al vapor para inhalarlas. Algunas pueden utilizarse como enemas o eméticos (para inducir el vómito). La mayoría de los *sangomas* recolectan sus propias hierbas siguiendo los consejos de los antepasados sobre el momento y el lugar adecuados para encontrarlas. Una vez más, se puede recurrir a la adivinación para encontrar las hierbas, o un antepasado puede hablar directamente con el *sangoma*.

Todos los *sangoma* están poseídos por espíritus ancestrales. Pero ahora muchos tienen que dividir su vida entre ser un *sangoma* tradicional y vivir una vida moderna, trabajando en una universidad o en la sanidad moderna. También existe un creciente movimiento *sangoma* LGBTQ+, que muestra cómo la tradición está evolucionando gradualmente para aceptar diferentes estilos de vida. (De hecho, una *sangoma* femenina puede ser poseída por el espíritu de un antepasado masculino y al revés, así que, a pesar de la naturaleza inflexible en cuanto al género de la sociedad tradicional zulú, esto no es tan exagerado como pueda parecer).

Ahora incluso hay *sangomas* blancos. Esto ha irritado a algunos, pero otros curanderos tradicionales explican que, aunque un *sangoma* blanco no tenga antepasados africanos, puede ser llamado por «espíritus extranjeros» con los que sus antepasados tenían una relación importante. Por ejemplo, alguien cuyo bisabuelo mató a un zulú puede ser llamado por ese espíritu.

Credo Mutwa, un chamán zulú, recorrió el camino de curandero tradicional indígena a gurú de la Nueva Era. Se involucró con encuentros extraterrestres y ufólogos. También adaptó elementos del mito de la creación dogon. Mientras que para algunos daba un sello de autenticidad a todo lo que tocaba como *sangoma* con formación tradicional, para otros era simplemente un fraude y un oportunista o un bicho raro. Creó lo que él llamaba aldeas culturales africanas; consideradas en su momento trampas para turistas, la gente está empezando a ver a Mutwa como un artista forastero, y las aldeas se interpretan como instalaciones artísticas más que como instituciones museísticas.

Zimbabue tiene médiums espirituales shona similares a los *sangomas*. Son los *svikiro* y, como los *sangomas*, sufren la posesión de espíritus ancestrales que pueden aconsejarles. Al ayudar a mantener el equilibrio y mediar entre el mundo espiritual y el humano, los *svikiro* protegen a su sociedad. Por eso gozan de gran prestigio y respeto. También suelen ser curanderos (aunque no siempre).

Algunos de los espíritus que canalizan son los *mhondoro*, «leones», que son los espíritus de reyes y caciques. Resulta interesante que, aunque existe la percepción de que muchas prácticas tradicionales están desapareciendo, tras la guerra civil de Zimbabue se produjo un enorme resurgimiento de las prácticas de espiritismo. La gente buscaba ayuda con sus experiencias de violencia, y el *svikiro* les dio una forma de procesar y tratar sus traumas.

La posesión por dioses y espíritus es habitual en las ceremonias africanas. Suele producirse con tambores, danzas o ambas cosas. El espíritu que posee a la persona puede exigirle comida, bebida o ropa, o realizar ciertos actos repetitivos. La persona poseída puede no recordar nada de lo que ha hecho durante el trance.

El culto y la veneración de los antepasados son la base de la mayoría de las culturas africanas, y la posesión chamánica ofrece a la gente una forma de canalizar las comunicaciones con y desde sus antepasados. También es una potente forma de unificar a un grupo de personas, como un determinado grupo de edad o una sociedad secreta.

El elemento del trance es especialmente importante en las religiones de origen africano que surgieron en el Nuevo Mundo, como el candomblé y el vudú. En el candomblé brasileño, por ejemplo, una mujer puede disfrazarse de Oshun (Oxúm) de amarillo, con el abanico sagrado en una mano, y bailar la danza de Oshun hasta que siente la presencia inminente de la diosa. Si alguien de la congregación está poseído, los demás miembros del *terreiro* (templo) pueden comunicarse directamente con la diosa a través de ella (o a veces de él).

La adivinación también es común en muchas sociedades africanas y suele realizarla un practicante que podría identificarse como chamán. Existen varias historias sobre cómo se descubrió la adivinación. En la tradición yoruba, la diosa Oshun lleva un collar de conchas de cauri, que simbolizan las dieciséis conchas que se utilizan para la adivinación Erindinlogun. Se las dio su marido Orunmila, el dios de la adivinación. Otros dioses, como Eshu, utilizan nueces de cola. Ya sean bayas o nueces, los objetos se lanzan sobre una tela o un tablero de adivinación, y el adivino interpreta la posición en la que caen.

La adivinación ocupa un lugar tan central en el pensamiento africano que se utiliza incluso en el culto, por ejemplo para determinar si un sacrificio ha sido aceptable para un dios.

No todos los chamanes son buenos. Muchos de los *sangomas* actuales están hartos de ver anuncios clasificados en los periódicos o en Internet de falsos *sangomas* y médiums. Algunos entrenadores de *sangomas* abusan de sus aprendices o los utilizan como sirvientes no remunerados. Otros *sangomas* hacen que sus clientes dependan de ellos y les exigen cada vez más dinero y regalos a cambio de muy poco.

Malí cuenta la saludable historia de un chamán que se dedicaba a la protección. Protegía el ganado de una aldea de un feroz león; a cambio, esperaba que le regalaran de vez en cuando una buena vaca gorda.

Cuando un cazador abatió a un enorme león en las cercanías, los aldeanos respiraron aliviados. Pensaron que ya no tendrían que pagar al chamán. Por precaución, trasladaron sus rebaños al otro lado del río, ya que un chamán no puede cruzar aguas corrientes. Sin embargo, el chamán apareció furioso porque no le habían pagado y se buscó un barquero que lo llevara al otro lado. Los aldeanos se fijaron en los ojos dorados del chamán, sus dientes puntiagudos y su larga melena. De repente, el chamán se transformó en león, se abalanzó sobre la vaca más gorda del rebaño y se la comió entera.

Afortunadamente, el barquero era en realidad un dios local del río que decidió que el león era presa fácil. Llevaba consigo un arco y una flecha mágicos. Los aldeanos no volvieron a tener problemas con los leones que se comían sus vacas.

Conclusión

La mitología africana impregna las culturas africanas. Aunque hay muchas vertientes diferentes de mitos africanos, probablemente se habrá dado cuenta de que muchos mitos reflejan preocupaciones similares o tienen situaciones parecidas. Eshu y Legba no son en absoluto iguales, pero son dioses parecidos con posiciones similares en el panteón. Muchos mitos destacan la enemistad de los hermanastros en un hogar polígamo frente a la solidaridad de madres y hermanas.

Pero los mitos africanos no son solo para los africanos. Muchas de las historias se trasladaron al Nuevo Mundo con los esclavos africanos y ahora constituyen una parte importante de las culturas negroamericanas. Anansi se convirtió en tía Nancy en Jamaica, mientras que los panteones yoruba y fon se importaron al por mayor en el vudú, el vodoún, el vodón y la santería. En Estados Unidos, la liebre embaucadora se convirtió en Br'er Rabbit, que, a través de los libros y luego de la película de Disney *Canción del Sur* en 1949, pasó a formar parte de la cultura estadounidense dominante.

Es interesante que los mitos africanos conserven su fluidez al otro lado del Atlántico. Por ejemplo, en la religión afrocubana, los dioses siguen siendo polisémicos con múltiples personalidades. Esto se conoce como que un *oricha* tiene varios caminos o senderos diferentes. A veces, se mezclan dioses de distintas tradiciones africanas. La mayoría de las religiones americanas de origen africano se han mezclado hasta cierto punto con el catolicismo. Por ejemplo, Oshun suele identificarse con la Virgen María y Ogum con san Antonio de Padua. (Algunos practicantes intentan ahora «purificar» o «reafricanizar» la religión eliminando las referencias católicas).

La mayor parte del arte gráfico y escultórico tradicional africano está relacionado con la mitología. Hay figuras de dioses y espíritus, fetiches de poder y parafernalia ritual, como el tablero de adivinación. El arte africano, que durante el siglo XIX fue tachado de «primitivo» y de no merecer la pena conservarlo, fue descubierto por una generación de artistas entre los que se encontraba Picasso; les mostró nuevas formas de ver las cosas. Apreciar cómo estas obras de arte encajan en el patrón mitológico y ritual, sin embargo, nos impide simplemente apropiarnos de ellas; podemos verlas en su contexto y no solo como «bellas artes».

Y hoy en día, hay una gran cantidad de obras creativas que utilizan los mitos, dioses e historias africanas como telón de fondo. Por ejemplo, en la ciencia ficción y la fantasía contemporáneas, *American Gods*, de Neil Gaiman, el sastre Nancy se inspira en la historia de Anansi. También aparecen otros dioses africanos, como el Sr. Ibis (el dios egipcio Thot) y la diosa Yemoja.

Cada vez son más las personas de color que escriben fantasía y ciencia ficción, y utilizan sus propios orígenes como parte del escenario. Por ejemplo, Aliette de Bodard, residente en París, utiliza la cultura vietnamita en sus intrincadas óperas espaciales. Los escenarios e historias africanos han llegado a la fantasía a través de escritores como la nigeriano-estadounidense Nnedi Okorafor, entre cuyos personajes figuran una bruja albina, Legba, y una araña embaucadora. Ella propugna el «futurismo africano». Jordan Ifueko es otra escritora nigeriano-estadounidense de ficción especulativa. Su libro *Raybearer* crea un mundo futuro con un trasfondo definitivamente africano, aunque no es en absoluto un pastiche de los mitos yoruba.

Los cómics y ahora la televisión han aceptado a África como un socio de pleno derecho en sus mundos. Un gran avance en este sentido fueron las películas *Pantera Negra* (2018) y *Wakanda por siempre* (2022), que cuentan con un superhéroe negro, junto con elementos fuertes y auténticos del vestuario africano, como el sombrero isicholo zulú que lleva la reina madre Ramonda. Las películas han conseguido una audiencia mucho mayor que los cómics e incluso han inspirado a líderes africanos del mundo empresarial y gubernamental a pensar en crear ciudades tecnológicas similares a Wakanda.

Durante los últimos siglos, la mitología griega y romana ha ocupado un lugar de honor. Si observamos el pórtico clásico de la Casa Blanca, veremos hasta qué punto el ideal griego resonaba entre los estadounidenses de la época. Quizá en los próximos cien años veamos mucha más mitología africana e influencias de todo el mundo.

Vea más libros escritos por Enthralling History

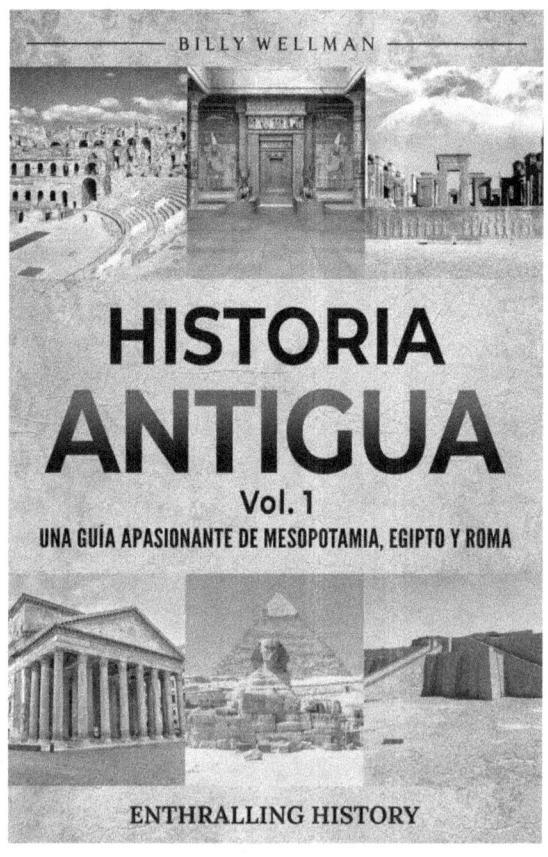

Referencias

Primera Parte: Antiguos imperios africanos

Academic Accelerator. (2024, 13 de enero). Archaeological Evidence for the Origins and Spread of Iron Production in Africa. Extraído de Academic-accelerator.com: https://academic-accelerator.com/encyclopedia/iron-metallurgy-in-africa.

Afrikaiswoke.com. (2023, 15 de septiembre). 10 African Contributions to Civilization. Extraído de Afrikaiswoke.com: https://www.afrikaiswoke.com/african-contributions-to-civilization/.

Ancient Egypt Magazine. (2023, 6 de febrero). Neolithic Settlements of the Western Desert: Proto-villages of Stone Age Egypt. Extraído de the-past.com: https://the-past.com/feature/neolithic-settlements-of-the-western-desert-proto-villages-of-stone-age-egypt/.

Ancientegptianfacts.com. (2024, 19 de enero). Facts About Ancient Egyptians. Extraído de Ancientegptianfacts.com: https://ancientegyptianfacts.com/ptolemaic-period-egypt.html.

Anplifyafrica.org. (2024, 28 de enero). Africa Made Math: The Original Mathematicians. Extraído de Anplifyafrica.org: https://www.amplifyafrica.org/africa-made-math-the-original-mathematicians/.

Bevan, E. (2024, 19 de enero). Chapter IV: The People, the Cities, the Court. Extraído de Penelope.uchicago.edu: https://penelope.uchicago.edu/Thayer/E/Gazetteer/Places/Africa/Egypt/_Texts/BEVHOP/4B*.html.

Blatch, S. (2013, 1 de febrero). Great Achievements in Science and Technology in Ancient Africa. Extraído de Asbmb.org: https://www.asbmb.org/asbmb-today/science/020113/great-achievements-in-stem-in-ancient-africa.

Brewminate.com. (2019, 17 de abril). The Art and Architecture of Middle Kingdom Egypt c. 2055-1650 BCE. Extraído de brewminate.com: https://brewminate.com/the-art-and-architecture-of-middle-kingdom-egypt-c-2055-1650-bce/.

Brewminate.com. (2019, 19 de abril). The Art and Architecture of New Kingdom Egypt c. 1570-1069.BCE. Extraído de brewmintate.com: https://brewminate.com/the-art-and-architecture-of-new-kingdom-egypt-c-1570-1069-bce/.

Britannica, E. o. (2023, 30 de noviembre). Mamluk. Extraído de Britannica.com: https://www.britannica.com/topic/Mamluk.

Cartwright, M. (2016, 16 de junio). Carthaginian Society. Extraído de Worldhistory.org: https://www.worldhistory.org/article/908/carthaginian-society/.

Cartwright, M. (2016, 17 de junio). Carthaginian Trade. Extraído de Worldhistory.org: https://www.worldhistory.org/article/911/carthaginian-trade/.

Cartwright, M. (2016, 26 de mayo). First Punic War. Extraído de Worldhistory.org: https://www.worldhistory.org/First_Punic_War/.

Cartwright, M. (2016, 29 de mayo). Second Punic War. Extraído de Worldhistory.org: https://www.worldhistory.org/Second_Punic_War/.

Cartwright, M. (2016, 31 de mayo). Third Punic War. Extraído de Worldhistory.org: https://www.worldhistory.org/Third_Punic_War/.

Cartwright, M. (2018, 24 de julio). Lighthouse of Alexandria. Extraído de Worldhistory.org: https://www.worldhistory.org/Lighthouse_of_Alexandria/.

Cartwright, M. (2019, 5 de marzo). Ghana Empire. Extraído de World History Encyclopedia: https://www.worldhistory.org/Ghana_Empire/.

Cartwright, M. (2019, 21 de marzo). Kingdom of Axum. Extraído de Worldhistory.org: https://www.worldhistory.org/Kingdom_of_Axum/.

Cartwright, M. (2019, 13 de mayo). The Gold Trade of Ancient & Medieval West Africa. Extraído de Worldhistory.org: https://www.worldhistory.org/article/1383/the-gold-trade-of-ancient--medieval-west-africa/.

Cartwright, M. (2916, 8 de enero). Carthaginian Army. Extraído de Worldhistory.org: https://www.worldhistory.org/Carthaginian_Army/.

Cassar, C. (2023, 25 de agosto). Exploring the Egyptian Middle Kingdom—A Historical Overview. Extraído de Anthropologureview.org: https://anthropologyreview.org/history/ancient-egypt/exploring-the-egyptian-middle-kingdom-a-historical-overview/?expand_article=1.

Cerise Myers, E. C. (2024, 9 de enero). 5.2 Mesolithic Art. Extraído de Libretexts.org: https://human.libretexts.org/Bookshelves/Art/Introduction_to_Art_History_I_%28Myers%29/05%3A_Art_of_the_Stone_Age/5.02%3A_Mesolithic_Art.

College Sidekick.com. (2024, 13 de enero). The Bronze Age. Extraído de Collegesidekick.com: https://www.collegesidekick.com/study-guides/boundless-arthistory/the-bronze-age.

DailyHistory.org. (2024, 22 de enero). What Were the Causes of the Second Punic War? Extraído de Dailyhistory.org: https://www.dailyhistory.org/What_were_the_causes_of_the_Second_Punic_War.

DeMola, P. (2013, 14 de marzo). Interrelations of Kerma and Pharaonic Egypt. Extraído de World History Encyclopedia: https://www.worldhistory.org/article/487/interrelations-of-kerma-and-pharaonic-egypt/.

Dickinson College Commentaries. (2024, 22 de enero). Carthage: Early History. Extraído de dcc.dickoinson.edu: https://dcc.dickinson.edu/nepos-hannibal/carthage-early-history.

Editors, H. (2013, 12 de junio). Punic Wars. Extraído de Hisory.com: https://www.history.com/topics/ancient-rome/punic-wars#first-punic-war-264-241-b-c.

EDU, W. H. (2023, 10 de mayo). Aristotle's Analysis of the Carthaginian Constitution. Extraído de Worldhistory.edu: https://worldhistoryedu.com/aristotles-analysis-of-the-carthaginian-constitution/.

Encyclopedia.com. (2024, 27 de enero). Empire of Ghana. Extraído de Encyclopedia.com: https://www.encyclopedia.com/history/encyclopedias-almanacs-transcripts-and-maps/empire-ghana.

EOTC. (2024, 13 de enero). Beliefs and Teachings of Ethiopian Orthodox Tewahedo Church. Extraído de keraneyo-medhanealem.com: https://www.keraneyo-medhanealem.com/beliefs-and-origins-7-sacraments-of.

Eries.org. (2024, 13 de enero). Kingdom of Aksum. Extraído de Eriesd.org: https://www.eriesd.org/cms/lib/PA01001942/Centricity/Domain/1041/6.2%20The%20Kingdom%20of%20Aksum-1.pdf.

Exponent, E. (2023, 14 de noviembre). Ancient Africa's Contributions to Modern Science and Built Environment. Extraído de The African Exponent: https://www.africanexponent.com/ancient-africas-contributions-to-modern-science-and-built-environment/.

Fitzgerald, S. (2023, 21 de noviembre). Mummified Baboons in Egypt Point to a Long Lost Land. Extraído de Atlas Obscura: https://www.atlasobscura.com/articles/mummified-baboons-punt.

Haughton, B. (2011, 1 de febrero). What Happened to the Great Library at Alexandria? Extraído de Worldhistory.org: https://www.worldhistory.org/article/207/what-happened-to-the-great-library-at-alexandria/.

Hirst, K. (2019, 12 de mayo). The Kingdom of Kush: Sub-Saharan African Rulers of the Nile. Extraído de Thoughtco.com: https://www.thoughtco.com/the-kingdom-of-kush-171464.

Historyskills.com. (2024, 19 de enero). What Was the Middle Kingdom of Ancient Egypt? Extraído de Historyskills.com: https://www.historyskills.com/classroom/ancient-history/anc-middle-kingdom-reading/.

Historyrise.com. (2023, 24 de diciembre). Facts About Ancient Egypt Slaves: Historical Insights! Extraído de Historyrise.com: https://historyrise.com/facts-about-ancient-egypt-slaves/.

Historyrise.com. (2023, 25 de diciembre). What Advancements Did Ancient Egypt Make in Math and Science. Extraído de Historyrise.com: https://historyrise.com/advancements-in-ancient-egyptian-math-science/.

Historyskills.com. (2024, 19 de enero). How Egypt Became the Greatest Superpower of the Ancient World. Extraído de Hisoryskills.com: https://www.historyskills.com/classroom/ancient-history/egypt-ancient-superpower/.

Hunt, P. (2024, 22 de enero). Carthage. Extraído de Britannica.com: https://www.britannica.com/place/Carthage-ancient-city-Tunisia.

Huysecom, E. (2024, 9 de enero). Arguments for an Early Neolithic in Sub-Saharan Africa. Extraído de Ounjougou.org: https://www.ounjougou.org/en/projects/mali/archaeology/arguments-for-an-early-neolithic-in-sub-saharan-africa/.

Iniguez, N. (2020, 28 de febrero). The Rise, Decline, and Collapse of the Aksum Empire. Extraído de Storymaps.arcgis.com: https://storymaps.arcgis.com/stories/9b7b377398724bc99a0d94dfa9f55550.

Jones, M. (2024, 3 de enero). The Second Punic War (218-201 BC): Hannibal Marches Against Rome. Extraído de Historyooperative.org: https://historycooperative.org/second-punic-war-hannibals-war-in-italy/.

K. Krois. Hirst. (2019, 12 de mayo). The Kingdom of Kush: Sub-Saharan African Rulers of the Nile. Extraído de Thoughtco.com: https://www.thoughtco.com/the-kingdom-of-kush-171464.

Kemezis, K. (2009, 22 de noviembre). Ancient Kush (2nd Millennium B.C. - 4th Century A.D.). Extraído de Blackpast.org: https://www.blackpast.org/global-african-history/ancient-kush-2nd-millennium-b-c-4th-century-d/.

Kessing, F. M. (2024, 9 de enero). Stone Age-African Tools, Artifacts, Culture. Extraído de Britannca.com: https://www.britannica.com/event/Stone-Age/Africa.

King, A. (2018, 25 de julio). The Economy of Ptolemaic Egypt. Extraído de Worldhistory.org: https://www.worldhistory.org/article/1256/the-economy-of-ptolemaic-egypt/.

Kipling, Rudyard (1899). The White Man's Burden. https://historymatters.gmu.edu/d/5478/.

Koutonin, M. (2016, 18 de agosto). Lost Cities: Racism and Ruins—The Plundering of Great Zimbabwe. Extraído de Theguardian.com: https://www.theguardian.com/cities/2016/aug/18/great-zimbabwe-medieval-lost-city-racism-ruins-plundering.

Lane, M. (2024, 21 de enero). How Did Muslims and Non-Muslims Interact in Ghana. Extraído de Ncesc.com: https://www.ncesc.com/geographic-faq/how-did-muslims-and-non-muslims-interact-in-ghana/.

LibreTexts. (2024, 27 de enero). 12.6 The Ghana Empire. Extraído de LibreTexts.org: https://human.libretexts.org/Courses/Lumen_Learning/Book%3A_Early_World_Civilizations_(Lumen)/Ch._11_African_Civilizations/12.6%3A_The_Ghana_Empire#:~:text=Ghana%E2%80%99s%20economic%20development%20and%20eventual%20wealth%20was%20linked,expansion%20to%20.

LibreTexts. (2024, 22 de enero). 4.2 Ancient Carthage. Extraído de Libretexts.org: https://human.libretexts.org/Courses/Lumen_Learning/Book%3A_Early_World_Civilizations_(Lumen)/Ch._03_Early_Civilizations_of_Africa_and_the_Andes/04.2%3A_Ancient_Carthage.

Lifepersona.com. (2024, 19 de enero). The 9 Most Important Contributions of Egypt to Humanity. Extraído de Lifepersona.com: https://www.lifepersona.com/the-9-most-important-contributions-of-egypt-to-humanity.

Lynch, P. (201, 5 de mayo). A Brutal and Bloody Affair: 6 Key Battles That Decided the First Punic War. Extraído de Historycollection.com: https://historycollection.com/roman-military-might-6-key-battles-decided-first-punic-war/.

Marc. (2022, 14 de octubre). The Kush Kingdom: A Major Power in the Ancient World. Extraído de Ilovelanguages.com: https://www.ilovelanguages.com/the-kush-kingdom-a-major-power-in-the-ancient-world/.

Mark, J. J. (2016, 9 de noviembre). Ancient Egyptian Science & Technology. Extraído de World History Encyclopedia: https://www.worldhistory.org/article/967/ancient-egyptian-science--technology/.

Mark, J. J. (2017, 21 de septiembre). Social Structure in Ancient Egypt. Extraído de History World Encyclopedia: https://www.worldhistory.org/article/1123/social-structure-in-ancient-egypt/.

Mark, J. J. (2023, 25 de julio). Library of Alexandria. Extraído de Worldhistory.org: https://www.worldhistory.org/Library_of_Alexandria/.

Mummified Baboons Point to the Direction of the Fabled Land of Punt. (2023, November 11). Extraído de Ars Technica: https://arstechnica.com/science/2023/11/mummified-baboons-point-to-the-direction-of-the-fabled-land-of-punt/.

Museum, T. B. (2024, 9 de enero). Rock art and the origins of art in Africa. Extraído de Khanacademy.org: https://www.khanacademy.org/humanities/ap-art-history/global-prehistory-ap/paleolithic-mesolithic-neolithic-apah/a/apollo-11-stones.

New World Encyclopedia. (2024, 19 de enero). Ptolemaic Dynasty. Extraído de New World Encyclopedia: https://www.newworldencyclopedia.org/entry/Ptolemaic_dynasty.

New World Encyclopedia. (2024, 25 de enero). Aksumite Empire. Extraído de NewWorldEncuclopedia.org: https://www.newworldencyclopedia.org/entry/Aksumite_Empire.

New World Encyclopedia. (2024, 27 de enero). Ghana Empire. Extraído de New World Encyclopedia: https://www.newworldencyclopedia.org/entry/Ghana_Empire.

Openstax.org. (2024, 13 de enero). 9.2 The Emergence of Farming and the Bantu Migrations. Extraído de Openstax.org: https://openstax.org/books/world-history-volume-1/pages/9-2-the-emergence-of-farming-and-the-bantu-migrations.

Pbs.org. (2024, 19 de enero). Art & Architecture. Extraído de Pbs.org: https://www.pbs.org/empires/egypt/newkingdom/architecture.html.

Peter F. Dorman, M. S. (2024, 19 de enero). Thutmose III. Extraído de Britannica.com: https://www.britannica.com/biography/Thutmose-III/Adornment-of-Egypt.

Pressbooks.bccampus.ca. (2024, 19 de enero). Middle Kingdom Art. Extraído de Art and Visual Culture: Prehistory to Renaissance: https://pressbooks.bccampus.ca/cavestocathedrals/chapter/middle-kingdom/.

Pressbooks.bccampus.ca. (2024, 19 de enero). New Kingdom Art. Extraído de pressbooks.bccampus.ca: https://pressbooks.bccampus.ca/cavestocathedrals/chapter/new-kingdom/.

Robert Maddin, T. S. (1977). Tin in the Ancient Near East: Old Questions and New Finds. Extraído de Penn Museum: https://www.penn.museum/sites/expedition/tin-in-the-ancient-near-east/.

Ross, E. G. (2002, octubre). The Age of Iron in West Africa. Extraído de Metmuseum.org: https://www.metmuseum.org/toah/hd/iron/hd_iron.htm.

S., A. (2015, 21 de diciembre). Mesolithic Social Life and Art. Extraído de Shorthistory.org: https://www.shorthistory.org/prehistory/mesolithic-social-life-and-art/.

Scoville, P. (2015, 6 de noviembre). Amarna Letters. Extraído de Worldhistory.org: https://www.worldhistory.org/Amarna_Letters/.

Shuttleworth, M. (2024, 28 de enero). Egyptian Astronomy. Extraído de Explorable.com: https://explorable.com/egyptian-astronomy.

Smith, P. (2015, 16 de septiembre). Nabta Playa: The Oldest Man-Made Structure in the World. Extraído de Historic Cornwell: https://www.historic-cornwall.org.uk/nabta-playa-the-oldest-man-made-structure-in-the-world/.

Smithsonian Institute. (2024, 3 de enero). Climate Effects on Human Evolution. Extraído de Humanorigons.si.edu: https://humanorigins.si.edu/research/climate-and-human-evolution/climate-effects-human-evolution.

Soto, N. (2024, 16 de enero). Who Destroyed the Ghana Empire. Extraído de Ncesc.com: https://www.ncesc.com/geographic-faq/who-destroyed-the-ghana-empire/.

Staff, E. (2021, 31 de octubre). Carthaginian Trade: Trade Routes of Ancient Carthage. Extraído de Carthagemagazine.com: https://carthagemagazine.com/carthaginian-trade-routes-of-ancient-carthage/.

Taronas, L. (2024, 19 de enero). Akhenaten: The Mysteries of Religious Revolution. Extraído de Arce.org: https://arce.org/resource/akhenaten-mysteries-religious-revolution/.

Team, E. (2018, 21 de octubre). Kingdom of Punt: When Ancient Egypt Envied Somalia. Extraído de Thinkafrica.net: https://thinkafrica.net/land-of-punt/.

Team, E. (2018, 3 de noviembre). The Kingdom of Kerma (2500-1500 BC). Extraído de Thinkafrica.net: https://thinkafrica.net/the-kingdom-of-kerma-2500-1500-bc/.

Thomas Garnet, H. J. (2024, 13 de enero). Egyptian Art and Architecture. Extraído de Britannca.com: https://www.britannica.com/topic/Martin-Luther-King-Jr-1929-68-2229053

Tyson, P. (2009, 1 de diciembre). Where is Punt? Extraído de PBS.org: https://www.pbs.org/wgbh/nova/article/egypt-punt/.

Wasson, D. L. (2016, 29 de septiembre). Ptolemaic Dynasty. Extraído de Worldhistory.org: https://www.worldhistory.org/Ptolemaic_Dynasty/.

Wendorg, M. (2023, 23 de abril). Ancient Egyptian Technology and Inventions. Extraído de Interesting Enginerring.com: https://interestingengineering.com/lists/ancient-egyptian-technology-and-inventions.

Segunda Parte: Antigua Cartago

Battle of Ticinus, de noviembre de 218 BC, 31 de marzo de 2002, http://www.historyofwar.org/articles/battles_ticinus.html. Consultado el 22 de noviembre de 2022.

23 de noviembre de 2022.

"Ancient Carthage | World Civilization". *Lumen Learning*, https://courses.lumenlearning.com/suny-hccc-worldcivilization/chapter/ancient-carthage/. Consultado el 13 de noviembre de 2022.

"Ancient Tyre". *World Monuments Fund*, https://www.wmf.org/project/ancient-tyre. Consultado el 4 de noviembre de 2022.

Cartwright, Mark. "Carthaginian Society". *World History Encyclopedia*, 16 de junio de 2016, https://www.worldhistory.org/article/908/carthaginian-society/. Consultado el 25 de noviembre de 2022.

Cartwright, Mark, and Alexander van Loon. "Carthaginian Army". *World History Encyclopedia*, 8 June 2016, https://www.worldhistory.org/Carthaginian_Army/. Consultado el 25 de noviembre de 2022.

Corinne, Bonnet. "Religion, Phoenician and Punic". *Oxford Classical Dictionary*, Oxford University, 30 05 2020, oxfordre.com/classics. Consultado el 3 de noviembre de 2022.

Cremin, Aedeen, editor. *The World Encyclopedia of Archaeology: The World's Most Significant Sites and Cultural Treasures*. Firefly Books, 2007.

"The First Punic War". *Dickinson College Commentaries*, https://dcc.dickinson.edu/nepos-hannibal/first-punic-war. Consultado el 18 de noviembre de 2022.

Heródoto. *El Heródoto de referencia: Las Historias*. Editado por Robert B. Strassler, traducido por Andrea L. Purvis, Knopf Doubleday Publishing Group, 2009.

Hunt, Patrick, and E. Badian. "Battle of the Trebbia River | Roman-Carthaginian history". *Encyclopedia Britannica*, https://www.britannica.com/event/Battle-of-the-Trebbia-River. Consultado el 22 de noviembre de 2022.

Justino, Marco Junio y Justino. *Epítome de la Historia Filípica de Pompeyo Trogo*. Editado por R. Develin, traducido por J. C. Yardley, Scholars Press, 1994.

Liver, J. "The Chronology of Tyre at the Beginning of the First Millennium B.C.". *Israel Exploration Journal*, vol. 3, no. 2, 1953, pp. 113-120. *JSTOR*, http://www.jstor.org/stable/27924517. Consultado el 4 11 2022.

Merideth, C. "Northwestern Iberian Tin Mining from Bronze Age to Modern Times: an overview". *Archive ouverte HAL*, 21 March 2019, https://hal.archives-ouvertes.fr/hal-02024038/document. Consultado el 13 de noviembre de 2022.

Miles, Richard. *Carthage Must Be Destroyed: The Rise and Fall of an Ancient Civilization*. Penguin Publishing Group, 2012.

Paton, W. R., translator. *The Complete Histories of Polybius*. Digireads.com, 2009.

"Phoenix | Facts, Information, and Mythology". *Encyclopedia Mythica*, 3 March 1997, https://pantheon.org/articles/p/phoenix2.html. Consultado el 3 de noviembre de 2022.

"Punic". *U-M Library Digital Collections*, https://quod.lib.umich.edu/d/did/did2222.0003.974/--punic?rgn=main;view=fulltext;q1=Paul+Henri+Dietrich%2C+baron+d++Holbach. Consultado el 8 de noviembre de 2022.

Quinn, Josephine. *In Search of the Phoenicians*. Princeton University Press, 2019.

Sasson, Jack M. "The Phoenicians (1500-300 B.C.) | Essay | The Metropolitan Museum of Art | Heilbrunn Timeline of Art History". *Metropolitan Museum of Art*, https://www.metmuseum.org/toah/hd/phoe/hd_phoe.htm. Consultado el 2 de noviembre de 2022.

Sullivan, Richard E. "Hieron II | tyrant and king of Syracuse". *Encyclopedia Britannica*, https://www.britannica.com/biography/Hieron-II. Consultado el 18 de noviembre de 2022.

Tucídides. *El emblemático Tucídides: Guía completa de la Guerra del Peloponeso*. Editado por Richard Crawley and Robert B. Strassler, traducido por Victor Davis Hanson y Richard Crawley, Free Press, 1998.

Torr, Cecil. "The Harbours of Carthage". *The Classical Review*, vol. 5, no. 6, 1891, pp. 280-284. *JSTOR*, http://www.jstor.org/stable/693421. Consultado el 11 11 2022.

Urbanus, Jason. "Masters of the Ancient Mediterranean". *Archaeology*, vol. 69, no. 3, 2016, pp. 38-43. *JSTOR*, http://www.jstor.org/stable/43825141. Consultado el 07 11 2022.

Wolters, Edward J. "Carthage and Its People". *The Classical Journal*, vol. 47, no. 5, 1952, pp. 191-204. *JSTOR*, http://www.jstor.org/stable/3293326. Consultado el 7 11 2022.

Tercera Parte: Mitología africana

Barker, William H. *West African Folk-Tales*. CMS Bookshop, Lagos, 1917.

Barnes, Sandra T & Ben-Amos, Paula. "Benin, Oyo, and Dahomey: Warfare, State Building, and the Sacralization of Iron in West African History". *Expedition Magazine* 25.2 (1983). Penn Museum, 1983.

Burstein, Stanley, ed. *Ancient African Civilizations: Kush and Axum*. Princeton, N.J., 1998.

Chidester, David. Credo Mutwa, *Zulu Shaman: The Invention and Appropriation of Indigenous Authenticity in African Folk Religion*. Journal for the Study of Religion, Vol 15, No 2 (2002) pp/ 65-85.

Diop, Cheikh Anta. *The African Origin of Civilization: Myth or Reality.* New York, 1974.

Diop, Ismahana Soukeyna. *African Mythology, Femininity, and Maternity.* Springer Nature Switzerland. Cham, 2019.

Griaule, Marcel. *Conversations with Ogotemmeli: An Introduction to Dogon Religious Ideas.* Oxford University Press, Oxford. 1965.

Jonker, Ingrid. *A study of how a sangoma makes sense of her 'sangomahood' through narrative.* University of Pretoria, MA dissertation, 2006.

LaGamma, Alisa. *Art and Oracle: African Art and Rituals of Divination.* Metropolitan Museum of Art, New York, 2000.

Lugira, Aloysius M. *African Traditional Religion.* Chelsea House, New York. 2009.

Murphy, Joseph M y Sandford, Mei-Mei. Osun *Across the Waters: A Yoruba Goddess in Africa and the Americas.* Indiana University Press, Bloomington Indiana, 2001.

Nkabinde, Nkunzi Zandile. *Black Bull, Ancestors and Me: My Life as a Lesbian Sangoma.* Fanele, Auckland Park SA. 2008.

Ogundipe, Ayodele. *Eshu Elegbara: Chance, Uncertainly in Yoruba Mythology.* Kwara State University Press, Ilorin, 2012.

Peek, Philip M y Yankah, Kwesi. *African Folklore: An Encyclopedia.* Routledge, New York and London.

Shakarov, Avner, y Senatorova, Lyubov. *Traditional African Art: An Illustrated Study.* McFarland & Company, Jefferson NC. 2015.

Skertchly, J. A. *Dahomey As It Is: Being A Narrative of Eight Months' Residence in That Country, With a Full Account of the Notorious Annual Customs.* Chapman & Hall, London, 1874.

Passé, Présent et Futur des Palais et Sites Royaux d'Abomey. Getty Conservation Institute, Los Angeles. 1999.

Wallis Budge, Ernest Alfred. *Legends of the Gods.* London, 1912.

Žabkar, Louis V. *Hymns to Isis in Her Temple at Philae.* Brandeis University Press. 1988.

Fuentes de imágenes

1 Museo de Toulouse, CC BY-SA 4.0 <https://creativecommons.org/licenses/by-sa/4.0>, vía Wikimedia Commons; https://commons.wikimedia.org/wiki/File: Biface_Cintegabelle_MHNT_PRE_2009.0.201.1_V2.jpg

2 David Stanley de Nanaimo, Canadá, CC BY 2.0 <https://creativecommons.org/licenses/by/2.0>, vía Wikimedia Commons; https://commons.wikimedia.org/wiki/File:Prehistoric_Rock_Paintings_at_Manda_Gu%C3%A9li_Cave_in_the_Ennedi_Mountains_-_northeastern_Chad_2015.jpg

3 Jon Bodsworth, uso libre bajo derechos de autor, vía Wikimedia Commons; https://commons.wikimedia.org/wiki/File:PepiI-CopperStatue-Cropped.png

4 Mapa original: Adición de Lommes del corazón kushita; Fuente: National Geographic 2019, CC BY-SA 4.0 <https://creativecommons.org/licenses/by-sa/4.0>, vía Wikimedia Commons; https://commons.wikimedia.org/wiki/File:Kushite_heartland_and_Kushite_Empire_of_the_25th_dynasty_circa_700_BCE.jpg

5 Matthias Gehricke, CC BY-SA 4.0 <https://creativecommons.org/licenses/by-sa/4.0>, vía Wikimedia Commons; https://commons.wikimedia.org/wiki/File: Rulers_of_Kush,_Kerma_Museum.jpg

6 Aldan-2, CC BY-SA 4.0 <https://creativecommons.org/licenses/by-sa/4.0>, vía Wikimedia Commons; https://commons.wikimedia.org/wiki/File: The_Kingdom_of_Aksum.png

7 Classical Numismatic Group, Inc. http://www.cngcoins.com, CC BY-SA 3.0 <http://creativecommons.org/licenses/by-sa/3.0/>, vía Wikimedia Commons; https://commons.wikimedia.org/wiki/File:AXUM._Ezanas._Circa_330-360.jpg

8 Tesfawel, CC BY-SA 4.0 <https://creativecommons.org/licenses/by-sa/4.0>, vía Wikimedia Commons; https://commons.wikimedia.org/wiki/File: Aksum_obelisk.jpg

9 Bernard Gagnon, CC BY-SA 3.0 <https://creativecommons.org/licenses/by-sa/3.0>, vía Wikimedia Commons; https://commons.wikimedia.org/wiki/File:Bete_Abba_Libanos.jpg

10 Sailko, CC BY 3.0 <https://creativecommons.org/licenses/by/3.0>, vía Wikimedia Commons; https://commons.wikimedia.org/wiki/File:Aksum,_stele_3_detta_di_re_ezana,_l%27unica_mai_crollata_04.jpg

11 Sin restricciones; https://commons.wikimedia.org/wiki/File:Abhandlungen_der_K%C3%B6niglich_Preussischen_Akademie_der_Wissenschaften_aus_dem_Jahre_(1902)_(16765759871).jpg

12 Ricardo Liberato, CC BY-SA 2.0 <https://creativecommons.org/licenses/by-sa/2.0>, vía Wikimedia Commons; https://commons.wikimedia.org/wiki/File:All_Guizah_Pyramids-2.jpg

13 Charles J. Sharp, CC BY-SA 3.0 <https://creativecommons.org/licenses/by-sa/3.0>, vía Wikimedia Commons; https://commons.wikimedia.org/wiki/File:Saqqara_pyramid_ver_2.jpg

14 https://commons.wikimedia.org/wiki/File:Moskou-papyrus.jpg

15 René Hourdry, CC BY-SA 4.0 <https://creativecommons.org/licenses/by-sa/4.0>, vía Wikimedia Commons; https://commons.wikimedia.org/wiki/File:Temple_de_Louxor_68.jpg

16 Museo Británico, CC BY-SA 3.0 <http://creativecommons.org/licenses/by-sa/3.0/>, vía Wikimedia Commons; https://commons.wikimedia.org/wiki/File:StatueOfSesotrisIII-EA684-BritishMuseum-August19-08.jpg

17 Tekisch, CC BY-SA 3.0 <https://creativecommons.org/licenses/by-sa/3.0>, vía Wikimedia Commons; https://commons.wikimedia.org/wiki/File:Black_Pyramid_of_Amenemhat_III..JPG

18 ArdadN, Jeff Dahl, CC BY-SA 3.0 <https://creativecommons.org/licenses/by-sa/3.0>, vía Wikimedia Commons; https://commons.wikimedia.org/wiki/File:Egypt_NK_edit.svg

19 Diego Delso, CC BY-SA 4.0 <https://creativecommons.org/licenses/by-sa/4.0>, vía Wikimedia Commons; https://commons.wikimedia.org/wiki/File:Templo_funerario_de_Hatshepsut,_Luxor,_Egipto,_2022-04-03,_DD_13.jpg

20 MusikAnimal, CC BY-SA 4.0 <https://creativecommons.org/licenses/by-sa/4.0>, vía Wikimedia Commons; https://commons.wikimedia.org/wiki/File:Colossi_of_Memnon_May_2015_2.JPG

21 Lassi, CC BY-SA 4.0 <https://creativecommons.org/licenses/by-sa/4.0>, vía Wikimedia Commons; https://commons.wikimedia.org/wiki/File:Kerma_city.JPG

22 https://commons.wikimedia.org/wiki/File:Wallpaper_group-pmg-4.jpg

23 damian entwistle, CC BY-SA 2.0 <https://creativecommons.org/licenses/by-sa/2.0>, vía Wikimedia Commons; https://commons.wikimedia.org/wiki/File:Carthage_National_Museum_representation_of_city.jpg

24 Harrias, CC BY-SA 4.0 <https://creativecommons.org/licenses/by-sa/4.0>, vía Wikimedia Commons; https://commons.wikimedia.org/wiki/File:First_Punic_War_264_BC_v3.png

25 Obra grandiosederivada: Augusta 89, CC BY-SA 3.0 <https://creativecommons.org/licenses/by-sa/3.0>, vía Wikimedia Commons; https://commons.wikimedia.org/wiki/File:Map_of_Rome_and_Carthage_at_the_start_of_the_Second_Punic_War_2.svg

26 Goran tek-en, CC BY-SA 4.0 <https://creativecommons.org/licenses/by-sa/4.0>, vía Wikimedia Commons; https://commons.wikimedia.org/wiki/File:Western_Mediterranean_territory,_150_BC.svg

27 Luxo, CC BY-SA 3.0 <http://creativecommons.org/licenses/by-sa/3.0/>, vía Wikimedia Commons; https://commons.wikimedia.org/wiki/File:Ghana_empire_map.png

28 Calips, CC BY-SA 3.0 <http://creativecommons.org/licenses/by-sa/3.0/>, vía Wikimedia Commons; https://commons.wikimedia.org/wiki/File:Tunisie_Carthage_Ruines_08.JPG

29 https://commons.wikimedia.org/wiki/File:Karthago_Tofet.JPG

30 User:Aldo Ferruggia, CC BY-SA 3.0 <https://creativecommons.org/licenses/by-sa/3.0>, vía Wikimedia Commons; https://commons.wikimedia.org/wiki/File:Carthaginian_hoplite_-_Oplita_cartaginese.JPG

31 Obra derivada de Grandios : Augusta 89, CC BY-SA 3.0 <https://creativecommons.org/licenses/by-sa/3.0>, vía Wikimedia Commons; https://commons.wikimedia.org/wiki/File:Map_of_Rome_and_Carthage_at_the_start_of_the_Second_Punic_War_2.svg

32 https://commons.wikimedia.org/wiki/File:Mommsen_p265.jpg

33 https://commons.wikimedia.org/wiki/File:Bardo_Baal_Thinissut.jpg

www.ingramcontent.com/pod-product-compliance
Lightning Source LLC
Chambersburg PA
CBHW072104050526
44107CB00099B/415